# 阶层犯罪论体系的诉讼品格

邓　超——著

当代中国出版社
Contemporary China Publishing House

**图书在版编目(CIP)数据**

阶层犯罪论体系的诉讼品格 / 邓超著. -- 北京 :
当代中国出版社, 2023.12
ISBN 978-7-5154-1312-9

Ⅰ. ①阶… Ⅱ. ①邓… Ⅲ. ①犯罪学—研究②刑事诉
讼—研究 Ⅳ. ①D917②D915.304

中国国家版本馆 CIP 数据核字(2023)第 239963 号

出 版 人　王　茵
责任编辑　邓颖君　彭世帆
责任校对　贾云华
印刷监制　刘艳平
封面设计　鲁　娟
出版发行　当代中国出版社
地　　址　北京市地安门西大街旌勇里 8 号
网　　址　http://www.ddzg.net
邮政编码　100009
编 辑 部　(010)66572744
市 场 部　(010)66572281　66572157
印　　刷　中国电影出版社印刷厂
开　　本　710 毫米×1000 毫米　1/16
印　　张　17.5 印张　3 插页　231 千字
版　　次　2023 年 12 月第 1 版
印　　次　2023 年 12 月第 1 次印刷
定　　价　78.00 元

查诸律中，以刑事诉讼律尤为切要。西人有言曰：刑律不善，不足以害良民，刑事诉讼律不备，即良民亦罹其害。盖刑律为体，而刑诉为用，二者相为维系，固不容偏废也。

——沈家本

刑事程序的形态与刑法的本质具有密切的联系。

——[日]团藤重光

# 序　言

犯罪论体系传统定位于行为的实体评价机制之中,如何将实体评价的功能向程序侧面拓展,不仅是刑事一体化发展的重要方向,也是实现刑事法治统一性的具体展开。犯罪论体系作为判断行为是否构成犯罪的重要工具,具有重要的行为指引和价值规范作用,不仅框定了行为构罪的思维路径,也赋予认定过程以规范意义和实践理性,并最终决定犯罪构成的基本走向,这是犯罪论体系的实体意义。同时,在司法实践中,犯罪论体系也是刑事诉讼程序运行的参照物,指引着刑事诉讼的行进与方向,一方面,犯罪论体系的内容为刑事诉讼程序的推进提供了实体依据,另一方面,犯罪论体系的架构也为刑事诉讼程序的推进提供了运行框架。

然而,不同的犯罪论体系因其内在涵盖的要素内容、要素类型,以及要素排列顺序的不同,所具有的实体发现和程序指引功能也不尽相同。目前我国司法实践中通用的四要件犯罪论体系,将构成犯罪的基本要件和理论要素定位成犯罪客体、犯罪客观方面,以及犯罪主体、犯罪主观方面,不仅呈现出平面化的特征,也具有耦合性的弊端。首先,其耦合式的思维结构无法有效安排各个要件的次序,这就决定了各个犯罪构成要件在被发现过程中的杂乱无序,不利于对案件进行更深层次的认知,也使得判断更容易出现断层和割裂;其次,四要件犯罪论体系只规定了犯罪成立的规格,却没有明确列明出罪所需要的要素,也就没有给辩护留下理论空间,不利于平衡打击犯罪和保障人权的关系;最后,四要件犯罪论体系缺乏层层推进的逻辑指引,对犯罪行为的规范考量缺乏递进式的审视,不仅会弱化犯罪论体系对犯罪认定的指引作用,也不利于案件事实的整体发现和科学定性。

相比之下,阶层犯罪论体系蕴含的递进式行为评价进路,可以在一定程度上克服这些问题的产生。通说认为,大陆法系的阶层犯罪论体系包括构成要件该当性、违法性、有责性。其中,构成要件该当性是根据刑法理论和刑法规定对行为进行的事实性判断,是案件事实向规范事实涵摄的第一步,即事实的初步判断和裁定;违法性则是根据行为的属性与刑法所保护的法益是否存在冲突而作出的一种规范性评价,是在涵摄事实的基础上对行为性质的梳理和认定;有责性则是在得出结果之前所作的最后一层判断,是对行为的主体性评价,作为行为定性的最后一道门槛对行为的主观要素进行梳理。在阶层犯罪论体系中,上一阶层的定性是下一阶层判断的逻辑起点和行进依据,经过要素之间的层层推进实现对事实行为的合理筛选,最终定位出具有可被谴责性的规制范围。

阶层犯罪论体系不仅以富有逻辑性的框架廓清了案件事实发现的地基,也在一定程度上为行为定性过程的推进提供了理论指引功能。以证据证明为例,案件事实中的任何一项证据的形成都需要以“构成要件该当”作为事实发现的指引工具;同时,任何一个犯罪的最终成立和司法定性都需要经过“入罪”和“出罪”的判断和证成。本书一方面用阶层犯罪论体系下各个阶层的属性作为撬点,来发现阶层犯罪论体系对刑事诉讼过程的指引和形塑功能;另一方面,以诉讼模式、诉讼过程、刑事证明和刑事辩护为分析维度,探寻刑事诉讼程序实践和理论的实体回归路径,为刑事诉讼发展过程的逐步完善提供方向指引，进而促成实体法的评价机能与程序法的裁判机能形成相互融合的统一进路，这也是阶层犯罪论体系自身所内涵的价值和底蕴。正如一个人拥有很多种品质和素养一样，阶层犯罪论体系除了具有指引实体案件事实发现的功能，也在一定程度上对刑事诉讼程序具有积极的引导和规范作用，因阶层犯罪论体系的这种程序指引功能是自身内生的一种特征和功能，像人的品格一样，故笔者谓之曰“诉讼品格”。

发掘阶层犯罪论体系所蕴含的程序功能和诉讼品格，不仅可以促使司法实践中犯罪论体系的选择更加趋于理性，优化司法实务工作人员的理解和适用，也是打通部门法之间隔阂，实现整个刑事法律制度良性运转的必要条件。阶层犯罪论体系与刑事诉讼程序的交互作用贯穿于刑事法律制度构建以及运用的所有环节，但为了更好地实现研究路径的体系性和研究主题的鲜明性，本书对二者的关联范围进行适度的限定，在概括的价值和具体的制度之中找寻出了四种合理的维度，即上文提到的诉讼模式、诉讼进程、刑事证明、刑事辩护，避免对所有问题进行面面俱到的论证，而是通过梳理阶层犯罪论体系的理论要素，并梳理刑事诉讼程序的总则性指引和分则性理论，定位出四个重要范畴作为发掘阶层犯罪论体系程序指引功能的平台和维度，进而辐射整个刑事法律网络，促进刑事法律研究的不断全面深化。

首先，阶层犯罪论体系之于诉讼模式，阶层犯罪论体系内部对案件事实和行为正反两方面的考量使得控辩“两造”之间的对抗元素不断产生，赋予了控辩双方更多的“交涉”空间，也使得当事人的主体地位逐渐凸显，不仅极大地促进了控辩双方的构造平衡，也在一定程度上实现了对抗目标的“明显”和“聚焦”，由集中式、整合式的对抗转变为分层次、有目的的对抗，进而使得刑法运行程式的逻辑基础更加规范合理。其次，阶层犯罪论体系之于诉讼进程，具有逻辑的“先在性”指引功能。阶层犯罪论体系凸显了行为评价的层次性，避免了“四要件指引下”的流水作业模式，使立案阶段的理论预设和判断更加清晰，框定了立案人员对“涉嫌”的基本理解和认知，同时，限制了侦查人员的倾向性操作,进而避免了司法产品制作的早期性;在审查起诉阶段,不局限于单方面为公诉权的积极入罪功能提供理论依据,也通过违法阻却事由、责任阻却事由以及超法规阻却事由,赋予其“不起诉”和“撤回起诉”的司法考量空间;在审判阶段,阶层犯罪论体系的逻辑性和层次性赋予了被追诉人一定的出罪路径,有利于实现法官的“兼听则明”,以及立足于论辩基础上的庭审实质化。再次,阶层犯罪论体系之于刑事证明,使得刑事证明过程不局限于单纯的被动式回应,而是一种积极的指引与互动,促进了刑事证明过程的对象化。阶层犯罪论体系不仅进一步明确了证明对象和证明范围,实现了从“主客观混为一体”的证明模式到“先客观事实再主观判断”的转变,能动地连接了规范事实和案件事实,并在此基础上进一步厘清了证明责任,细化了证明标准,促进了案件事实向规范事实的合理转化。最后,阶层犯罪论体系之于辩护,不仅是技术性的,更是结构性的。阶层犯罪论体系具有“入罪”和“出罪”的双重功能,不仅筛选出了符合刑法规定的事实和行为,并在每一个阶层对这些事实进行判断与裁量,进而测量出每一个行为的规范匹配度,通过形式考量和实质考量优化入罪逻辑。同时,阶层犯罪论体系也通过违法阻却事由和责任阻却事由创设出明显的出罪路径,合理地赋予这些事实和行为以法律意义,赋予了辩方强大的辩论“武器”,避免先入为主的有罪推定,增加了控辩对抗过程的可预测性,为出罪判断提供了价值指引和路径选择,使得辩护方具有平等对话的权利和地位,有利于控辩双方平等对抗的实现。

本书以“阶层犯罪论体系的诉讼品格”这一全新的命题为视角,循着刑事一体化的研究思路,以关系的发现为理论研究起点,以实践的价值为理论研究落脚点,运用历史发现、比较分析、规范推演等研究方法,梳理了阶层犯罪论体系的本体意义、阶层犯罪论体系对诉讼程序的关照性,以及阶层犯罪论体系应对刑事诉讼的复杂面向,进而梳理出以上四个维度的衡量和对应,将刑事实体法与刑事程序法、刑事规范与刑事政策、刑事法律与刑事证据等研究有机衔接，梳理出阶层犯罪论体系的程序侧面和诉讼功能。通过本书的研究，阶层犯罪论体系将以一种更具“客观性”的方式来发挥犯罪论体系的“划线”和“界定”功能。司法机关工作人员循此模式和步骤，能够使静态的刑事法律文本精准融合实践案件的特征，从而为诉讼进程的推进、刑事证明的发展，以及有效辩护的实现提供一个合情合理的分析路径，不仅实现了刑法理论与刑事诉讼法理论的有机互动，促使控辩双方独立性、自主性的形成，也加速了刑事一体化发展格局的早日实现。

# 目　录

# 第一章　规范之间的“穿透力”与价值“衔接”

## 一、问题之提出

随着研究对象的不断细化,专业划分愈发细致。从整体上看,这种趋势深化了学科知识的研究程度,增加了学科知识的理论含量,但也在一定程度上阻碍了学科之间的对话与衔接,阻碍了对研究对象进行更为全面认识的路径和可能性。正如在法学界,经常会出现民法学研究人员对刑法学相关学科知识缺乏系统研究的现象(反之亦是),或者实体法学家对程序法的知识知晓甚少的局面(反之亦是),不可否认,这种现象的出现正在逐渐削弱对法学理论进行更深程度的研究以及运用法学理论分析和解决实际问题的能力。[1] 只关注实体或者只关注程序,都无法完全实现对一个案件发展进程的真实样态的全面认知与理性判断。

随着人权价值理论的不断推进,实体和程序的关系研究逐

〔1〕 顾培东:《也论中国法学向何处去》,载《中国法学》2009 年第 1 期。

渐被学界重视,相应地出现了“程序优位”或“实体与程序并重”的观点。刑事法律不仅要追究犯罪,也要体现对自由保障的加固,故其制度设计必须充分预料到在实施和行进过程中可能产生的各种影响,因此,无论实体规范的形成还是程序制度的运转,都必须相互关照,相互指引,如此才能形成相互匹配的理论推动力。关于二者的关系研究,如何可以更好地实现刑事法律领域中的公平正义才是二者关系的最为协调之观,而非通过强调孰优孰劣或者通过对比相对的价值,彰显自身理论的重要性。

刑法和刑事诉讼法是刑事法治的一体两面,从不同的侧面出发规制刑事法治的前进方向,刑法通过实体指引增加了刑事法治过程的理性,刑事诉讼法则通过对法律运行过程的保障来实现实体法价值,二者看似分离,却在统一的目标指引下对相同的对象进行分析并施加影响和作用。然而,任何关系的研究都必须寻找一个突破点,以其作为逻辑起点开展比照性的探讨,才能逐渐厘清更大视域范围内的相互作用,因此,具体化的制度与框架设计才是实现理论体系进一步发展的重要推动力。犯罪构成理论体系作为刑法学研究的核心,是连接事实行为与理论规范的重要工具,旨在梳理可比对的条件或要件,并按照一定的体系对符合刑法规定的要素进行系统归纳和分类,“研究一个刑法上所要关心的行为,在何种条件下可以认定为犯罪的问题”[1],对案件行为性质的判断和认知具有重要的指引作用,进而保证刑法规范得以准确适用。

传统意义上讲,犯罪论体系只需要厘清案件进展过程中的实体因素,并进行理论推进即可,但是一项科学的犯罪论体系不应仅服务于实体,更应该关注在定罪量刑过程中是否可以发挥明确的指引作用和提供更加优化的路径推动案件事实被定性、被厘清。只有一个清晰合理、具有预见性和操作性的犯罪论分析工具,才能使刑法规范的法理基础被层层凸显出来,并显示出强大的实践效能。只关注实体或者只关注程序,都无法完全认知一个案件发展过程的全

---

〔1〕 林东茂:《一个知识论上的刑法学思考》(增订版),台北,五南图书出版公司2001年版,第25页。

部样态,实体和程序的相互融合才是法治的最为协调之观。同时,二者的关联研究也是促进刑事法治理论深入发展的重要进路,不仅可以深化刑事法律规范研究的深度与广度,也会对部门法本身所具有的理论局限进行补足。

## 二、研究之意义

规范与规范之间不是完全对立的,或者说,规范与规范之间的价值不是完全对立的。为了实现对行为和事实的精准指引,规范被“人为”地进行了体系性的划分,这种划分促进了学科的精细化,使得学科的发展更具生命力。但是,从宏观层面来看,规范作为一个整体,需要各个具体规范之间进行理论和实践的“合纵连横”才能完全发挥行为指引和价值评价的功能。而规范与规范之间的链接关系,不能仅依靠显性的行文架构与文字表达来实现,我们要透过现象去看本质,透过具体的制度研究去发掘价值之间的内在关系和理论衔接,这样不仅可以保证理论研究的整体性,也极大地发挥了规范对公民的指引作用,使其知晓“应为”与“勿为”之范围。

犯罪论体系是一种研究事实、还原真相、引导刑罚实施的方法论体系。在过去40多年,中国刑法学理论对犯罪论体系进行了许多有益的探索和积极的贡献,形成了体系化的智识资源,但一个学科要想取得长足的发展与进步,从其他学科中寻求理论助推元素也十分重要。从诉讼和程序理论的视角来研究犯罪论体系,不仅是一种研究方法的创新,我们更希望通过这样一种有益的尝试,真正实现刑法规范和理论对司法实践全面而精准的指引,在打击犯罪的过程中最大程度地保障人权。然而,在我国,目前关于犯罪论体系的诉讼功能理论研究并不是特别充分,尚处于初级阶段[1]。而英美法系

---

〔1〕 在已然的研究中,仅有《我国犯罪构成理论之重构——刑事一体化维度的考量》《论犯罪构成与证明责任分配的互动关系》《犯罪构成理论对刑事诉讼的制约及完善》《刑事诉讼对犯罪构成的要求》《在刑事诉讼的视角下完善犯罪构成理论》等数篇文章,专著更少。

国家在实用主义的支配下，以实践应用为基点，实体法与程序法的发展自身呈现出紧密结合的特征；大陆法系国家的犯罪构成理论与诉讼理论虽然不如英美国家的实际联系如此紧密，但也形成了诸多相关著作。[1] 因此，对犯罪论体系和诉讼程序开展一种关系式的深入研究很有必要，具有较强的理论意义和现实意义。

阶层犯罪论体系与四要件犯罪论体系相比，具有逻辑性和体系性的优势，正如西田典之认为，"对于控制和影响裁判人员的思维过程，进而将刑法的适用规定于正确的范围之内，阶层犯罪论体系在这方面有长处"。[2] 阶层犯罪论体系强化了犯罪构成诸要素之间的关联性和体系性，可以有效地规范和指引法官在裁判过程中的思维进路，进而将刑法的适用框定于更富逻辑的分析路径，使犯罪论体系更好地指引诉讼过程的运行。因此，不断挖掘阶层犯罪论体系的程序功能，不仅可以促进规范之间的价值衔接，升华实体法和程序法的联动效应，还可以进一步优化刑事一体化的演进路径。

### （一）厘清阶层犯罪论体系的诉讼功能

在犯罪论体系形成和出现之前，朴素的正义观支配着人们对犯罪行为的判断和认定，不可否认，这是对思维明确性的消解和一贯性的抹杀。随着资产阶级革命的胜利，人们逐渐接受了"天赋人权"的观念，再也不能容忍司法人员在"一种难以名状的感受中完成生杀予夺的裁判"，[3] 所以，一种能够为定罪活动提供指引的、统一的犯罪论体系就形成了巨大的实践需求，该体系也将为司法人员提供清晰的路径导向和明确的定罪理论模型，使得

---

[1] 例如，日本学者田口守一的《刑事诉讼法》、小野清一郎的《犯罪构成要件理论》、铃木茂嗣的《刑事证据法的若干问题》，等等。

[2] [日]西原春夫：《刑法、儒学与亚洲和平——西原春夫教授在华演讲录》，山东大学出版社2008年版，第117—118页。

[3] 冯亚东：《理性主义与刑法模式》，中国政法大学出版社1999年版，第181页。

“公、检、法三机关能够安全、有效、均衡地执法”。[1] 这种理论模型的雏形就是犯罪论体系,因此,犯罪论体系的运用兼具结果与过程的双重意义,既是对案件事实进行法益判断和价值衡量的司法活动,也是司法机关认定案件事实、核实证据材料、界定犯罪行为的诉讼活动。

犯罪论体系作为刑法理论研究的核心制度,其在适用过程中与立足于控、辩、审相互关系的诉讼模式、作为运行支撑的刑事诉讼程序、基于两造对抗的辩护制度和赋予证据以价值的证明制度有着非常重要的关系,犯罪论体系与诉讼法之间的交互作用在一定程度上都会通过这些制度加以体现。换言之,犯罪论体系作为一种犯罪认定方法,一方面使实体法的一般规范通过程序展开得到贯彻实现;另一方面使得程序运转过程中不断形成的具体内容累积性地反馈到一般规范层次上去。[2] 在达至共同目标的过程中,一项规范可能需要通过对另一项规范发生作用或者产生影响才能够实现目标的整体性价值;同时,也只有在一个整体性目标指引下,才能不断推进规范研究向更广阔的方向发展。

规范和规范之间因其规制对象的不同是有差异的,但并不是完全对立的,尤其是内容相近的两部规范,反而在一定程度上还存在行为模式上的衔接,而行为模式的衔接会促使内在价值的接壤,因此,我们不能孤立地看待一项法律规范,而应该把它放到它所要服务的目的或目标之中去分析它的效用。法学规范和理论的研究是实现法治理想的重要支撑点,研究其价值衔接在一定程度上可以促进二者之间的关系厘清,也有助于实现规范和理论的实践指引功能,于这个层面而言,这是一举两得的。

---

〔1〕[德]汉斯·海因里希·耶赛克、托马斯·魏根特:《德国刑法教科书》(总论),徐久生译,中国法制出版社2001年版,第245页。

〔2〕[日]谷口安平:《程序的正义与诉讼》,王亚新等译,中国政法大学出版社1996年版,第5页。

### (二)挖掘实体与程序的联动效应

刑事实体法需要动态的司法演绎达至“案件事实清楚,证据确实充分”,进而还原对案件基本事实的认知,实现规范意义的判断,“没有刑事诉讼,任何的实体规则都无法得到规范地适用,犯罪行为也就无法受到应当处之刑罚。”[1]人类的基本权利随着私有制和社会分工的日益缜密和发展,为救济权利而不断演变,并在过程中借助程序,乃至后来形成程序法和实体法。[2]因此,刑事实体法和刑事程序法之间是具有联动效应的,一方的发展必然会促进另外一方演绎过程的变化。随着经济社会的不断发展和权利行使方式的多样化,实体和程序的相互融合产生了强烈的理论需求。

在刑事案件中,实体内容不是一开始就被清晰地引出的,它的还原过程甚至伴随着相当的难度,正是程序的不断推进才逐步明确。同时,实体法规范本身所内涵的抽象性和普遍性,也在一定程度上注定其很难直接融入具体的案件事实,需要通过理性判断才能跨越理解的鸿沟。犯罪论体系作为犯罪学理论的集大成者,具有重要的指引作用,即“所有经法律判断的案件事实都有类似的结构,都不仅是单纯的陈述,毋宁是考量法律上的重要性,对事实所作的某些选择、解释及联结的结果”,[3]进而不断实现着对程序推进过程中事实的合理演绎。法律作为一种阐释性的工具,需要结合具体的个别场域,并根据规定进行解释和诚挚的理解,[4]这也说明了法律的阐释需要司法人员对法律的规范意义和程序价值加以理解才能实现科学的适用过程,同时,在一定程度上,富含理性因素的程序也可以有效弥合这种判断过

---

〔1〕[法]卡斯东·斯特法尼等:《法国刑事诉讼法精义》,罗结珍译,中国政法大学出版社 1998 年版,第 5—6 页。

〔2〕江涛:《程序法与实体法关系的思辨——就“程序法乃实体法之母”论断的质疑》,载《政法论丛》2004 年第 3 期。

〔3〕[德]卡尔·拉伦茨:《法学方法论》,陈爱娥译,商务印书馆 2003 年版,第 161 页。

〔4〕[美]罗纳德·德沃金:《法律帝国》,李常青译,中国大百科全书出版社 1996 年版,第 364 页。

程中的不确定性。

注重实体法与程序法之对立状态的研究，最直接的后果就是对二者之间的理论连接缺乏明确的揭示，进而无法对行为进行统一维度的研究和梳理，也容易使法条之间的冲突和对抗更为明显，从而削减法律的权威性，正如有学者言：刑事诉讼将自己作为宪法的一个子集对待太久了，以至于将自己疏离了刑法。[1] 协调并整合实体法和程序法的关系研究是刑事法治进一步发展的现实需要，因为一些法律概念及规定常常出现在不同的部门法之中，而不局限于一部法典，很多概念和制度是相互融合并一脉相承的，共同指引着刑事法律行为的认定。因此，有必要将二者纳入整个刑事法律视域中进行整理，从法律本身的价值、功能以及具体适用予以考察，通过研究犯罪构成理论体系的诉讼功能，对实体与程序之间的关系进行具体而全面的深度剖析，实现独立性基础之上的融合，并于独立性之中发现整体性效能，进而发现二者的联动效应。

### （三）优化刑事一体化的演进路径

在19世纪，德国刑法学家李斯特围绕着如何制定有效的刑事政策提出了“整体刑法学”的概念，他认为刑法是将作为犯罪构成的犯罪与作为法律后果的刑罚连接在一起的法律规范的总和，其内容包括刑事政策学、犯罪学、刑罚学、行刑学等，对我国“刑事一体化”思想的产生起到了重要的指引作用。[2] 在此理论推进下，甘雨沛教授1984年在他的《外国刑法学》中介绍了“全体刑法学”的概念，使得刑事一体化的提法在中国本土获得了初步的关注和萌芽。之后，储槐植教授在1989年提出了“刑事一体化”思想，认为刑法内部结构合理与刑法运行前后制约是治理犯罪的相关事项深度融通形

---

〔1〕 Stephanos Bibas, *Harmonizing Substantive Criminal Law Values and Criminal Procedure: The Case of Alford and Nolo Contenders Pleas*, Cornell Law Review, vol. 88, p. 1362(2003).

〔2〕 陈兴良：《刑事一体化视野中的犯罪学研究》，载《中国法学》1999年第6期。

成的和谐整体,[1]对刑事法律制度进行一体化的研究、理解、运用,能够使刑法运行处于内外协调的状态。同时,刑事一体化强调刑法学的研究不能局限于刑法之中,还要在刑法之上、刑法之外进行研究,极大地拓宽了刑法的研究视野和范围。

刑法的宗旨在于治理犯罪,但刑法是静态的,而犯罪却是动态的,因此,利用静态的规范对动态的事物进行规制时,一定要进行互动式的、关系式的研究才能保证其在适用过程中的全面性,面对疑难问题时才可以呈现出更为妥当的处理方式,形成周延且合理的判断。司法最大的特征就是以诉讼过程的推进为手段实现公平和正义。刑事一体化研究采用了整体化的视角,不仅侧重制度的合理建构,也致力于实现司法实践中法律规范的动态适用。

对犯罪论体系予以一体化的整体考量,可以促进规则和实践运行的协调与共生,通过相互匹配的制度设计共同致力于案件的合理解决,实现最佳社会效益。阶层犯罪论体系强调客观情势之上的问题导向,在逻辑推进中融合了法理和情理,主张在事物的相互联系中发现概念和行为的本质,其体系化的规范认知在一定程度上优化了刑事一体化的演进路径,有利于应对社会实践中不断出现的新的犯罪行为给刑法带来的深刻变化。同时,通过对阶层犯罪论体系的程序机能研究,可以最大限度地发现刑法理论在实践过程中的运行路径,进而促进规范的不断完善。在任何时候,分析问题都不能停留在单向维度的考量与判断,要动态地、全面地分析和梳理才能从根本上认清问题的本质,并合理地组织对犯罪的反应。

---

[1] 储槐植:《刑事一体化论要》,北京大学出版社2007年版,第21页。

## 三、学科视野与研究范式

### （一）学科视野

20世纪初，跨学科研究崭露头角并逐渐受到重视。美国是最早开始跨学科研究的国家，其早期的研究主要集中于对跨学科研究生的培养，之后，随着跨学科研究的理论优势和实践价值不断凸显，其他国家也陆续开展了相关探索。跨学科研究是一种引借研究，其始于学科研究方法的共享，但在推进过程中也带动了理论研究的深化，并不断建构了新的知识体系。不同学科的融合和交流不仅有利于理论知识的拓展，也在优化了事物发展的认知路径。生活在不同世界的人们需要的是互相理解和沟通，而不是对另一方的压制、曲解和征服。[1] 人的思维发展和认知进化是社会和文化相互作用的结果，交互作用的研究对认知视野的开拓有着重要的作用。

犯罪论体系是刑法学的核心问题，也是刑事诉讼法的前置性问题。[2] 为了实现刑法理论研究的多元化，突破刑法理论自身的局限性，从程序功能和诉讼功能的视角开展犯罪论体系的研究可以促使我们发掘出一种高层次的问题解决之道。科学的多样性有时会对科学的统一性形成一种冲击，每当遇到这种情况时，一种新的科学就需要负担起重塑统一性的使命，我们需要通过一种特殊的研究方法去重新发现这种统一性，并使它凸显出来。[3] 通过实体与程序的双重视角审视犯罪论体系的合理性，有利于促进学科与学科在双向互动中实现信息、理念、方法的提升与发展，进而促进二者的相互匹配。同时，现代社会所遇问题的复杂性和综合性也要求我们逐渐打破

〔1〕 苏力：《法治及其本土资源（修订版）》，中国政法大学出版社2004年版，“序”。

〔2〕 陈兴良：《犯罪构成论：从四要件到三阶层》，载《中外法学》2010年第1期。

〔3〕 ［法］埃米尔·涂尔干：《社会分工论》，渠东译，生活·读书·新知三联书店2000年版，第319页。

学科的藩篱,突破单一学科的狭隘视野,以问题为导向展开多维度的考量来开展学术研究。

### (二)研究范式——基于整合式的共生关系

托马斯·库恩在《科学革命的结构》一书中指出,科学史上发生的重大变化都是由范式革命构成的。[1] 托马斯·库恩试图发现隐藏于理论前提下的自明性,并将其称作范式。此间的范式,不仅包括实践中的行为方式,也涵括了理论研究中思维路径的方法变革和前进方向。范式一词源于希腊词"paradigma",柏拉图将其视为不同规则的统一范例化,亚里士多德认为其是一种普遍适用的论据,[2]然而,无论是柏拉图还是亚里士多德,都将范式作为一种抽象的理论框架指引。这一概念经过进化,如今已超出了托马斯·库恩的原意,被用以表征或描述一种理论模型和框架,是包括规律、标准、方法等在内的一整套信念,是某一学科领域的世界观,[3]是关于理论整合的重要途径,也是淡化学科边界、促进学科融合、实现理论进步之必须。

评价一门科学成熟与否,离不开科学的思维方式或者理解现实的体系,体系化的形成在一定程度上意味着理性与通用。埃塞尔曾指出:"用一个体系将价值认识排列起来,这样我们就可找到适宜作为该当个别决定的标准,以至合理控制其他任何决定。"[4]个别化的整合研究不仅可以深化司法运行过程的价值探索,也可以弥合可能出现的不统一性,进而达至个案与个案之间的平衡,也可以"打通各学科、淡化甚至瓦解传统学科的固守边界从而促使理论发展之必然"。[5] 从实质上看,刑法为认定犯罪行为性质提供了直接

---

[1] [法]埃德加·莫兰:《方法:思想观念》,秦海鹰译,北京大学出版社2002年版,第233—234页。

[2] [法]埃德加·莫兰:《方法:思想观念》,秦海鹰译,北京大学出版社2002年版,第233页。

[3] 苏力:《波斯纳及其他》,法律出版社2004年版,第90页。

[4] [德]卡尔·拉伦茨:《法学方法论》,陈爱娥译,商务印书馆2003年版,第44页。

[5] 苏力:《波斯纳及其他》,法律出版社2004年版,第90页。

依据,刑事诉讼法构建了认定过程和程序推进的合法空间,刑法与刑事诉讼法是一种共生式关系,二者在实现事实认知过程中相互影响和指引,进而产生一种理论合力,推动法律问题和事实问题的解决。

## 四、研究方法与研究导向

### (一)研究方法——历史、比较、规范、系统

历史之方法。历史之研究方法可以梳理出一项制度在发展过程中的不同侧面,分析该制度在历史发展过程中的"得"与"失",从而避免未来研究中可能出现的不协调和不理性。运用历史的研究方法可以深层次解构阶层犯罪论体系产生的制度原因,进而发现其理论的根基和土壤,不仅有利于梳理出阶层犯罪论体系的本体内涵和价值意蕴,更有利于发掘出历史发展进程中实体法与程序法所具有的内在价值和理念的统一性。

比较之方法。刑法与刑事诉讼法作为两部重要的基本法律,在很多国家都是不可或缺的,不同的国家由于自身的法治土壤以及受不同法系的影响,呈现出不同的特征和关系。通过研究阶层犯罪论体系在世界上典型国家的发展路径与成长状况,比较不同国家的犯罪论体系的诉讼功能,有助于进一步解析实体法和程序法之间的内在联系。例如,大陆法系与英美法系的刑事法律部门之间的关系就存在明显不同,以其为分析工具,将有助于我们探知不同国家犯罪论体系存在的合理性以及发展的内在原因,进而为我国的犯罪论体系选择提供一种研究视角上的参考。

规范分析之方法。一般认为,社会科学研究有三个基本的特征:一是"客观性",即研究结果经得起"反复的检验",只要运用研究者的研究程序、证据、论证方式,就可以得出与研究者同样的结论;二是"经验品质",即从已存在的经验事实展开自己的研究,对事实和经验作出理解;三是"概念化",

即在经验的基础上进一步挖掘理论的阐释力,形成有固定格式的概念,形成理论推进。[1] 这不仅是社会科学研究的三个基本特征,一定程度上也是规范分析的参考标准,在对一项理论进行规范分析的过程中也要保证其客观性、经验性及概念化。阶层犯罪论体系是有机聚合而成的理论构成物,关涉犯罪成立的结构顺序和要素排列,具有很强的理论指引性,换言之,行为是否构成犯罪的判断根据和标准皆在此处,它是认定犯罪、评价犯罪以及处罚犯罪的综合指引。犯罪论体系作为刑法理论的核心,在整个刑法研究中具有重要的理论价值和实践意义。[2] 以逻辑为起点的犯罪论体系强化了规范分析方法的适用,这一过程的推进也实现了规范和理论的不断完善和发展,并进而形成"概念化"的特征,促进规范与制度之间的融合与碰撞。

系统论之方法。所谓系统,是指"不同种类的知识在一个思想指引下的统一",是一个"根据多种多样的原则组织起来的知识性整体"。[3] 理性的制度建设应该是系统的、体系的,如果满足于狭隘的部门法立场,忽视事物之间的客观联系,或者过分关注整体性,忽视部门法自身的个性与特征,都无法实现制度的有效整合。在规范和理论的研究中,应当重视系统论方法的使用,强调独立基础之上的相互作用,既充分尊重各部门法的规律和特征,也要站在一定的高度对部门法之间的关系进行梳理,寻找相互之间的匹配性和相互促进的效能。

### (二)研究导向——实现学科之间的融贯性

无论从问题的发现、问题的定性,还是问题的解决途径来看,许多时代的重大问题都不能单独归属于某一学科的判断。正如我们不能简单

---

〔1〕 陈瑞华:《论法学研究方法》,法律出版社2017年版,第295页。

〔2〕 林东茂:《一个知识论上的刑法学思考》(增订版),台北,五南图书出版公司2001年版,第25页。

〔3〕 [德]克劳斯·罗克辛:《德国刑法学总论(第1卷):犯罪原理的基础构造》,王世洲译,法律出版社2005年版,第118页。

地说，制度是一个经济学问题，或者是一个政治学问题，没有哪一个学科能提供制度问题的全部概念和逻辑。因此，如果不去尽力挖掘学科的融贯性，将会限制我们的分析视野和理论想象力。将所有或者全部的注意力放在一个学科，即使这个学科特别有趣，也会在一定程度上限制我们的思维习惯和行为方式，进而形成一种“铁锤人思维”，[1]并进行单一维度的考量和判断。

学科的形成和发展是学术研究的必然结果，是专业分工的必然产物，形成了一种“掌握世界的专有方式”[2]。学科如果没有自己独特的学科视野，无法形成具有自身特色的理论体系，也就丧失了作为独立学科的资格，也正是“基本的连贯性问题和长期关注的问题”使得学科的边界和价值逐渐形成并凸显。[3] 然而，实践问题往往是多元的，并不单属于某一学科。犯罪行为就是这样的一种现象。日本学者团藤重光就主张在刑法和刑事诉讼法进行关联性研究的基础上，通过二者之间的关系研究把握两个部门法所具有的制度功能。如果热衷于从某一学科的视角出发来展开讨论，将会在一定程度上阻碍学科的深入交流，从而忽略对整体性的把握和衡量。

刑法与刑事诉讼法自产生以来就是以整体性的面貌出现。对犯罪问题的研究不能局限在一个学科上，应该以一种更为宽广的视角进行分析，才能不断厘清犯罪事实的全部行为特征。在不同学科间共享某种价值和理念，突破单一学科的狭隘视野，进而发掘出更为广阔的理论研究路径，对刑法和刑事诉讼法进行整体性交叉性研究是理论提升的进一步推进。本书立足于刑事实体法的基本价值追求，以其核心问题——犯罪论体系的重要功能出发，通过阐述阶层犯罪论体系蕴含的程序性品格，不断厘清阶层犯罪论体系

---

〔1〕［美］彼得·考夫曼：《穷查理宝典：查理·芒格的智慧箴言录》，李继宏译，上海人民出版社2010年版，第305页。

〔2〕《马克思恩格斯选集》（第2卷），人民出版社2012年版，第701页。

〔3〕［英］托尼·比彻、保罗·特罗勒尔：《学术部落及其领地：知识探索与学科文化》，唐跃勤等译，北京大学出版社2015年版，第35页。

在实践和运用过程中的优势,为阶层犯罪论体系在我国的进一步适用和发展提供理论支撑。犯罪论体系作为规范与事实之间对接的桥梁,对其进行刑事一体化的考量,能够使刑法和刑法运行处于内外协调的状态,也为刑事法治的发展提供了不断深化的理论推动力。

# 第二章 阶层犯罪论体系的本体意义

犯罪论体系试图对犯罪共同的构成要素予以明确，并用以解明犯罪成立的一般要件，[1]即将犯罪成立的个别认识和理论说明，按着一定综合的原理加以整序，并将其内部关联性加以阐明，从而说明什么样的行为构成犯罪，并进行合理判断的实践指引体系。其最大价值在于建立一套合理的逻辑框架将法律的思维规格化、模型化，进而可操作化，它连接了“规范”和“行为”，使得生活事实层面的犯罪得以成为法律规范层面的犯罪。犯罪论体系作为一种规格，具有“圈入”和“排除”刑法规范要素的功能；作为一种模型，能够使这些要素按照更为合理的方式组合和呈现；作为一种操作手段，可以在很大程度上实现对犯罪行为更具理性的量定。因此，犯罪论体系是一个知识统一体，也是一个方法论合集，其功能在于将众多的犯罪成立要素整合于一个逻辑体系之内，方便司法活动的进行以及公众对法律的理解。

---

〔1〕［日］山口厚：《犯罪论体系的意义与机能》，付立庆译，载《中外法学》2010年第1期。

在法价值的思考维度上，犯罪论体系具有重要的“界限”意义。行为和犯罪构成要件的相适性构成了刑法规范的范围，刑法规范必要性的形成也取决于这种匹配度和价值判断。因此，犯罪论体系对刑法的理念建构和运行路径有重要的意义和价值，对刑事实务的发展更是具有重要指引作用。关于犯罪构成的本体属性主要有三种学说：(1)法定说。该说认为：“犯罪构成是依照我国刑法的规定，对某一具体行为的社会危害性及其程度，进行一切客观和主观要件的有机统一的判断，〔1〕犯罪概念是划清罪与非罪的界限，而犯罪构成理论体系则是区分罪与非罪、此罪与彼罪的具体标准。〔2〕依据罪刑法定原则，犯罪构成是重要的“区分标准”，因此，其只能是法律的规定。(2)理论说。该说认为：“犯罪构成不是刑法中规定的具体的固定的概念，而是一个构成犯罪的各种条件的理论概括。”〔3〕犯罪构成理论体系是一种理论作品，不体现为具体的刑法条文规定。(3)折中说。该说认为：“犯罪构成是应受刑罚处罚的行为的主客观条件总和，也是刑法理论体系的重要组成部分。”〔4〕按照该理论学说，犯罪构成既是法律规定，又是刑法理论。

刑法作为一种实用性很强的学科，为了适应刑事司法的需要，并从司法实践中汲取更多的营养，刑法学的研究只有将规范内的知识系统化，才能形成一个站得住脚的学说和理论，否则对刑法学知识的运用只能停留在半瓶醋的水平上，由偶然因素和专断左右。〔5〕犯罪论体系是一种强大的分析工具，具有理论上的“区分”和实践中的“认定”功能。若无犯罪论体系，法官只能依据法感(即一种关于公平正义的直接感觉)对案件进行判断。这样在面对不同性质的刑事案件时，由于缺乏统一且显性的判断标准，很难作出一个

---

〔1〕 高铭暄、马克昌主编：《刑法学》，北京大学出版社、高等教育出版社2005年版，第52页。

〔2〕 高铭暄、马克昌主编：《刑法学》，北京大学出版社、高等教育出版社2005年版，第52页。

〔3〕 高铭暄：《新中国刑法科学简史》，中国人民公安大学出版社1993年版，第84页。

〔4〕 苏惠渔：《刑法原理与适用研究》，中国政法大学出版社1992年版，第95页以下。

〔5〕 [德]李斯特：《德国刑法教科书》，徐久生译，法律出版社2006年版，第3页。

公平的判断和决定。只有将纷繁复杂的规范要素和知识系统化,将所有涉及判断犯罪与否的思维都纳入体系性框架内,优化犯罪判断的知识体系和路径依赖,才能避免法律运用过程中的偶然因素和专断,毕竟体系性的推导和演进是排除判断者之恣意的最妥适方法。[1]

## 一、犯罪构成理论体系的理论"争鸣"

作为刑法学研究的基础性范畴,犯罪论体系充满着巨大的理论魅力,被誉为刑法理论中"王冠上的宝石",以致于"从其诞生的那一天起,就伴随着刑法学者们无穷的思考和探索"。[2] 犯罪论体系是理性认识与实践经验相结合的产物,一方面,体现了对罪刑擅断的否定;另一方面,也整合了复杂无序的犯罪成立要件。德国著名刑法学家耶赛克提出,刑法在很大程度上可以忠实地反映我们的文化状况以及价值判断和追求,是一种主流精神的集中反映,每一种体系都得从其精神史根源和前一阶段人们在重建学术体系中的改造和认知中去解释。[3] 自贝林—李斯特古典犯罪论体系发端后,关于犯罪论体系的探索和讨论就没有停止过,相继形成了三种犯罪论体系模式,即以德国为代表的"构成要件符合性、违法性、有责性"三阶层模式,英美法系国家的"罪行、辩护"双层次模式,苏联"犯罪客体、犯罪客观方面、犯罪主体、犯罪主观方面"四要件模式。

犯罪论体系作为演绎法律并连接行为的理论,因各国不同的国情而具有"争鸣"的特征,除了这三种主流模式之外,还存在着其他模式,例如,法国

---

〔1〕 陈子平:《刑法总论》(上),台北,元照出版有限公司 2005 年版,第 96 页。

〔2〕 杨兴培:《犯罪构成原论》,中国检察出版社 2004 年版,"作者前言"。

〔3〕 [德]汉斯·海因里希·耶赛克等:《德国刑法教科书》(总论),徐久生译,中国法制出版社 2001 年版,第 247 页。

的二元结构模式[1]和意大利的平面结构模式[2],即便是作为三阶层犯罪论体系发源地的德国,亦同时存在有二阶层、四阶层等犯罪论体系的不同表现模式。[3] 由于各国国情和文化特征的不同,不同的国家选择了不同的犯罪论体系作为定罪量刑的工具,其目的都是准确框定罪与非罪的界限和范围,既实现打击犯罪的目标,又可以通过明确的可预测性促进人权保障的实现,实现对行为的规范评价,为罪刑法定原则的实施和贯彻提供有力的支持和引导。

### (一)苏联的四要件犯罪论体系

19 世纪末,沙皇俄国时代的许多刑法学家就已经构建出了犯罪构成理论体系的雏形。例如,科特里亚列夫斯基就曾在《俄国刑法教科书》中为"犯罪构成"界定了完善的定义,其认为"所谓犯罪构成,就是那些形成犯罪概念

---

〔1〕 法国刑法理论将犯罪成立的一般条件归结为三项,即法有规定、事实要件、心理要件,认为所有的重罪与轻罪都有共同的构成要素。法律对其实际受到禁止的行为做出明确定义,并且指明,成立这种罪名是否需要有"行为人有意(故意)实施其行为",或者仅需"行为人有不谨慎或疏忽大意"。对德日刑法所提出的违法性要件(无合法根据要件),法国主流学者则认为,任何行为仅在其受到法律禁止或者不能依法证明其合法时始具有违法性质。违法性要件应当归结为"法有规定"要件。由于"法有规定"事实上是对罪刑法定原则的论述,因此,犯罪的一般成立条件事实上就是"事实要件"与"心理要件"两项。而类似德日刑法中的违法阻却事由和责任阻却事由则被归结为"不负刑事责任的原因",分别以"不负刑事责任的客观原因(具有证明效力的事实)"和"不负刑事责任的主观原因(不可归罪的原因)"作为排除行为人刑事责任的根据。相关内容参见林东茂:《一个知识论上的刑法学思考》,台北,五南图书出版股份有限公司 2007 年版,第 23 页以下;[法]卡斯东·斯特法尼等:《法国刑法总论精义》,罗结珍译,中国政法大学出版社 1998 年版,第 218 页。

〔2〕 意大利平面结构理论认为,犯罪是客观上符合刑法规定、主观上具有罪过的行为,犯罪的成立包含主、客观两方面因素,任何规范意义上的犯罪都可以分为"客观要件"与"主观要件"两部分,它们是所有犯罪成立所必需的"一般条件"。前者是一种客观事实,或者说是一种人的外在举止(包括由这种举止所引起的结果)。由于法律是旨在规范社会生活关系的行为准则,因此,人的外在行为(其实是行为的外在表现)是任何犯罪存在的必要条件。后者是指任何犯罪都存在的心理因素,"即作为犯罪客观事实存在原因的主体意志"。法律作为命令,只能调整有意识、有意志的人的行为,如果外在事实不是主体意志的表现,就不可能违反刑法的规定,离开了意志因素,就无所谓犯罪的存在。这是意大利传统的犯罪观并延续至今,这种源于意大利古典学派两分犯罪构成理论目前在意大利刑法学界依然具有重大影响。相关内容参见[意]杜里奥帕多瓦尼:《意大利刑法学原理》,陈忠林译,法律出版社 1998 年版,第 97 页;陈忠林:《意大利刑法纲要》,中国人民大学出版社 1999 年版,第 76—78 页。

〔3〕 许玉秀:《犯罪阶层体系及其方法论》,台北,成阳印刷股份有限公司 2000 年版,第 5 页。

本身的、外部的和内部的突出的特征或条件的总和”。[1] 科特里亚列夫斯基虽未明确列明犯罪成立的具体要件，却给出了与犯罪构成理论相同的理论架构和思维。沙俄时代刑法学理论的重要代表人物塔甘采夫认为，犯罪构成就是犯罪行为所固有的行为要件的总和。塔甘采夫认为犯罪构成体系包括犯罪主体（行为人）；犯罪客体（犯罪行为所破坏的事物）；行为，即犯罪是成立条件的相加或总和。苏联刑法教科书是四要件犯罪论体系的主要传播载体，苏联司法部全苏法学研究所主编的《苏联刑法总论》（上、下册），该书分别于1938年、1939年、1943年出过三版，教科书虽然已经具有四要件论体系的基本模型，但是并没有明确区分出主观与客观，没有形成统一的划分方法，无法对构成因素进行正确的分类。[2] 20世纪50年代初，特拉伊宁的《犯罪构成的一般学说》对四要件犯罪论体系的形成产生了重大影响，形成了四要件犯罪论体系的基本模型和理论要素。[3] 特拉伊宁认为，犯罪构成的四要件包括：犯罪客体、犯罪客观方面、犯罪主体、犯罪主观方面。[4] 之后，也有许多著作对犯罪论体系做了详细的介绍和延展。[5]

---

〔1〕［苏联］A. H. 特拉伊宁：《犯罪构成的一般学说》，王作富等译，中国人民大学出版社1958年版，第17页。

〔2〕［苏联］A. A. 皮昂特科夫斯基等：《苏联刑法科学史》，曹子丹等译，法律出版社1984年版，第43页。

〔3〕A. H. 特拉伊宁在苏维埃刑法学家中第一个综合地研究了犯罪构成学说中的所有问题，指出了犯罪构成在整个苏维埃刑法体系中的作用，并从破坏资产阶级法制的角度对资产阶级犯罪构成理论进行了认真的批判。A. H. 特拉伊宁的专著还研究了犯罪构成的分类，指出了犯罪构成要件与犯罪要件的相互关系。相关内容参见［苏联］A. A. 皮昂特科夫斯基等：《苏联刑法科学史》，曹子丹等译，法律出版社1984年版，第43—44页。

〔4〕［苏联］A. H. 特拉伊宁：《犯罪构成的一般学说》，王作富等译，中国人民大学出版社1958年版，第99—100页。

〔5〕1961年，皮昂特科夫斯基出版了《犯罪论》一书，详细阐述了刑法中的犯罪构成理论；1963年勃拉伊宁以《苏维埃刑法中的刑事责任的根据及犯罪构成学说的首要问题》为题目撰写了博士学位论文，库德里亚夫采夫《定罪的理论根据》为题目撰写了博士学位论文，该书在1972年再次出版时改名为《定罪通论》。此后，又相继有不少关于犯罪构成理论的刑法论著出版，如卡尔普森等人的《刑事责任与犯罪构成》等。特别值得一提的是，伴随着1960年《苏联刑法典》的修订颁布，苏联刑法学者编写了为数不少的刑法教科书，这些教科书大都将犯罪构成作为刑法学中的基础性问题予以阐释，使犯罪构成理论得以持续产生影响，尤其是对法学教育和司法实务产生了广泛影响。

1950 年,《苏联刑法总论》第三版在我国翻译发行,其中对犯罪构成理论体系的概念作了以下界定:“每一犯罪构成系由以下四种基本因素形成起来的:犯罪的客体、犯罪的客观因素、犯罪的主体、犯罪的主观因素。这四种要件,缺少一种即不能成立。”[1]这就是最早被我国接受并学习的四要件犯罪论体系。与此同时,我国的法学教育也走上了以苏联为师的道路,以贝斯特洛娃为代表的一批刑法学者到我国政法院校讲授刑法学课程,这在一定程度上促进了四要件犯罪论体系的不断传播与适用。1957 年《中华人民共和国刑法总则讲义(初稿)》出版,[2]标志着四要件犯罪论体系在中国的落地生根。1979 年,我国颁布了第一部《中华人民共和国刑法》,中国刑法学者进一步充实和发展了四要件犯罪论体系,奠定了其在刑法学术界与实务界的统治地位。

四要件犯罪论体系认为犯罪的成立需要同时具备犯罪客体、犯罪客观方面、犯罪主体、犯罪主观方面四个方面。其中,犯罪主体关乎年龄和能力的判断,是关于行为主体的基本认知;犯罪主观方面和客观方面是行为人在行为过程中的主观目的和客观行为的判断;而犯罪客体是指犯罪所侵害的社会关系。四要件犯罪论体系中,要件之间是一种平面式的耦合关系,强调构成要件之间的一致性,“形成该四种要件的总和,即称为构成犯罪”,[3]整体性思维很明显。四个要件之间的拼凑是其行为路径,主观和客观“两个层面”的一致是其衡量标准,同时,正当化事由没有被涵括在犯罪论体系之内,即“排除犯罪性的事由”被放置于体系之外进行考量。从一定程度上讲,四要件犯罪论体系强调构成要件的简单堆砌,行为评价机制内部缺乏合理衔

---

[1] [苏联]苏联司法部全苏法学研究所主编:《苏联刑法总论》(下册),彭仲文译,大东书局 1950 年版,第 315 页。

[2] 同时期的著作还有中央政法干部学校刑法教研室 1956 年编写的《中华人民共和国刑法基本问题讲稿》;中国人民大学刑法教研室 1957 年编写的《中华人民共和国刑法总则讲义》;张中庸编写的《中华人民共和国刑法》,该书由东北大学出版社 1957 年出版;西南政法学院刑法教研室 1957 年编写的《中华人民共和国刑法总则讲义》等。

[3] [苏联]孟沙金:《苏联刑法总论》,彭仲文译,大东书局 1950 年版,第 314 页。

接与推敲，从而丧失了从不同侧面对行为进行检验的机会和路径。

有学者认为，四要件犯罪论体系是“整个刑法学体系的基石”。[1] 不可否认，四要件犯罪论体系为中国的刑事法治建设之开局提供了丰富的理论内容，对于当时一片废墟的法治状态，起到了积极的恢复效果，对于限制刑事司法过程中所产生的恣意性和主观性功不可没。[2] 同时，相互分离的四个要件“从不同角度清楚列示了构成犯罪所必需具备的基本条件，并循条件序列能够有效切入具体事案，由此可以解决生活中绝大多数案件之‘对接’问题”，[3] 四个要件组合完毕，定罪作业即完成，[4] 具有较强的操作性，容易学习和掌握，提高了当时的司法效率。

但随着刑法学研究的逐渐深入，视野逐渐开阔，对四要件犯罪论体系的理论审视引发了对其完善必要性的讨论。四要件犯罪论体系虽然是由四个方面的要件结合而成的“有机统一体”，但其更多的是一种形式上的考量，停留于法律文本之上的演绎，是对“危害性”的一种“体现”，而非“推导”，无法对实践过程中大量存在的形式违法实质不违法行为的准确定性。同时，四要件犯罪论体系将排除犯罪性事由置于体系之外，在一定程度上增加了“入罪”倾向的形成。一个行为若构成犯罪，除了应具备积极条件，还应具备消极条件，经过正反两个方向和维度的考量才称得上“完全具备”，进而使行为与规范的对接更合理、更周延。从内容形式和结构意义上讲，四要件犯罪论体系确实存在有严重的理论局限性。

### （二）英美法系的双层次犯罪论体系

一个国家或民族采用何种犯罪论体系除了由法治的发展阶段所决定，

---

[1] 高铭暄：《关于中国刑法学犯罪构成理论的思考》，载《法学》2010 年第 2 期。
[2] 曲新久：《刑法的逻辑与经验》，北京大学出版社 2008 年版，第 134 页。
[3] 冯亚东、胡东飞、邓君韬：《中国犯罪构成体系完善研究》，法律出版社 2010 年版，第 172 页。
[4] 王作富：《中国刑法研究》，中国人民大学出版社 1988 年版，第 76 页。

一定程度上也受该国的哲学思想影响。与大陆法系国家注重理性与思辨的特征不同,英美法系国家以实用主义为根基,强调“存在即为有用”,[1]法律的形成来源于实践,并且快速地被用于指导实践。[2] 因此,简洁明快的“双层次”犯罪论体系就是其最为推崇的犯罪理论指引模式。长期致力于英美法系研究的储槐植教授鲜明地提出:“大陆法系的三元犯罪构成理论体系是刑法学家依据刑法概念对法律事实和情形所做的理论创造;而美国刑法的双层次犯罪构成理论结构奠基于传统司法实践,同源于刑事立法。”[3]

历史上,普通法曾是英美法的主要渊源。[4] 但在现代英国,制定法逐步占据主导地位。同时,美国独立后,联邦国会和州议会也逐步开始制定成文的法律和规范,逐渐开始了法典编纂的立法进路。《模范刑法典》的编撰将那个时代许多法律思想家汇聚一堂,在美国刑法史上第一次设计出可能构成美国刑法的规则和原理。[5] 如今,英美法系和大陆法系基本的原则方面已经没有重大的区别,英美法系的运行也会强调法不溯及既往、狭义解释、禁止类推等原则。英美刑法并没有犯罪构成这样的专门术语,但是在行为定性的过程中,却充分体现了对事实行为与犯罪构成理论体系进行比对的

[1] 实用主义是20世纪上半叶美国的重要哲学思想,其代表人物有皮尔士、詹姆士、杜威、乔治·米德、刘易斯、莫里斯、胡克等,而其中杜威则是实用主义哲学的集大成者。在实用主义哲学诞生之前,美国并不是特别重视哲学思想的研究,其社会生活往往是经验优先,因而在20世纪之前,美国几乎没有什么自己的哲学流派和哲学思想。对此,法国著名思想家托克维尔曾经形象地指出:“在文明世界中,没有一个国家像美国那样不重视哲学。美国人没有自己的哲学派别,并且对欧洲那些四分五裂的学派也很少关心,他们甚至不大知道那些派别的名称。”相关内容参见[法]托克维尔:《论美国的民主》,董良果译,商务印书馆1988年版,第3页。

[2] 储槐植:《美国刑法》(第3版),北京大学出版社2005年版,第100页。

[3] 储槐植:《美国刑法》(第3版),北京大学出版社2005年版,第100页。

[4] 从17世纪起,英国的普通法为英国在北美的殖民地所继承。美国独立后,一方面,美国法开始区别于它脱胎而出的英国法而独立发展,另一方面,英国的普通法继续成为美国法发展的基础。肯特在其著名的《美国法注释》中指出:“对我们来说,普通法作为一个完整的体系,被这个国家的人民承认和采纳了”。美国殖民地采用英国的普通法作为其独立时的法律。那时最流行的著作是布莱克·斯通的《英国法注释》,特别是第4章关于英国刑法的论述,对美国对包括犯罪论体系在内的美国刑法理论,具有高度的影响力。

[5] *Model Penal Code*: *Proposed Official Draft*, The Americam Law Institute, 1962, p.31.

过程,在这种情况下,双层次犯罪构成理论体系逐渐得以形成和发展。在英美法系的双层次犯罪构成理论中,存在有以下两种学说:

第一,"犯罪行为和犯罪心理"两要件说。该理论认为,犯罪由犯罪行为和犯意组成,例如,格兰威尔·威廉姆斯认为,行为和犯意是构成犯罪的全部要素,"犯罪行为所包含的不仅仅是犯罪定义所指出的行为、结果或事实,还包括不存在有助于使某种非法行为合法化的证明正当之理由。在犯罪定义中起作用的内容与被置于其外的内容之间进行区分,对于清除那些因为犯罪定义没有做出明确规定而形成的疑案没有实质意义"。[1] 同时,威廉姆·威尔逊提出了"刑事责任构成"的主张,他认为,刑事责任构成包括犯罪行为、犯罪意图和辩护事由三要素,辩护事由是刑事责任构造中的第三个独立要素,犯罪与辩护事由应该区分。[2] 保罗·H. 罗宾逊也认为,犯罪一般由两类要素构成:一是犯罪行为(客观要素、因果关系、自愿作为、不作为要件),二是犯罪心理(可责性要素)[3]。犯罪与抗辩理由是不同的评价标准和体系,因此,抗辩理由不能被视为犯罪的组成部分或者构成因素。[4]

第二,"犯罪本体要件和责任充足要件"双层次说,该理论主张犯罪构成由"本体要件"和"充足要件"两部分组成。例如,法官兰哈姆认为,犯罪应该由三部分组成,即犯罪行为、犯意、缺乏有效辩护,[5]"缺乏有效辩护"是行为构成犯罪的重要考量因素,具有不可或缺的地位。他认为犯罪论体系不

---

〔1〕[英]威廉姆·威尔逊:《刑法理论的核心问题》,谢望原、罗灿、王波译,中国人民大学出版社2015年版,第285页。

〔2〕威廉姆·威尔逊认为,虽然有些辩护事由包括在行为或意图中,但是有的辩护事由并不能轻易地归入否定性因素中。例如,以胁迫作为辩护事由,通常是承认被指控事实却主张不应承担刑事责任,而不是否定相关的犯罪行为的心理要素。因此,应当将辩护事由作为刑事责任的第三个要素而不是作为在犯罪的定义中发挥作用。

〔3〕[美]保罗·H. 罗宾逊:《刑法的结构与功能》,何秉松、王桂萍译,中国民主法制出版社2006年版,第3—16页。

〔4〕[美]保罗·H. 罗宾逊:《刑法的结构与功能》,何秉松、王桂萍译,中国民主法制出版社2006年版,第78—108页。

〔5〕[英]J. C. 史密斯、B. 霍根:《英国刑法》,马清升等译,法律出版社2000年版,第40页。

仅包括“犯罪本体要件”，还包括“责任充足要件”，即排除合法辩护。[1] 英美法系呈现出一种“圆滑的”法律思维方式，只要抗辩事由具有一定的合理性，就可以使被告人无罪，并没有严格区分正当化事由和宽宥事由。在“责任充足要件”中，无罪辩护理由又被划分为实体性的无罪辩护理由和程序性的无罪辩护理由，实体性辩护理由包括缺失构成要素的无罪辩护理由和政策性宽宥的无罪辩护理由。其中缺失构成要素的无罪辩护理由与犯罪行为和犯罪心理密切相关，这意味着将消极行为、主观行为都排除在行为概念之外。[2] 政策性宽宥的无罪辩护理由是指行为具备了犯罪的行为样态后，基于政策宽宥而做无罪处罚。程序性的无罪辩护理由则主要包括：第一，“证据不足”辩护理由；第二，达成辩诉交易后的豁免；第三，无诉讼能力；第四，被迫作证；第五，双重追诉；第六，时效；等等。[3]

目前，在英美法系国家中，“本体要件和责任充足要件”的双层次犯罪论体系是主要的定罪理论模型。理论上讲，犯罪本体要件包含了行为和心理的判断，是对犯罪事实的基本梳理和认定，具备这两个要件就可以基本认定犯罪事实，除非行为人还存在有其他合法辩护的理由，[4]这在一定程度上赋予了辩方平等的辩护性实体指引因素。这是一种控辩关系实现平衡的模式，第一层次侧重体现国家意志，发挥刑法的惩罚功能；第二层次侧重维护辩方的辩护权，发挥刑法的人权保障功能，这是一种积极要件和消极要件并存且被置于不同层面考量的定罪模式，通过赋予不同主体充分表达的机会，促使案件事实得以全面呈现和准确衡量。英美双层次犯罪论体系不太注重理论基础之上的提炼和概括，而是更加强调实用性，概念的升华与具体的诉

---

〔1〕 储槐植：《美国刑法》（第3版），北京大学出版社2005年版，第35—66页。

〔2〕 郭自力：《论美国刑法中的行为要件》，载《法治研究》2013年第7期。

〔3〕 [美]保罗·H.罗宾逊：《刑法的结构与功能》，何秉松、王桂萍译，中国民主法制出版社2006年版，第77页、第81—82页。

〔4〕 Duncan Bloy&Philip Parry, *Principles of Criminal Law*, Carvendish Publishing Limited, 1997, p. 21 - 273.

讼行为息息相关，主要看其用于分析和解释具体社会行为的能力，其所总结的诸如犯行、犯意等概念都是直接针对司法实务中的犯罪判定过程，具有强烈的实践意义。

### (三)德日的三阶层犯罪论体系

在德国和日本，犯罪论体系的构成模式存在很多种，其中最为主流的观点仍然是构成要件该当性、违法性、有责性的三阶层犯罪论体系，其他体系都是基于该体系的一种调整，但基本逻辑很接近。日本的犯罪论体系源于德国，二者属于同一种类的犯罪论体系。

在三阶层犯罪论体系中，构成要件该当性始终居于核心地位，是刑法学发挥评价指引作用的出发点，内容最为丰富。广义的构成要件是指犯罪成立的一切条件，从这个意义上来讲，构成要件就是整个犯罪本身；狭义的构成要件则是指刑法分则中描述的犯罪类型要件。构成要件该当性的判断是一种事实判断，因为事实是客观的，所以，它也是一种客观判断。同时，构成要件该当性又提供了一种判断模型，即审查事实是否符合犯罪定型，是否被涵括于规范规定的犯罪构成行为特征。

违法性的认知则更倾向于实质的价值判断，是所有犯罪成立不可或缺的要件。在这个层次的判断中，全体法秩序的规范价值是其思考的起点，从全体法秩序的观点明确违法性的内容，因此，违法性阶层也为超法规的违法阻却事由判断提供了容身之所。超法规的违法阻却事由为虽然没有明确的法律规定依据，但根据共同生活的观念，依照法秩序的整体精神，应当为法律所宽容的行为。这是解释学向教义学延展的一个重要理论，不仅体现了刑法谦抑性理论的内在要求，也是刑法规范和人权保障之间实现对立统一的体现，更在一定程度上弥补了法律的不周延性可能带来的损失。

有责性，是行为人主观上的非难可能性，主要包括三大要素，即责任能力、违法性认识、故意与过失。[1] 责任能力是责任判断中最重要的一个要素,关乎心智状态和年龄判断,即不仅需要达到一定的年龄,且必须心智健全者才具备责任能力。一般认为,生物学意义上的成熟,即达到刑事责任年龄,意味着行为人可以对行为的法律意义实现基本的认知和判断,这也就构成了承担责任的基础,这是大陆法系的通说。责任概念的第二要素是违法性认识。在1975年德国《刑法典》中,德国立法者明确将违法性认识作为责任非难的前提,即欠缺违法性认识的行为人是不用承担责任的,但如果这种认识是可以避免的,则可以根据《刑法典》的规定减轻处罚。只有行为人具有认识到违法性的可能时才能产生反对动机,进而具有非难可能性。[2] 第三要素是关于故意与过失。在阶层犯罪论体系中,故意和过失首先被理解为构成要件的故意和过失,其次才是有责性层面的故意和过失,这是对行为人主观方面的判断,故意和过失的区分对于行为人的责任承担具有重要的区分意义。刑法不仅保护人的行动自由,在一定程度上也保护人的意志活动自由。

责任是犯罪的成立条件,没有责任就没有犯罪,责任要素的设定只能限定犯罪的成立范围,"责任主义禁止刑罚超过责任程度"。[3] 关于有责性的本质和基础,主要存在有决定论和非决定论的认识。决定论认为,人的所有意志决定与行为,都是遵从法则的结果,是由自身因素和环境条件所决定

---

〔1〕 关于期待可能性的体系定位存在有多种观点。所谓期待可能性,是指行为人存在实施合法行为的期待可能性,即在行为当时的具体状况上,必须能够期待行为人不实施符合构成要件的违法行为而实施其他的合法行为。关于期待可能性在责任论中的体系地位,也存在有多种学说和观点。一种观点认为,期待可能性是与责任能力及故意、过失并列的第三责任要素(弗兰克、戈尔德施密特)。另一种观点认为,在理论上可以把期待可能性包括在故意、过失的概念中(弗罗伊登塔尔、李斯特、施密特)。前者可以说是对心理责任论观点的修正,把作为规范责任要素的期待可能性与传统的的责任要素并列;后者则把故意、过失理解为责任的种类、形式,如果没有期待可能性,也就没有故意或者过失责任,因此,作为规范的责任要素的期待可能当然应该被包含故意或者过失的概念之中。

〔2〕 Vgl. C·Roxin, Strafrecht Allgemeiner Teil, Band I, 4. Aufl. 2006, S. 927.

〔3〕 Wessels & Beulke, Strafrecht Allgemeiner Teil, 30 Aufl. 2000, S. 3.

的，之所以让行为人承担责任，是出于防卫社会的需要。非决定论认为，人可以自由地决定其意志，人具有自主性，因此，责任的实质在于行为人能进行合理的选择时却实施了不符合道德和法则的行为。同时，在决定论与非决定论之间，还有其他的判断思路和观点，例如，有学者认为，只有"当行为人本来可以履行一个给定的行为时，他才需要对不能履行的行动承担责任。"[1]启蒙思想家S.普芬道夫认为人是具有理性思维能力的存在，只有这样的自由的行为，才可以主观地归属于行为人，行为才是有责的。[2]

### (四)本书之阶层犯罪论体系的概念界定

"某种理论体系是否优劣的评价标准，一定程度上取决于这种体系是否可以完成刑法所赋予的任务，只要能够完成其承担的任务，且体系内部协调统一，就有存在的根据。"[3]所以，对事物的衡量和判断不能采取过分绝对的态度，只有合理与否的区别，犯罪论体系亦是如此。犯罪论体系是对案件事实行为的认知和评价，其运行过程需要对客观事实和主观状态进行全面的分析和衡量，无论哪种犯罪论体系都应当体现为主客观的有机融合与统一。英美法系的"双层次"犯罪论体系诞生于判例法背景之下，要求控诉方仅对"犯行"层次负责，另外的抗辩事由均集中于辩方身上，这就造成了控诉方在指控犯罪过程中的主客观相统一难以得到很好的结合。四要件犯罪论体系虽然从形式和称谓上都实现了对主客观相统一的坚持，但是其存在着实质判断先于形式判断、主观判断优于客观判断的判断路径，无法有效地实现主观与客观的有机融合。我国现行法律具有明显的成文法特征，在一定程度

---

〔1〕［美］约翰·马丁·费尔希：《法兰克福式例子与半相容论》，葛四友译，载徐向东：《自由意志与道德责任》，江苏人民出版社2006年版，第394页以下。

〔2〕［日］堀内捷三：《责任论的课题》，载［日］芝原邦尔等：《刑法理论的现代的展开——总论Ⅰ》，日本评论社1988年版，第172—173页。

〔3〕李洁：《三大法系犯罪构成理论体系性特征比较研究》，载陈兴良主编：《刑事法评论》（第2卷），中国政法大学出版社1998年版，第464页。

上很难实现对英美法系双阶层犯罪论体系的全部吸收,这与我国的司法实践具有很大的差异。

随着时代的不断前进与发展,日益复杂的司法实践使得刑法产生了与外来理论对话的必要,根据什么样的方法与逻辑重新整序犯罪构成条件,进而为司法人员提供具有指导意义的思维模式,重新点燃了刑法学者的研究热情。本书探讨的阶层犯罪论体系主要是指德日的三阶层犯罪论体系,其内涵的逻辑分析路径一定程度上实现了"客观的归客观、主观的归主观",在犯罪认识过程中实现了更为合理有效的认知路径。"构成要件该当性"使得案件事实的判断保持在中性客观的认识之上,在此基础上再进行"违法性"和"有责性"的厘清,这不仅是客观行为的再一次具体分析和展开,也是方法论的升级和优化,在实现二者分离的基础上又巧妙地融入了辩证的视角将二者进行统一。

## 二、阶层犯罪论体系之历史嬗变

从李斯特、贝林创立犯罪论体系以来,关于犯罪论体系的探讨就从未中断过,且一直处于发展变化之中。关于犯罪论体系的发展演变,耶赛克等人将其划分为三个阶段,即古典犯罪论体系、新古典犯罪论体系、目的犯罪论体系。[1] 之后,耶赛克在这个基础上进行了补充,增加了目的理性犯罪论体系。罗克辛则直接将犯罪论体系的发展划分为四个阶段,[2] 其中目的理性犯罪论体系是由罗克辛本人所提倡。在我国,许玉秀在其著作中介绍了八

---

〔1〕 [德]汉斯·海因里希·耶赛克、托马斯·魏根特:《德国刑法教科书》(总论),徐久生译,中国法制出版社2001年版,第247页。

〔2〕 [德]克劳斯·罗克辛:《德国刑法学总论》(第1卷),王世洲译,法律出版社2005年版,第121—124页。

种不同的阶层式犯罪论体系,[1]但是更多地是对犯罪论体系特征进行介绍,对演变过程历史没有过多的关注。林东茂在介绍犯罪论体系的历史时,将其划分五个阶段,分别为古典体系、新古典体系、新古典与目的体系的结合、目的理性体系。[2] 此外,也有学者以代表人物为主线对犯罪论体系进行演变过程的分析,主要介绍了贝林、迈耶、梅兹格、小野清一郎、威尔泽尔的犯罪论体系,这种划分方法使得犯罪论体系的演变过程更加具体形象,是一种较为新颖的划分路径。

犯罪论体系的演变路径和发展进程"并不是简单的后一理论替代前一理论的过程",[3]而是哲学思想的不断变化,进而带动理论发展逐步走向科学、全面与合理的认知过程。"法律的变化与文化成正比",[4]法律的变化与文化的变化相辅相成,而"哲学是文化的核心,是在文化整体中起主导作用的"。[5] 犯罪论体系既是法学理论,也是技术方法,其每一步发展演变都离不开哲学思想的推动。"为了从根本上理解构成要件这一概念以及构成要件论这一理论体系,有必要回溯到其背后的哲学基础。"[6]正如罗克辛所言:"犯罪理论体系的发展,绝不能仅从刑法内部进行探讨,而要与哲学和思想史的发展紧密相关。"[7]在刑法的变迁过程中,哲学思想起着举足轻重的作用。如果将法律的发展与哲学思想割裂开来,可能无法清晰描述其间的

---

〔1〕 具体包括:一是古典阶层体系,二是新古典阶层体系,三是新古典暨目的论综合体系,四是目的理性阶层体系,五是实质的犯罪阶层体系,六是 Schimidhauser 的目的论体系,七是 Maurach 的行为责任阶层体系,八是个别化理论的过失犯构造。相关内容参见许玉秀:《当代刑法思潮》,中国民主法制出版社 2005 年版,第 63—103 页。

〔2〕 林东茂:《一个知识论上的刑法思考》,中国人民大学出版社 2009 年版,第 19—27 页。

〔3〕 肖中华:《犯罪构成及其关系论》,中国人民大学出版社 2000 年版,第 27 页。

〔4〕 [美]唐纳德·J.布莱克:《法律的运作行为》,唐越、苏力译,中国政法大学出版社 2004 年版,第 75 页。

〔5〕 张岱年:《文化与哲学》,中国人民大学出版社 2006 年版,第 11 页。

〔6〕 [日]西原春夫:《构成要件的概念与构成要件的理论》,陈家林译,载《法律科学》2007 年第 5 期。

〔7〕 [德]克劳斯·罗克辛:《德国刑法学总论》(第 1 卷),王世洲译,法律出版社 2005 年版,第 123 页。

关联,从而有损于文章的可读性。[1] 如果以哲学基础作为区分依据的话,犯罪论体系大致可以划分为四个时期,即以法实证主义为基础的古典犯罪论体系;受新康德主义影响的新古典犯罪论体系;目的主义行为论指引下的目的主义犯罪论体系;基于功能主义的目的理性主义犯罪论体系。

### (一)第一阶段:基于实证主义的古典犯罪论体系

19 世纪中叶,实证主义思潮逐渐产生,其出现是为了克服形而上学理论在实践认知中的功能不足和理论缺陷。在西方哲学中,形而上学从“本体论”的角度出发,立足于事物发展的本质,“超出了事物的物理表现,并且都是以这样一种设定为出发点的,即应当到那些可以直接观察到的事实的背后去探寻无形的力量和终极的原因”。[2] 这种理论在法律中的直接作用就是导致审判中的任意性和不确定性。当时的欧洲正是处于资本主义上升期,工业化发展迅速,经济的高度发展一定程度上意味着矛盾的多样性和大量出现,因此,需要更加精确的法律对行为方式进行规制和指引。显然,这种形而上学的法学理论不足以对司法实践提供相称的保护和指引,于是基于严谨与科学的实证主义应运而生。

19 世纪 30 年代,实证主义最早出现在法国,之后又出现于英国,主要代表人物是法国哲学家孔德、英国哲学家穆勒和斯宾塞。实证主义的主要特征是:第一,认为全部哲学都应以经验为基础。按照实证自然科学的要求获得的经验具有科学的意义和价值,并能为科学所检验。这在一定程度上克服了形而上学的抽象性。第二,继承和发展了休谟的现象主义,要求把哲学局限于现象(经验)范围,否定认识经验以外的实在的可能性,明确提出要抛弃对世界的基础、本质等本体论问题的研究。第三,强调人类知识的力量,

---

[1] [德]托马斯·李旭特:《德国犯罪理论体系概述》,赵阳译,载《政法论坛》2004 年第 7 期。

[2] [美]E. 博登海默:《法理学——法律哲学与法律方法》,邓正来译,中国政法大学出版社 1999 年版,第 115 页。

强调运用实证科学改造自然和社会的可能性。[1] 在此原则指引下的法实证主义，要求对法律的应用严格限制在规范及解释之上，并且犯罪论体系必须将客观描述的构成要件、客观规范指引的违法性以及主观罪责加以区分，进而追求法之安全与公正，在此背景下，古典犯罪论体系得以形成和发展。

古典犯罪论体系形成于19世纪末20世纪初，代表人物是李斯特和贝林，贝林的《犯罪论》一书对古典犯罪论体系进行了体系性的介绍和阐述。在这之前，李斯特在1881年也明确区分了违法性和有责性，并提出"犯罪是符合犯罪构成的、违法的和有责的行为"。[2] 在李斯特之前，费尔巴哈、鲁登等人也有过相应的论述。[3] 古典犯罪论体系的基本框架已经具备了三阶层式的主体结构，坚持"违法是客观的，责任是主观的"这一理念。同时，这种理论体系是以行为作为基点展开的，[4] 其最大特色在于认为构成要件是一种纯客观的、描述性的判断维度，以"自然行为论"或者"因果行为论"为基础，是犯罪类型的"纯粹指导形象"。

古典犯罪论体系过分追求科学理论中的实证判断，直接后果就是忽视行为的规范性价值判断，正如德国有学者认为其"太单一地以客观犯罪结果为依据，必然不会成功，因为一个纯粹立足于因果的思维方式并不适合规范性的科学"[5]。同时，从理论的构造上来看，古典犯罪论体系也存在有逻辑推演的矛盾，该体系的主要弱点集中体现在构成要件与违法性两个层次。如果构成要件的相关要素都是客观且中性的，那么符合构成要件的事实行

〔1〕 刘放桐等：《现代西方哲学》（上），人民出版社1990年版，第34—35页。

〔2〕 [德]李斯特：《德国刑法教科书》（修订译本），徐久生译，法律出版社2006年版，第169页。

〔3〕 费尔巴哈曾经指出："特定行为特征的整体，或者包含在特定种类的违法行为的法定概念中的事实，叫作犯罪的构成要件。"相关内容参见[德]费尔巴哈：《德国刑法教科书》（第14版），徐久生译，中国方正出版社2010年版，第83页。

〔4〕 三阶层的观点将行为作为构成符合性判断中的内容，而四阶层的观点则将行为作为与构成要件符合性、违法性、有责性并列的一个独立要件。其实，虽然李斯特、贝林都主张犯罪是符合构成要件的违法有责的行为，但是对行为本身的判断是在构成要件符合性判断中完成的，也即行为本身并不是一个独立的要件。

〔5〕 [德]约翰内斯·韦塞尔斯：《德国刑法总论》，李昌珂译，法律出版社2008年版，第493页。

为也是没有价值色彩的,当出现阻却违法性事由时,必须在构成要件该当时就应该已经具备不法特质,这显然有逻辑上的瑕疵。罪刑法定原则是法实证主义的重要产物,但“在一个充满自然科学实证主义色彩的犯罪阶层体系中,竟然出现一个具有评价因素的违法性阶层,这确实是实证主义的一项不足和破绽”。[1] 但是,与其说违法性阶段的规范判断是一项破绽,不如说这是实证主义在犯罪论体系的发展过程中难以突破的一个瓶颈和障碍,从而也造就了其最终的理论宿命。

### (二)第二阶段:受新康德主义影响的新古典犯罪论体系

从犯罪论体系的构筑内容来看,自然主义的弊端在于不是从作为刑法基础的行为来建构刑法体系,而主要是从经验的概念来构筑体系,并全面否定价值判断的作用。于是在后来出现的新康德主义运动中,着重于论述社会历史问题的弗莱堡学派对当时的法学发展产生的影响比较大。弗莱堡学派将充满规范性和先验性的认知当作理论研究的起点和对象,以价值和事实的严格区分为前提,把主体评价当作解决哲学问题的标准,试图以此建立社会科学的方法论基础。新古典犯罪论体系以麦耶1915年在《德国刑法总论》中提出主观违法要素理论为起点,在具体的、定型的构成要件判断基础上进行规范的、非定型的判断。构成要件的功能转变为发现不法行为的类型化,不再与违法性等而视之,而责任的判断则是主观地、内部地探讨,这一体系既符合思考和判断的逻辑推演和经济规律,又没有违背刑事裁判中犯罪认定的具体过程。[2]

“认识问题本身就是包含有某些特殊性质的东西,这些东西引起由理论问题到实践问题的转化,在这个过程中充满了肯定和否定的判断,必然也就

---

〔1〕 许玉秀:《犯罪阶层体系方法论探源》,载《政大法学评论》1999年第60期。

〔2〕 [日]大塚仁:《刑法概说》(总论),冯军译,中国人民大学出版2003年版,第109页。

存在着伦理学判断中的肯定因素或否定因素。”[1]在弗莱堡学派指引下的犯罪论体系中，构成要件该当性的判断也会涉及价值问题，规范要素就赢得了可适用意义。[2] 古典犯罪论体系只是将违法性看成一种形式上的规范违反，这难免是片面的。新古典犯罪论体系以刑罚的基本目的为出发点，将违法性视为一种社会危害性，赋予其规范性的色彩，[3]主要目的就是研究这些行为背后的理论支撑和逻辑，并且探讨它们的联系，以便把所有要素纳入一个普遍循环适用中。

### （三）第三阶段：目的行为论与目的主义行为论体系

在哲学领域，新康德主义思潮逐渐被现象学取代，随之以现象学为基础的目的行为论体系也逐渐取代了以新康德主义为基础的新古典犯罪论体系。根据目的主义理论，事物的逻辑不能随着法的变更而变更，其构造是一种先于法本身存在的构成要素，因而也应该是被立法者视为必然的东西，成为先于法的规制本身的自然构成要素，其主要的理论出发点在于“合目的性”地理解犯罪事实和行为概念。目的行为论犯罪论体系以威尔泽尔于1931年在《因果性与行为》中提出目的行为论的观点为开端，进而在1940年《刑法总则纲要》一书中体系性地总结了目的行为论，形成以下主要观点：

---

〔1〕 在文德尔班看来，存在着两个不同的世界，一个是事实世界，另一个是价值世界。事实世界是表象世界、理论世界；价值世界是本体（自在之物）世界、实践世界。这两个世界都不是实在的、客观的世界。事实世界固然只是属于主体的表象，价值世界作为本体（自在之物）也只不过是主体的一种公设。与这两个世界相适应，他认为有两种不同的知识，即理论知识和实践知识，或者说事实知识和价值知识。这两类知识之间有着重要区别。一切关于事实的知识的命题都是表示两种表象的内容的相互归属关系，而一切关于价值知识的命题则表示估价意识和被估价的对象的关系，从而明确区分了“事实命题”与“价值命题”。相关内容参见夏基松：《现代西方哲学教程新编》，高等教育出版社1998年版，第118页。

〔2〕《德国刑法》第168条规定的“侮辱性的行为”；第267条规定的“文书”；第211条第2款规定的“其他卑劣动机”；第288条规定的“阻碍强制执行”，就改变了构成要件是纯记述的、价值中性的这种观念，构成要件不再是纯客观的概念。

〔3〕 构成要件不再被视为对外界事件的价值无涉的描述，而被看作立法者对该犯罪类型特有的行为的不法内容的特征进行概括的辅助手段，因此构成要件转变为对相关犯罪类型具有违法性典型要素的总体概念意义上的构成要件。

(1)构成要件是不法构成要件,且规范性构成要件与描述性构成要件要素之间为“量”的差异,而非“质”的不同;(2)故意和过失成为构成要件要素;(3)在“不法”的范畴里,是对行为进行否定的价值判断,是对“社会损害性”的价值思考;(4)在“罪责”范畴里,是对行为人进行否定的价值判断;(5)对于罪责的思考,仍然是以“可非难性”来理解;(6)采用新古典的社会行为论。[1]

目的主义行为论立足于本体论方法,立足于揭示人类已有存在的主要规律并使其成为研究基础。目的行为论通过目的行为建立“事实逻辑”,努力探讨每一个法形态下的“事实结构”,并由此将刑法建立在对“事物本质”的理解之上。[2] 该理论体系以社会伦理行为的秩序和协调为基础,试图摒弃价值中立,因此,行为是否违法取决于隐藏于法律背面的实质价值判断。目的行为论体系为犯罪构成理论体系带来了三个关键性的改变,即违法性认识成为了责任概念的一部分,不再是故意的要素;错误可以区分为构成要件错误和禁止错误;只有在故意的主行为中教唆和帮助才具有可能。但是,目的行为论导致了不法概念的主观化和责任概念的去主观化,例如目的行为不能说明过失行为的目的性和不作为行为的目的性等,这在一定程度上使得目的行为概念无法完全融合于刑法体系,并取得长足的发展。

### (四)第四阶段:目的理性主义犯罪论体系及其哲学基础

1970年以来,德国的研究人员努力追求一种充满“目的理性”或者“功能性”的刑法体系,[3] 该体系认为刑法的目的不在于刑法的预先规定,而应该从刑法的目的设定中逐步推导出来,这就是目的理性主义犯罪论体系产生的思想源头,罗克辛是该体系的理论开创者。罗克辛认为先于刑法的行

---

〔1〕 林东茂:《一个知识论上的刑法学思考》,台北,五南图书出版有限公司1999年版,第40页以下。

〔2〕 [德]汉斯·海因里希·耶赛克、托马斯·魏根特:《德国刑法教科书》(总论),徐久生译,中国法制出版社2001年版,第59页。

〔3〕 [德]克劳斯·罗克辛:《德国刑法学总论》,王世洲译,法律出版社2005年版,第124页。

为概念在刑法之外和以内的领域都无用武之地，从存在论上先在的行为概念推导不出任何对刑法有意义的东西。[1] 他认为，“目的”是法秩序的目的，而非存在上的目的，认为用法秩序客观目的性构造的行为概念必定是构成要件的行为概念。关于目的理性犯罪论体系的哲理基础，罗克辛尝试将新康德主义和新黑格尔思想重新处理并以新的面貌加以延续，目的理性犯罪论体系是从刑罚目的价值观发展起来的，是一种更加凸显规范价值的评价体系。

目的理性犯罪论体系的基本构造包括：第一，关于行为概念。在判断过程中，应当以表现人作为心灵和精神行动中枢来说明人的行为特质，并构成人格的表现。第二，关于构成要件该当性，存在有两个重要内容：一个是主观构成要件要素的认定，另一个是客观构成要件该当的概念。第三，关于客观构成要件方面。客观归责的理论是该理论体系的重要内容，只有当行为人的行为对于相关事物和客体制造了不被容许的风险，这个风险也在具体的结果中实现了，那么由这个行为所引起的行为结果，才可以算作行为人的刑法意义上的行为，而被归责给行为人。[2] 第四，关于违法性。罗克辛基本上肯定不法和罪责的不同，但仍然认为区分构成要件该当性和违法性有其意义，其认为构成要件该当性显示出刑法特有的不法，而违法性阶层则用来区分刑法与其他法秩序的不同。第五，关于罪责。罪责阶层是目的理性理论最为明显的一个理论成就。将预防目的作为罪责的重要指导原则，行为人对规范的反应和应对能力是罪责的主要依据，只有对规范有应对和感知能力的人加以刑罚才能达到预防犯罪的目的，并以预防的效果作为罪责的

〔1〕 罗克辛认为，一个价值中立的“目的支配因果流程”不可能直接成为刑法评价的对象，因此不可能成为建立刑法体系的基础概念。这种存在论上先于法律的行为概念是一个无用的概念。罗克辛并批评威尔兹尔的目的性没有一致的概念，在故意的内容判断上，目的性等于故意，而过失犯的目的性和刑法没有关系，如果目的性和故意同义，这样的目的性概念无法解释过失行为、忘却犯、冲动犯和未必故意的行为。

〔2〕 [德]克劳斯·罗克辛：《客观归责理论》，许玉秀译，载《政大法学评论》1994年第50期。

外部界线来落实制裁和惩罚的理性。这个罪责阶层的小小修正,立足于批判"对规范的反应能力"学说,同时用预防必要性来限制罪责范围,也是逐渐被人们所接受。

在目的理性犯罪论体系中,存在有两大特色,第一个是客观归责理论,第二个是把"罪责"的概念扩充成了"责任"。与之前的犯罪论体系相比,目的理性犯罪论体系"最重要的是在构成要件阶层创造性提出了客观归责理论"[1]。所谓客观归责强调的是结果对于主体行为的可被归属性,它是主观归责的一个重要概念,作为一种规范性评价,它所要解决的是在已经具备事实和因果关系的前提下,进一步从规范意义上考察行为是否可以归责于行为主体,[2]这里解决的不是事实问题,而是评价和判断的价值问题,它第一次在犯罪论体系中将应罚性与需罚性结合起来。同时,在责任部分也进行了改造,使得排除事由不仅包括期待可能性,也涵括了一般预防和特殊预防的区别,形成了答责的体系。责任不再单独被作为刑罚的依据,在刑罚裁量过程中也发挥了划定界限的功能。虽然有日本学者批评目的理性犯罪论体系"使传统的概念发生混乱,使体系丧失整合性,结果导致在体系上发生了丧失明确性和不合逻辑思考的情况"[3],但是,目的理性犯罪论体系"也可能成为刑法史上一个重要阶段,就如同古典、新古典与目的论体系一般"。[4]罗克辛为目的理性犯罪论体系的形成和发展起到了重要的作用,进一步实现了犯罪论体系的规范化考量。

## 三、阶层犯罪论体系——基于逻辑的演绎和甄别

爱因斯坦在评述西方科学的发展历程时曾指出:"西方科学的发展是以

---

〔1〕 张丽卿:《刑法总则理论与运用》,台北,一品文化出版社2005年版,第92页。
〔2〕 陈兴良:《教义刑法学》,中国人民大学出版社2010年版,第298页。
〔3〕 [日]山中敬一:《刑法总论》,成文堂2008年版,第132页。
〔4〕 林东茂:《一个知识论上的刑法思考》,中国人民大学出版社2009年版,第26页。

两个伟大的成就为基础，那就是：希腊哲学家发明形式逻辑体系（在欧几里得几何学中），以及通过系统的实验发现有可能找出因果关系（在文艺复兴时期）。"[1]关于一个事物的个别认知需要纳入逻辑关系才能不断厘清彼此之间的相互依存度以及逻辑关系上的包容度，而放弃体系的建立有可能因各种立场、争执的多样化而改变方向。体系架构对任何学科的发展都是不能缺少的，如果放弃体系思维，将会导致社会冲突的解决永远停留在日常生活的领域和日常语言的范畴之内。犯罪论体系正是从刑法典整理出所有的可罚性条件，梳理出彼此间的关系，根据这些可罚性条件及其相互关系，对于任何一个可预见之个案的可罚性认知都将会有一个明确之答案，透过体系中个别要素推导关系来得出答案。[2]

犯罪行为和现象是犯罪论体系架构的逻辑起点，指引理论建设和规范评价的导向。如果对犯罪现象进行细分，会形成很多个集合，然而这些要素不是像马赛克那样混沌地没有规律地粘贴在一起，而是将诸要素进行一种体系性的安排和整序，以阐明其内在的关联和规律，乃体系论（即犯罪构成体系）的课题。犯罪论体系的核心价值就在于它可以实现对行为的综合认知，并以此为基础展示各种认知和预见的判断方案的可能进路，从而建立相关争论与解决方案之间的秩序和脉络。阶层犯罪论体系作为一种犯罪分析工具，强调体系和逻辑的重要性，其运行路径呈现出横向限制与纵向整合的全方面考量，使得行为的认定和判断过程更为周全，这种以逻辑为主线的体系性思考在法治国家刑法理论中具有至关重要的作用。

---

〔1〕［美］爱因斯坦：《爱因斯坦文集》（第1卷），许良英等译，商务印书馆1979年版，第574页。

〔2〕［德］许内曼：《刑法体系与刑事政策》，王效文译，载许玉秀、陈志辉：《不疑不惑献身法与正义：许内曼教授刑事法论文选辑》，台北，新学林出版股份有限公司2006年版，第41页。

### (一)阶层犯罪论体系的叙事话语

如上面所述,阶层犯罪论体系经历了数个发展阶段,[1]但无论哪一种犯罪论体系,都没有脱离构成要件该当性、违法性、有责性,这是一种递进的行为判断逻辑,即一个行为只有完整地经过三个阶层的审视才可以被定性。阶层犯罪论体系本源于刑法规范,通过找寻构成要素的定位和逻辑,将规范与素材编织成一个整体,激活了现行法律法规,为刑事司法人员提供给了更加有力的分析工具。

构成要件该当性是判断犯罪行为成立与否进程的第一层次,构成了犯罪行为的基本轮廓,贝林称之为一种典型的"指导形象"。构成要件只能是规律性的、有助于理解的东西,逻辑上先于其所属的犯罪类型。[2] 构成要件该当性表现为一种积极判断,是对行为初步进行犯罪判断和认定的阶段,其判断要素一般包括主体和对象、行为情况、因果关系等。刑法规定正是通过构成要件这一模型将行为初步定性为犯罪,如果符合构成要素,则进行下一步的判断;如果不符合其基本特征,则会停止对行为的进一步认定。"如果认为构成要件这一犯罪成立要件是出于罪刑法定主义的要求,构成要件最为重要的机能便在于'没有构成要件该当性则无犯罪'这种保障机能。"[3] 构成要件该当性阶层是对刑法分则的一种综合叙述,是对实践的高度提炼,呈现为理论的共通性,实现了对复杂犯罪行为的具体统摄和指引。

阶层犯罪论体系第二个层次的判断是违法性判断。直至19世纪,违法性才被视为一种独立的构成要件。即便是现在,英美刑法和法国刑法仍然没有赋予违法性独立的意义。违法性的概念可以追溯至黑格尔的《法哲学

---

[1] 当前极具影响力的犯罪论体系是德国学者罗克辛和雅科布斯所主张的功能论或者目的理性的犯罪论体系。相关内容参见[德]克劳斯·罗克辛:《构建刑法体系的思考》,蔡桂生译,载《中外法学》2010年第1期。

[2] [德]恩施特·贝林:《构成要件理论》,王安异译,中国人民大学出版社2006年版,第5—6页。

[3] [日]西田典之:《日本刑法总论》,刘明祥、王昭武译,中国人民大学出版社2007年版,第53页。

原理》,该书对不法的概念首次进行了界定,认为不法是指特殊意志自为地与普遍意志不同,表现为任意而偶然的见解和希求,而与法本身背道而驰。[1] 法作为国家意志的集中和重要体现,换言之,对国家意志的破坏和不遵循就是不法的本质。所谓违法性,就是指行为为法律所不允许,在法律上是无价值的。违法性包括两个方面的内容:形式违法性和实质违法性。其中,形式违法性体现为对法律规范的违反,实质违法性则是对社会伦理的违反,因此,要确定行为是否具有实质违法性,还需要审查是否具有违法阻却事由。违法阻却事由包括法定的违法阻却事由和基于法秩序的整体精神而存在的超法规违法阻却事由。违法性的判断依赖于法秩序中的"规范"标准,一个行为具备了哪些条件就与法秩序发生了冲突,只能以一种"外加"的方式对其进行判断。

阶层犯罪论体系第三个层次的判断是有责性判断。"符合犯罪构成的违法性并不构成'犯罪'行为这种否定评价的理由。犯罪同时还是一种有责的行为;也就是说,有刑事责任能力的犯罪人故意或过失地实施了符合犯罪构成的违法行为,即刑法中的罪责问题关乎于符合犯罪构成的违法行为。因此,也就必然得出这样一个结论:刑法制度中的罪责只能在违法性学说之后来探讨。"[2] 客观违法性论承认"没有责任的违法",将违法与责任加以区隔,从而否认"没有违法的责任";主观违法性论则要求法成员为特定的行为,被理解为针对每一个人的应然规范,[3] 法规范使得从共同秩序的立场出发来评价人的行为成为可能,该理论更多的是认定一个"非个人的应当规范"。[4] 在这种情况下,违法含有归责可能性的特征,"归责可能性是违法

[1] [德]黑格尔:《法哲学原理》,范扬、张企泰译,商务印书馆1961年版,第90页。
[2] [德]李斯特:《德国刑法教科书》(修订译本),徐久生译,法律出版社2006年版,第168页。
[3] [德]汉斯·海因里希·耶赛克、托马斯·魏根特:《德国刑法教科书》(总论),徐久生译,中国法制出版社2001年版,第292页。
[4] [德]费尔巴哈:《德国刑法教科书》(第14版),徐久生译,中国方正出版社2010年版,第231页。

的本质”。[1]

在刑事案件审理的过程中,并不是每个事实和行为都有刑法意义,构成要件该当性剥离了与案件无关的事实,使得案件判断基本定型。如果说犯罪构成理论体系是一种共相的话,则其每一个组成部门和阶层就是个相,共相常常寓于个相之中。阶层犯罪论体系在一个信条性框架中区分出所有与刑法相关的条件,在规范与事实之间往返穿梭,不仅有利于司法机关工作人员从具体的事实和行为出发寻找与之相适应的法律条文,也有利于时常回到案件的具体情节中来仔细推敲事实与规范的完全一致性,如此往返适用规范可收良好之效果,[2]进而避免遗漏检验要素。

### (二)作为一种分析工具:强调体系和逻辑的重要性

犯罪是一个多维的、立体的、包含和交织着各方面问题和因素的现象。只有在一个整体全面的认知体系中,要素相互之间的逻辑关系才可以毫无遗漏地展现出来,同时,个别的认识之间是可以相互调和还是相互矛盾的,也只有依靠体系性认知才能逐渐清楚。制度的形成其实就是人们的诸多解说相互冲突、磨合、融合的过程,研究工具和方法论在一定程度上制约着理论研究可能得出的结论和理论深度。真正意义上的学术进展和对于后世的影响主要是从体系化探索开始的。[3]

“体系”这个词经常被混同于“理论”,然而有理论不等于有体系。法学体系的历史可以追溯至古希腊时期,西塞罗的失传著作《将市民法重铸为一门科学》论述的就是罗马法在古希腊科学理论精神指引下的结构化,这段时期也被视为启蒙理性法学以及科学实证主义特别重要的阶段。所谓体系,是指按照一定的原则把理论诸要素进行排列组合的方法与定律,这种组合

---

〔1〕 [日]泷川幸辰:《犯罪论序说》,王泰译,法律出版社2005年版,第47页。

〔2〕 冯亚东:《中国犯罪构成体系完善研究》,法律出版社2010年版,第140页。

〔3〕 Eberhard Schmidt, Einfuehrung in die Geschichte der deutschen Strafrechtspflege, 1965, S. 169.

路径不是零碎知识的汇集,也不是简单的机械凑合,而是有一定内部结构的、可以反映事物本质和规律的分析路径。学问的体系就在于将有关的个别认识按照逻辑关系加以整序,在符合逻辑顺序的思维步骤中逐步形成一种科学的认知和判断,并保障所有与评价和判断有关的重要问题都能够得到审查。那种在体系性和逻辑性上毫无划分,对案件关涉的法律问题不加选择的判断和"探察",容易忽略不可或缺的重要方面而陷入错误的决定之中。[1] 德国学者希尔根多夫教授指出,体系思考具有九项功能,[2] 可以把相关元素联接成一个整体,使疑难问题在标准体系中被准确定位进而发现特定的解决路径,因体系已经大致框定了判决结论,进而约束和批判司法判决。

理性的最高使命是协调与统一,秩序使思考对象变得明确。仅仅从评价对象的表现形式出发容易陷入自然主义的认识论和方法论。[3] 正如费尔巴哈认为,符合科学理论的表现必须满足以下三个条件,"第一个条件是法律概念的正确性、明确性、准确性以及直白性;第二个条件是法规的内部关联;第三个条件是法学理论的体系关联。当一个内在相互关联的知识整体具有外部的或体系性的关联时,那么,该知识整体便具备了科学的完备形态。总的来说,就是不通过以上方法将一个粗糙整体变为一个有组织性的,自身与其各组成部分协调的整体"。[4] 理论可能是观点、假说、知识的聚集,

---

〔1〕 [德]克劳斯·罗克辛:《德国刑法学》(总论),王世洲译,法律出版社2005年版,第127页。

〔2〕 制度功能(每一种体系产生相应的制度)、整合功能(把相关元素联结成为一个整体)、科学构造功能(使科学的刑法理论得以形成)、启发功能(使疑难问题在标准体系中被准确定位进而发现特定的解决路径)、讲授功能(知识上的体系关联便于讲授和审判中掌握)、法律适用指导功能(指导司法行为并促使进行体系解释)、法治国的透明化功能(使裁判更加明确、可预测,防止司法恣意)、法学体系论的批判功能(体系已经大致框定了判决结论,约束和批判司法判决)、面向法治国的评价功能(案件处理体现特定社会价值,与意识形态上的判断保持距离,具有中立性)。相关内容参见[德]希尔根多夫:《德国刑法学:从传统到现代》,江溯、黄笑岩等译,北京大学出版社2015年版,第194页。

〔3〕 杨兴培:《犯罪构成原论》,北京大学出版社2014年版,第288页。

〔4〕 [德]希尔根多夫:《德国刑法学:从传统到现代》,江溯、黄笑岩等译,北京大学出版社2015年版,第187—188页。

但并非当然地就会是一种体系性存在，刑法理论发展到顶峰的一个重要标志就是形成并运用体系性思维。这就造就了理想的犯罪构成理论也应当是一种关于犯罪认定和判断的体系性认知，这种体系的建立“必然在体系性要素——也就是个别的概念，澄清到一定程度的时候，方才会发生”。[1]

阶层犯罪论体系中，三个要件之间形成了若无前者必无后者的位阶次序，将现有判断整合成一个逻辑结构统一的整体，并探索每个要素的共通本质，其发展过程中变化的仅仅是各个具体要素的解说方式，不变的则是体系化的思考方式，并在一定程度上将问题争议点显现出来，优化了思维判断的认定过程，这也是其维持生命力的关键所在。法学中的体系化路径可以消解具体概念的抽象性并提高理论适用的精确性，面对强烈的社会冲突时，才能显示出各种解决方案的不同效果，保证解决方案的秩序性和脉络性。[2] 同时，体系性思考方法也必然体现为逻辑规则的运用，承担了逻辑在法学方法论中的重要使命，[3] 通过对各种要素进行定位或检验，挖掘出理论要素更大的价值。

### （三）运行路径：横向整合与纵向限制

首先，阶层犯罪论体系是横向整合的过程。在阶层犯罪论体系中，容纳着不同的犯罪成立要素，且各自发挥着不同的理论功能。构成要件该当性服务于罪与非罪的区分，以及国家公权力行使和个人自由保障的界线，它要求对行为人的行为以一种更为客观的、尽量价值无涉的原则去审查，并寻找出法定构成要件与之相匹配。违法性阶层则是从反面排除行为犯罪属性的认知路径，主要关注行为有没有产生法益侵害的实质内容。责任判断关注

---

〔1〕 许玉秀：《犯罪阶层体系及其方法论》，台北，台湾成阳印刷股份有限公司2000年版，第12页。

〔2〕 [德]许内曼：《刑法体系与刑事政策》，王效文译，载许玉秀、陈志辉编：《不疑不惑献身法与正义：许内曼教授刑事法论文选辑》，台北，台湾新学林出版股份有限公司2006年版，第250—254页。

〔3〕 [德]英格博格·普珀：《法学思维小课堂》，蔡圣伟译，北京大学出版社2011年版，第180页。

行为与行为人之间的关联性,区分对何种范围内的违法事实进行非难。这三个层面彼此区分又相互关联,形成了不同维度的整合。科学的黑暗意味着对内容不予区分、对不同种类不予分离、对相同种类不予整合、对科学的各个组成部分不按逻辑顺序加以编排。犯罪事实的认定过程中,主体、行为、责任、因果关系都是认定犯罪的重要概念,但是这些概念尚不具有逻辑联系,缺乏可以进一步对其进行理性把握的内在动力。阶层犯罪论体系对以上三个方向的行为要素进行整合梳理,为司法机关认识犯罪提供了理论模型,这种体系性约束虽然“限制”了他们的行为,但却增加了司法适用过程的简便性。[1]

其次,阶层犯罪论体系是纵向限制的路径。在阶层背后隐藏的是位阶概念,这是一种强逻辑的体现,有的条件在前面检验,有的条件在后面检验,其中一部分以另一部分为前提和根据,或者通过该部分得以诠释。事物之间存在着多种多样的联系,逐步递进的位阶关系是其中重要的一种,在纵向行进中,前一个事物是后一个事物存在的基础,后一个事物对前一个事物具有依附性,二者之间不断推演并产生递进关系。按照体系化的阶层犯罪论体系,司法机关工作人员就像拿着一张需要逐一核对的进程单,第一步检验构成要件该当性是否满足,再考虑违法性,最后审查可被归责的状态,厘清了以上要素之间的关系,再根据行为框架的内在联系形成规范判断。正是这种逻辑演绎使得所有的基本概念都被固定在体系中的一个环节,随之带来的结果就是概念与概念之间产生了一种可被推导的关系。刑法的理论推进绝不是对事实现象的简单描述和机械认知,而是立足于事实之上的逻辑化体系化演进路径。这种位阶关系既是一种“若无前者必无后者”的表现,也是“第二步不能先于第一步”的纵向限制。

〔1〕 喻海松:《德国犯罪构造体系的百年演变与启示》,载《中外法学》2012 年第 3 期。

## (四)理性动因:阶层犯罪论体系的合目的性和机能主义

20世纪70年代以来,机能主义成为德国犯罪论体系发展的一种新趋势,重视主题性、目的导向的思维方式成为理论行进的重要指引。罗克辛将刑事政策引入刑法教义学的创举、雅科布斯教授将罪责学说建立在积极的一般预防基础之上,都是机能主义思维的重要体现。机能主义使得整个刑法理论构造不再局限于存在论的框架,而是将刑法体系建立在社会系统的正常运转之上。理论的建构和运行应以特定的目的和任务为目标指引,功能性方案是一种合目的性的、政策性的思考,具有鲜明的时代特征,它关注的是手段,以及有效达致可欲目标的能力。

机能主义进路的出发点并不是法律规则本身,而是根据生发出规则的政治、社会、经济和意识形态语境来判定其所意指的那些事物。[1] 公共利益、正义和法的安定性共同影响着法律的实施,它们处于生动的紧张关系之中,通过相互的牺牲而间或地能够得到缓解。犯罪构成理论系一种对接工具或过渡桥梁之理论,其主要的功效和作用在于帮助司法人员完成刑法规范与案件事实之适法性判断,因此,犯罪论体系的选择应该是合目的的,不仅能回答什么是犯罪,也能对行为背后的规律实现清晰的认知,进而采取相应的手段促进特定目的的实现。

在阶层犯罪论体系中,构成要件该当性体现为罪与非罪的明确性,而在违法性、有责性范畴中则分别是辅助性地保护法益免受侵害的任务、利用各种秩序原则解决冲突、一般和特殊预防的目标[2],不同于“凭借针对具体案件状况的讨论和共识”进而求得问题的解决,而是力求个人自由与社会秩序

---

〔1〕[比利时]马克·范·胡克:《比较法的认识论与方法论》,魏磊杰、朱志昊译,法律出版社2012年版,第74—75页。

〔2〕[德]克劳斯·罗克辛:《刑事政策与刑法体系》,蔡桂生译,中国人民大学出版社2011年版,第20—21、33—34、41—42、70—71、76页。

之间的均衡。三个阶层的内容判断和目标追求分别对应罪刑法定主义、法益保护主义、责任主义，对事实和行为进行修饰、剪裁、重组，整合各种机能性方案，从不同维度和侧面实现了对辩方合法权益的保护，并帮助司法人员完成案件事实之适法性判断。[1] 阶层犯罪论体系通过逻辑和体系的认知，克服依靠朴素正义标准对事实和行为的剪裁，这是一种以“目的”为导向的判断工具，并通过自身运行的路径不断回应“目的”之要求，进而实现目的理性的过程。

### （五）阶层犯罪论体系的实践面向

社会或国家的每项律令只有不“纯粹停留在纸上”时才能被视为“有效的法律”。[2] 阶层犯罪论体系体系化地聚合了可据以裁判的要素，不仅体现为对法律概念的分析和运用，也梳理了不同原则与规则间的逻辑关系，通过对规则作出判断，建立相关争论与解决方案之间的秩序。阶层犯罪论体系看似复杂，但却因其本质上更符合人们的逻辑认知和判断路径，呈现出更为高效的实践面向。

首先，阶层犯罪论体系有利于实现对立法工作的有效指引。科学的立法依赖于高度规范化的制度，在刑事法律制定过程中，犯罪论体系的科学与否一定程度上决定了立法工作的操作路径。刑法不仅是个人行动者之间自发形成禁止规范，或者自发形成将禁止规范引入刑事轨道之平均欲求的过程，也是行动者与禁止规范之间互动的过程，行为规则只有与特定情势结合才能确定特定的行动。[3] 阶层犯罪论体系通过自身的逻辑梳理出犯罪行为的认定路径，赋予立法进程更多侧重点，使得法律秩序在概念、逻辑、体系上

〔1〕 冯亚东：《犯罪构成本体论》，载《中国法学》2007 年第 4 期。
〔2〕 [德]拉德布鲁赫：《法学导论》，米德译，中国大百科全书出版社 1997 年版，第 20 页。
〔3〕 [英]弗里德利希·冯·哈耶克：《法律、立法与自由》(第 1 卷)，邓正来、张守东、李静冰译，中国大百科全书出版社 2000 年版，第 168 页。

更加融洽，进而实现法秩序在行进过程的有效指引，同时也增加了新增立法的可被适用性和演进过程的逻辑性。

其次，阶层犯罪论体系有助于提升司法判断的缜密性。在犯罪行为认定过程中，清晰的审查步骤和检验顺序能够帮助司法人员简化思维方式，并按照路标提供的指引按次序走下去。20 世纪 30 年代，德国学者威尔哲尔“检验清单”理论的提出，高度概括了阶层犯罪论体系指引下依次审查各个要件可以最大程度避免遗漏的特征。同时，按照先客观再主观的检验顺序，不仅极大地降低了主观要件难以查明的困难，也避免了先从主观要件出发再审查客观要件的认定路径。按照罗克辛的说法，人的意志如果伤害的不是刑法上所保护的客体和价值，则就不符合客观构成要件，如果想否认行为人的故意意志，就应该先否认客观构成要件，进而使得故意犯的重心由主观判断转移到客观判断的部分，防止了主观定罪的倾向。

最后，阶层犯罪论体系有助于制约司法恣意。于司法的稳步推进而言，规范与理论的可预期性与可检验性尤为重要，尤其对于刑法学这样一个关切公民生杀予夺的学科，过分精细之过错远远小于粗放之过错。[1] 阶层犯罪论体系把犯罪行为间共有的结构性要素体系化地呈现和排列出来，体系性思考的成就便是刑法学的精致化，使得法律规范间不仅可以建立一种支撑关系，并能以逻辑化的方式得以呈现，让法律适用不仅合乎事理，而且具有验证可能性，由此进一步保障刑事司法的正义性与安定性。同时，在阶层犯罪论体系中，案件审查的每一个步骤都明确、具体、易于操作，提升了司法工作人员进行对话的程度和范围，极大地避免了司法恣意。

随着社会经济的高度发展，司法实践呈现出更加复杂多样的矛盾纠纷，体系化的刑法理论成为维护刑事法治统一性和可操作性的重要力量。阶层犯罪论体系对现有的法律因素进行了符合逻辑的、系统的秩序性安排，其不

---

〔1〕 陈兴良：《转型与变革：刑法学的一种知识论考察》，载《华东政法学院学报》2006 年第 3 期。

仅是对一个行为或者一种行为的量定，而是对一类行为的科学架构，有利于促进人们对行为后果的清晰认知和预见，进而实现规则指引下的合理安排与理性决定，也使得司法工作人员在应对司法实践中的复杂问题时更加从容理性。

## 四、阶层犯罪论体系的中国引入与理论建构

清末我国法律改革引入了大陆法系制度，这一重大变革主要以日本法律制度为借鉴。民国时期，先后制定的 1928 年刑法典与 1935 年刑法典均是以日本刑法典为摹本，[1]民国时期犯罪论体系中的许多犯罪概念就来自日本。[2] 而这个时期的日本刑法理论在很大程度上受德国的影响，[3]因此，可以说民国时期的犯罪论体系在一定程度上也受到了德国阶层犯罪论体系的影响。20 世纪 50 年代以后，我国学习苏联法律，其中最突出的就体现在刑法的引进和学习上。俄国十月革命后，苏联刑法学家们批判了以构成要件理论为基石的犯罪论体系，继受了塔甘采夫的犯罪论体系，最终形成了以四要件为基础的犯罪构成理论。在这一背景下，我国引入了苏联法律体系中的四要件犯罪论体系，这项引进行为所产生的影响一直延续到今天。

---

〔1〕 民国学者郗朝俊在自序中所列参考书计 52 本，除德国学者李斯特以外，其他 51 本均为日本刑法学者的著作，包括大场茂马、牧野英一、冈田朝太郎、泉二新熊等著名学者的著作。而前述犯罪要件的体系，也可以从汉译日本著名刑法学家牧野英一的著作中找到摹本。相关内容参见陈兴良：《犯罪构成论：从四要件到三阶层》，载《中外法学》2010 年第 1 期。

〔2〕 民国刑法学关于犯罪要件的论述，大多局限于罗列犯罪成立的各种要素，尚未顾及各种要素之间的逻辑关系。对此，我国学者指出：总的来看，指民国时期的中国刑法学，在引进和吸收日本刑法理论的基础上，开始关注犯罪成立的一般性要素。主体、客体、违法性、责任等近现代刑法学关于犯罪构成理论的一些关键性和普遍性的要素都已经开始从具体的、特殊的分则条文中被抽象出来；但是，对于这些要素之间的关系研究仍然付之阙如，整体上也没有形成有内在逻辑关系的理论。概言之，犯罪成立的条件就是包括主体、客体、律有正条等各种要素都具备，因此这种犯罪构成理论的实质其实就是要素集合。相关内容参见车浩：《犯罪构成理论：从要素集合到位阶体系》，载陈兴良主编：《犯罪论体系研究》，清华大学出版社 2005 年版，第 70 页。

〔3〕 [日]大塚仁：《刑法概说》（总论），冯军译，中国人民大学出版社 2003 年版，第 44 页。

随着社会治理模式的不断完善,用以指引和规范公民行为的犯罪评价模型也需相应进步,这是社会转型和知识发展的必然要求。不同的犯罪论体系决定了刑法理论研究的不同面向,[1]法学理论所包含的结构元素相互间应具有一定的关联,由相互间无关联的法学概念组成的法学知识积累,至多是一种“胚胎阶段”的科学,[2]并没有超出原始概念的限度和范围。回望近些年我国刑法理论的发展状况,可以发现,四要件犯罪论体系的耦合性以及逻辑性缺失的特征带来的缺陷越发明显。只有更加理性公允地认识到四要件犯罪论体系在认定犯罪过程中的缺陷,合理吸收消化阶层犯罪论体系的理论成果,不仅经济,而且稳妥。

### (一)引入的必要性之一——知识转型的理性回应

四要件犯罪论体系是一定历史阶段的产物,反映的主要是苏联时代的政治经济基本情况和刑法理论发展水平。[3] 但随着时代的发展,人们的价值观念、思维方式以及对刑法的认识水平都有很大提高,四要件犯罪论体系经过了近二十年的适用和检验,逐渐显示出前行乏力的症状。“在苏俄刑法学中,存在以政治话语代替法理判断的缺陷,这是一种教义含量较低的刑法学,不法理论、责任主义、刑罚学说都停留在对法律规定的诠释上,没有达到法理程度,”[4]因此,对已有的犯罪论体系进行调整和变革已是历史发展的必然。而且,由于四要件犯罪论体系指引下的犯罪认定过程缺乏要件之间

---

〔1〕 车浩:《阶层犯罪论的中国命运》,载《中国法律评论》2017 年第 6 期。

〔2〕 [德]希尔根多夫:《德国刑法学:从传统到现代》,江溯、黄笑岩等译,北京大学出版社 2015 年版,第 94 页。

〔3〕 其中比较有代表性的著述有 1998 年由李海东所撰写的《刑法原理入门》一书,在该书的作者自序中,对以社会危害性为核心的传统刑法学提出了强烈批判,认为中国的刑法理论界虽然发表了数量不少的研究成果,但成果的数量与成果的质量没有关系,而整个中国刑法理论“本质上还处在我们上一代刑法学者的认识框架之中,这个框架是以本身就尚处于摸索阶段、完全不成熟的三十年代苏联刑法理论为基础的”。相关内容参见李海东:《刑法原理入门(犯罪论基础)》,法律出版社 1998 年版,第 3 页。

〔4〕 陈兴良:《刑法学:向死而生》,载《法律科学》2010 年第 1 期。

的逻辑演绎和推理,一定程度上造就了我国刑事判决书的简单叙述,而无过程分析,这种状况在我国目前仍大范围存在。如此判决方式不注重对结论形成过程的说明,从而导致人们在看到判决结果时没有很强烈的认同感和被说服感,这也就造成了四要件犯罪论体系刚刚起步就已经到达了理论的终点。

另外,相对封闭的学术环境必然会压抑理论创新。犯罪论体系作为一种知识形态,长期停留在机械的罗列式的判断思维中,不利于实现理论的深化和升华。只有不断地吸收知识并容纳知识才能避免理论发展过程中遇到的种种瓶颈,并带来反思基础上的不断创新。在陈兴良、张明楷、周光权等诸多学者的全力推动下,德国刑法理论的学习研究逐渐开阔了国内学人的眼界,学术开放的格局初步形成。回望近年来的刑法学发展进程,从诸多具体的概念研究到犯罪论体系,无一不与阶层犯罪论体系紧密相关,例如客观归责理论、正当化事由、期待可能性理论等,如果拒斥阶层犯罪论体系,就相当于拒斥了教义学发展和引入的重要工具。因此,在合理清理四要件犯罪论体系的基础上有效引入阶层犯罪论体系,并进一步引入刑法教义学相关理论,创造立足于本土的新的理论体系,在多元的学术氛围中找寻出最为合理的判断和认知工具,不失为一种科学理性的知识转型回应与路径。

### (二)引入的必要性之二——阶层犯罪论体系的优越性

刑法学是没有国界的,[1]只有刑法规定才区分国界。"各国的法律形式从表面上看是不同的,但其中都蕴藏着法律制度的共同体……尽管构成物质环境的各种条件有不可消除的地方特性,以致各种法律制度有着明显的差异,但是它们之间存在着一个共同的基础。"[2]通过深入观察历史,我们可以发现,经济基础和发展程度相似的国家总会产生某些大致统一的法学理

---

〔1〕 樊文:《没有国别的刑法学》,载《法学研究》2010 年第 1 期。
〔2〕 [法]勒内·罗迪埃:《比较法导论》,徐百康译,上海译文出版社 1989 年版,第 55 页。

论与规范，诚如德国学者所言，“一大部分违法行为类型在几乎所有法律文化中可以得到同等程度的承认。”[1]随着中国社会发展的不断升级，经济发展过程中出现的新问题也要求社会治理模式进行相应的转型。德国作为先发性的发达国家，其应对发展过程的问题而形成的解决思路提供了丰富的可借鉴的理论资源。我国刑法学的发展起步较晚，在对司法实践进行批判性检验和总结的基础上，引进适合国情的理论与技术并达至一种法安全和法公正，显得尤为必要。

法教义学是围绕着具体法条和理论规则构建起来的，是对法条和理论的统摄，有利于增进法律的理解和适用。这种体系性思考不仅有利于对案件进行合理的审查判断，对法学研究也同样具有指导意义。在日本，针对日本战后初期体系性思考走向极端的情况，日本学者平野龙一教授描述道："昭和二十年代到三十年代(1945—1955 年)，几乎垄断我国刑法学的是刑法解释学。而且这个刑法解释学的关心，几乎全都是指向犯罪论的理论构成。而作为理论构成中心的是构成要件的概念。那么何谓构成要件、构成要件与违法要素、责任要素的关系如何等，在学界成为议论的中心。考察有关这些概念、要素关系的新体系就是学者的任务，也被认为是学者是否有研究功绩的表现。”[2]

21 世纪以来，随着德日刑法学知识以及研究方法的不断引入，中国刑法学开始了一场结构性与功能性的知识转型。基于不同的知识背景、价值判断，中国刑法学者对犯罪论体系的完善和建构采取了截然不同的观点：有的力求在既定体系框架内寻找新的知识增长点，立足于新知识的增量实现体系的完善；有的则主张在研究范式上进行彻底转型，或者干脆回到现代刑法

---

〔1〕［德］奥特弗里德·费赫：《存在跨文化刑法吗?》，载《浙江大学学报(人文社会科学版)》2000 年第 2 期。

〔2〕［日］关哲夫：《论机能主义刑法学——机能主义刑法学的检讨》，王充译，载赵秉志主编：《刑法论丛》(第 17 卷)，法律出版社 2009 年版，第 266 页。

学研究的原点，即贝林主张的构成要件理论去重新建构刑法体系。[1] 阶层犯罪论体系是一种基于共有的普遍理性所生成的逻辑方法，进而产生有约束力的规则，其不应存在国家之别。在反思与批判四要件犯罪论体系的同时借鉴吸收阶层犯罪论体系，并建构中国的阶层犯罪论体系是当下的主流选择，推动这一转型的主将非陈兴良教授与张明楷教授莫属。当然积极推动这一过程的并非仅限于陈兴良教授和张明楷教授，但不可否认他们在阶层犯罪论体系的引进和发展过程中发挥了不可替代的作用，促使了阶层犯罪论体系在当代中国的生根发芽和迅速成长。

### （三）阶层犯罪论体系的中国引入

关于阶层犯罪论体系的中国引入，笔者认为可以分为三个阶段：第一个阶段是为德日阶层犯罪论体系在中国刑法语境下争取"进场资格"；第二个阶段是阶层犯罪论体系进入中国之后，为了使其更易被接受和传播而采取的各种本土化改造；第三个阶段则是在阶层犯罪论体系引入后，进一步对各层级概念和理论的研究与梳理。

在20世纪80年代，对四要件犯罪论体系发起最猛烈攻击并试图以新体系取而代之的是何秉松教授。1986年，何秉松教授提出建立具有中国特色的犯罪构成理论新体系的命题，其新体系是把犯罪构成要件分为行为要件和行为主体要件。其中，行为要件又分为行为的主观要件（故意过失、目的动机等）和行为的客观要件（行为的方式方法及其所造成的结果或可能造成的结果、行为侵害的客体或对象、行为的情况等）。行为主体要件分为行为

---

〔1〕 尽管背景和语境完全不同，中德刑法在各自的发展的不同阶段似乎出现过类似的困惑。20世纪70年，德国刑法学界有人认为刑法教义学已经"没有发展的可能性"，面对这一困惑，罗克辛教授从刑事政策与刑法体系的融通视角处罚，主张德国刑法教义学完全"可以在它的基本原理上不断地进行全新的彻底思考，使得我们必须改变总论的体系以适用它们的变化，如果总论之体系的功效还值得维护的话。只有这样，我们才能在这个领域中不断地走向全新的起点上。"相关内容参见［德］克劳斯·罗克辛：《刑事政策与刑法体系》，蔡桂生译，中国人民大学出版社2011年版，第52页。

主体的一般要件(责任年龄、责任能力)和行为主体的某些特殊要件(身份犯、首要分子和惯犯)。[1] 在这一犯罪构成理论体系中,行为要件与三阶层犯罪论体系中的构成要件该当性十分接近,主观要件与行为主体要件相合类似于二阶层的犯罪论体系中的不法与责任,为阶层犯罪论体系的引入进行了积极的探索。

20世纪90年代以后,关于德日阶层犯罪论体系的经典性著作才翻译介绍到我国来,例如日本学者小野清一郎的《犯罪构成要件理论》(王泰译)是1991年由中国人民公安大学出版社出版的,而德国学者贝林的《构成要件理论》(王安异译)则迟至2006年才由中国人民公安大学出版社出版。在此期间,李斯特的刑法教科书、耶赛克的刑法教科书、罗克辛的刑法教科书、野村稔的刑法教科书、大塚仁的刑法教科书、大谷实的刑法教科书、西田典之的刑法教科书都先后在我国翻译出版,使我们能够系统地了解德日的阶层犯罪论体系。

进入21世纪以后,犯罪构成理论体系成为刑法学界讨论的热点问题。陈兴良教授、张明楷教授关于犯罪论体系的系列论文,[2] 以及周光权教授、李立众教授和付立庆教授关于犯罪论体系的专著,[3] 代表了阶层犯罪论体系主张者的基本观点。在这种情况下,我们在刑法学教科书中首次直接采用了大陆法系的阶层犯罪论体系。[4] 其中,陈兴良教授关于犯罪论体系位阶性的论述,张明楷教授关于违法与责任作为犯罪论体系支柱的基础理论

---

〔1〕 参见何秉松:《建立具有中国特色的犯罪构成理论新体系》,载《法学研究》1986年第1期。

〔2〕 例如,陈兴良:《犯罪论体系的位阶性研究》,载《法学研究》2010年第4期;陈兴良:《转型中的中国犯罪论体系》,载《现代法学》2014年第1期;陈兴良:《刑法学:向死而生》,载《法律科学》2010年第1期;张明楷:《以违法与责任为支柱建构犯罪论体系》,载《现代法学》2009年第6期;张明楷:《构建犯罪论体系的方法论》,载《中外法学》2010年第1期;张明楷:《犯罪论体系的思考》,载《政法论坛》2003年第6期。

〔3〕 周光权:《犯罪论体系的改造》,中国法制出版社2009年版;李立众:《犯罪成立理论研究》,法律出版社2006年版;付立庆:《犯罪构成理论:比较研究与路径选择》,法律出版社2010年版。

〔4〕 陈兴良主编:《刑法学》,复旦大学出版社2003年版,第1页。

的论述,周光权教授、付立庆教授和李立众教授关于犯罪论体系的比较和改造的系统研究,从不同的角度和层面阐述了传统四要件犯罪论体系的缺陷,论证了阶层犯罪论体系的优势,对于阶层犯罪论体系在中国的引入、传播和扩散具有积极作用。正如周光权教授认为,“如果将故意、过失作为违法要素看待,那么我的理论是三阶层的理论:先判断客观要素,再考虑主观要素,这是关于构成要件符合性的判断。在得出肯定结论的前提下,判断是否存在违法排除事由,这是关于违法性的判断。如果能够得出没有违法排除事由的结论,就最后判断有责性。”〔1〕黎宏教授在 2012 年出版的《刑法学》指出,“这种从德日刑法学中移植过来的犯罪构成体系最大的长处在于将对法官认定犯罪的指引作用发挥得淋漓尽致。”〔2〕曲新久教授在 2009 出版的《刑法学》一书中采取了“客观罪行—主观罪责”的所谓双层次二元理论。一方面,将构成要件与正当化事由并列,从正反两个方面判断危害行为是否构成犯罪;另一方面,将犯罪分解为客观罪行与主观罪责两大要件,在罪行与罪责之下进一步分解为一系列的客观构成要素与主观构成要素。〔3〕李立众教授认为要适度改造三阶层犯罪论体系,“对于德日犯罪成立理论的体系取舍应坚持‘犯罪理论体系本身必须合理’与‘犯罪理论体系必须符合我国刑法的规定’这两个基本原则,有必要对三阶层理论中的核心术语进行本土转换。将‘构成要件’转换为‘罪状’、将‘违法性’转换为‘不法性’、将‘责任’或‘有责性’转换为‘罪责’或者‘罪责性’是合适的。”〔4〕劳东燕教授认为,“我国传统的犯罪构成体系必须进行结构性的改革,需要充分肯定阶层理论的优越性,以此作为模本来建构中国的阶层式犯罪论体系。为此,她建构了三层次的犯罪构成要件体系。第一层次是事实要件,由行为的主观方面和

〔1〕周光权:《刑法总论》(第 3 版),中国人民大学出版社 2016 年版,第 89 页。
〔2〕黎宏:《刑法学》,法律出版社 2012 年版,第 62 页。
〔3〕曲新久:《刑法学》(第 2 版),中国政法大学出版社 2009 年版,序言、第 75 页。
〔4〕李立众:《犯罪成立理论研究——一个域外方向的尝试》,法律出版社 2006 年版,第 258 页。

客观方面构成;第二层次是违法性评价,正当防卫等就属于违法性阻却事由;第三层次是有责性评价,包含未成年、精神错乱等阻却责任事由等内容。[1] 阮齐林教授构建了"罪状""违法""有责任(或者有罪过)"三要件犯罪论体系。[2] 林亚刚教授在其《刑法学教义(总论)》的教科书中,采取了"构成客观必备要件—构成主观必备要件—违法阻却事由"的犯罪论体系。[3] 叶良芳教授在其《刑法总论》的教科书中,采取了"客观构成要件—主观构成要件—犯罪阻却事由"的理论结构。[4] 李晓明教授在其《刑法学总论》的教科书中,采用了"犯罪客观要件—犯罪主观要件—犯罪度量要件"的三要件理论,将犯罪数额、情节以及正当防卫和紧急避险纳入犯罪度量要件。[5]

应该强调的是,我国台湾地区也在积极引入阶层犯罪论体系,正如许玉秀教授认为,犯罪构成理论的构建,既需要整体逻辑的设计,也需要从问题和实际出发进行思考。体系的完善性和合理性,要考量逻辑和实用两个方面。对犯罪论体系做递进式思考有以下优点:第一,有助于检验个案。依照构成要件该当性、违法性和责任三个阶层检验犯罪可以提高效率,避免遗漏应该检验的要件以及避免错误的判决;第二,以区分阻却违法事由和区分阻却责任事由为例,可以使相同的情况获得相同的处理,不同的情况获得不同的处理;第三,对法官而言,因为有规则可循,适用法律更为简便;第四,可以促进法律规范的形成。例如紧急避险经过德国刑法学上的递进式理论体系的检验,现在已经成为法定的阻却违法事由。[6] 同时,根据我国台湾地区"刑法"(2006 年修订)第二章刑事责任中第 12 条、第 13 条规定,我们可以非

---

〔1〕 劳东燕:《刑法基础的理论展开》,北京大学出版社 2008 年版,第 214 页。

〔2〕 阮齐林:《评特拉伊宁的犯罪构成论——兼论建构犯罪构成论体系的思路》,载陈兴良主编:《刑事法评论》(第 13 卷),中国政法大学出版社 2003 年版,第 14 页。

〔3〕 林亚刚:《刑法学教义(总论)》(第 2 版),北京大学出版社 2017 年版,第 83 页。

〔4〕 叶良芳:《刑法总论》,法律出版社 2016 年版,第 75 页。

〔5〕 李晓明:《刑法学总论》,北京大学出版社 2016 年版,第 216 页。

〔6〕 许玉秀:《阶层犯罪论体系及其方法论》,台北,台湾成阳印刷股份有限公司 2000 年版,第 2 页。

常容易地发现构成要件、责任等三阶层犯罪成立要件的内容。[1] 许玉秀教授所采用的犯罪论体系吸收了目的理性体系中的刑罚论进入犯罪阶层体系的观点，基于犯罪阶层体系应区分应罚性与需罚性，不法属于应罚性，罪责与量刑合成一个新的阶层"需罚性"，责任能力是刑罚能力，期待不可能是减免刑罚事由，欠缺不法认识即欠缺主观不法，故意中的认识要素是构成要件要素，意欲要素是罪责要素，对罪责事实的认识会影响不法，认为犯罪阶层体系应该包括"应罚性"和"需罚性"两个阶层。应罚性的要素为不法，需罚性的要素为罪责。[2]

阶层犯罪论体系的中国引入不仅伴随着对四要件犯罪论体系的检视，更要在确立基础框架之后，进一步探讨各阶层内的刑法教义学知识。我们如何选择或改造犯罪论体系，最重要的依据在于该犯罪论体系是否与我国的刑法相适应，是否在审查个案时更能够避免错案的发生，是否更有利于解决我们刑事司法实践中刑事个案的认定问题。因此，在引进阶层犯罪论的过程中，不仅要运用各种新知识解决中国的问题，更不能丧失学术主体性，要尝试各种教义学改造，提出立足本土的新的阶层犯罪论体系理论。

### （四）三阶层犯罪论体系

三阶层犯罪论体系的提倡和拥护者主要是陈兴良教授。陈兴良教授在一系列论著中，从结构与功能的视角系统地阐述了四要件犯罪论体系存在的缺陷，认为四要件犯罪论体系是"没有构成要件的犯罪构成""没有出罪事由的犯罪构成""没有归责的犯罪构成""没有阶层的犯罪构成"，而这些缺陷足以成为中国刑法学彻底摒弃四要件犯罪论体系的充分理由。[3] 陈兴良

---

〔1〕 第12条：犯罪之责任要件——故意、过失，行为非出于故意或过失者不罚，过失行为之处罚，以有特别规定者为限。第13条：行为对于构成犯罪之事实，明知并有意使其发生者，为故意。

〔2〕 靳宗立：《刑法总论Ⅰ》，台北，集义阁出版社2010年版，第144—166页。

〔3〕 陈兴良：《犯罪构成论：从四要件到三阶层》，载《中外法学》2010年第1期。

教授大力倡导刑法学知识的去苏联化,主张根据事实判断先于价值判断、客观判断先于主观判断、形式判断先于实质判断、定型判断先于个别判断的阶层思维,建立由构成要件该当性、违法性和有责性构成的三阶层犯罪论体系。[1] 陈兴良教授因此被公认为“推到重构论”的领军人物。但是,陈兴良教授在犯罪论体系的转型并非一蹴而就,也是一个不断推进的过程。陈兴良教授接受的刑法体系教育是四要件犯罪论体系,早年的著述亦是在四要件犯罪论体系的语境和框架下展开的。进入21世纪以后,随着日本、德国刑法知识在中国的不断输入,陈兴良教授才逐渐接受并采纳了三阶层犯罪论体系。

在2001年出版的《本体刑法学》一书中,陈兴良教授创立了罪体与罪责为主体要件的犯罪论体系。其中,罪体集中体现为犯罪客观要件的总称,立足于刑法条文规定、具有客观外在表现的形式,主要包括行为、客体、因果关系等;罪责部分则集中体现为行为人主观状态的描述和呈现,体现为罪体之上的可归责性,包括故意和过失两种形式。这是客观与主观辩证统一的二分结构,虽然该体系在很大程度上仍然受四要件犯罪论体系的深刻影响,但罪责要件的呈现和厘清已体现了其对三阶层犯罪论体系的靠拢。[2]

在2003年出版的《规范刑法学》一书中,陈兴良教授在罪体与罪责的基础上增加了罪量要件的考量,充分体现了“立法要既定性又定量”这一原则。司法实践中,罪量要素一般作为司法权与行政权的重要分界,罪量要素是能不能构成犯罪的一个重要考量。在中国,犯罪与违法的区分是由刑事法律与行政法律的二元处罚结构和体制所影响的,为此,在犯罪论体系中安排罪量要素的存在,形成了罪体—罪责—罪量三位一体的犯罪构成理论体系。在我国司法实践中,这一赋予犯罪成立的数量因素以独立的要素地位,是更

---

〔1〕 陈兴良:《犯罪构成论:从四要件到三阶层》,载《中外法学》2010年第1期。

〔2〕 陈兴良:《本体刑法学》,商务印书馆2001年版,第226页。

加切合我国刑法规定的,[1]也符合司法实际。

在2010年出版的《教义刑法学》中,陈兴良教授开始全面采取三阶层犯罪论体系,并根据这一体系分析了包括构成要件论、实行行为论、不作为论、客观归责理念、违法性论、违法阻却论、有责性论、故意论、过失论、违法性认识论、期待可能性论、未遂犯论、共犯论、竞合论等基本问题,进行了重要的学术论证与阐述,促进了三阶层犯罪论体系在司法实践中的应用。不同于以往的教科书中,三阶层犯罪论体系总是被当作"他者"看待,即被作为一种可被借鉴的理论进行阐述。在这本书中,陈兴良教授直接采用了三阶层犯罪论体系作为整个刑法理论的基本构架,在三阶层犯罪论体系内讨论概念和分析问题,直接将其视作知识表述的一个平台。三阶层犯罪论体系进入我国刑法教科书,进一步实现了阶层犯罪论体系的普及和传播,也促进了不同犯罪论体系之间的竞争和呈现,为其中国化提供了可能。[2]

陈兴良教授强调构成要件的客观性,认为构成要件是违法行为类型。在构成要件要素问题上,陈兴良教授认为,罗克辛提出的客观归责理论的主要学术贡献在于超越了存在的因果关系,从规范的方法论出发,以事实的因果关系为基础,进一步规范性地评价了危害结果是否可以归责于行为主体,即区分了归因与归责,这是构成要件的实质化努力。关于违法的本质,陈兴良教授坚持从限制国家刑罚权、保障公民个人权利与自由的法治理念处罚,主张违法的本质在于法益侵害。关于有责性,陈兴良教授认为,有责性包括责任能力、责任要素(故意和过失)、责任阻却事由。责任的主要作用在于归责,是刑事责任进一步合理化的判断,由此形成不法与责任之间的位阶关系。[3]　陈兴良教授从行为刑法的立场出发,强调责任评价的客体是具体行

---

〔1〕　陈兴良:《规范刑法学》,中国政法大学出版社2003年版,第58页。
〔2〕　陈兴良:《刑法教义学的发展脉络》,载《政治与法律》2017年第3期。
〔3〕　陈兴良:《教义刑法学》,中国人民大学出版社2010年版,第395—396页。

为,主张行为责任论,反对将行为人的性格作为责任评价客体。[1] 关于责任故意的内容,陈兴良教授从《刑法》第14条关于犯罪故意的规定出发,推导出违法性认识必要说,主张犯罪故意的成立以行为人具有违法性认识为必要。[2] 同时,陈兴良教授认为期待可能性属于罪责构成要素,并采取了原则与例外的二元思维架构和模式,将故意、过失等心理事实作为积极的责任性构成要素,同时将责任能力、违法性认识和期待可能性作为消极的排除事由。[3]

### (五)两阶层犯罪论体系

两阶层犯罪论体系的主要支持者是张明楷教授,其主张犯罪构成由违法构成要件与责任要件组成,其中,违法构成要件集中体现行为的法益侵害性,责任要件则表明行为的非难可能性。[4] 同样,张明楷教授的两阶层犯罪论体系的形成也不是一蹴而就的,也是在对以往犯罪理论不断清理过程中才逐渐形成的。

在1997年第1版的《刑法学》中,张明楷教授采用的是四要件犯罪构成理论体系,指出:"在关于犯罪构成共同要件尚存争议的情况下,作为教科书,本书采取四要件说,即犯罪客体要件、犯罪客观要件、犯罪主体要件和犯罪主观要件。"[5]同时,张明楷教授也是我国比较早提出和怀疑犯罪客体不应该是犯罪构成要件的学者,并在此基础上提出了犯罪论新体,即认为犯罪构成的要件主要包括犯罪客观要件、犯罪主体、犯罪主观要件,犯罪客体不算是犯罪的构成要件,同时犯罪对象应该是犯罪客观方面的一个重要内

---

〔1〕 陈兴良:《教义刑法学》,中国人民大学出版社2010年版,第411—422页。
〔2〕 陈兴良:《教义刑法学》,中国人民大学出版社2010年版,第427页。
〔3〕 陈兴良:《教义刑法学》,中国人民大学出版社2010年版,第575—577页。
〔4〕 张明楷:《刑法学》(第4版),法律出版社2011年版,第105页。
〔5〕 张明楷:《刑法学(上)》(第1版),法律出版社1997年版,第109页。

容。[1] 张明楷教授认为,应当积极地开展对犯罪论体系的探索和研究,积极寻找以显性要件为基础,以充分利于认定犯罪和法益保护为重要原则,同时兼顾协调性和逻辑性的犯罪论体系。[2]

及至《刑法学》第2版,张明楷教授开始采用犯罪客观方面、犯罪主体、犯罪主观方面的三要件说,同时提出了"情节严重"在犯罪构成理论中的综合性判断指引作用,[3]但并没有将其作为独立要件。在《刑法学》第3版中,张明楷教授对犯罪构成理论体系作了一个重大的调整,开始采取两要件说,即客观构成要件和主观构成要件。[4] 在《刑法学》的第4版和第5版中,张明楷教授阐述了违法构成要件和责任要件的双层次犯罪论体系。张明楷教授受其老师前田雅英的影响,将构成要件和违法性合二为一,总称不法。两阶层犯罪论体系认为,法律将禁止的行为与必须实施的行为在构成要件部分描述,基本表明了国家的价值取向,违法性也强调了国家反对某些行为的态度,进而为个人活动的范围提供明确指引。构成要件和违法性在很多时候就是一体的,内在精神是一致的,基本表明了国家的态度和价值取向。

在解释两阶层犯罪论体系的合理性时,张明楷教授强调了以下几点:第一,犯罪的实体是违法(法益侵害性)和有责(非难可能性),因此,犯罪成立条件就必须包括表明法益侵害的违法构成要件和表明非难可能的责任性要件。第二,行为是否侵犯法益以及是否属于违法,不再以行为人是否具有非难可能性为判断依据,即主要采用客观违法论。第三,任何犯罪构成理论体系都必须处理好违法要素与责任要素之间的关系,认定犯罪必须坚定从客观到主观的路径。第四,犯罪构成理论体系必须研究成立犯罪的一般性和共通性条件,同时也要注意与犯罪具有相似之处但却可以排除犯罪的一些

---

〔1〕 张明楷:《犯罪论原理》,武汉大学出版社1991年版,第36页。
〔2〕 张明楷:《刑法学(上)》(第1版),法律出版社1997年版,第110页。
〔3〕 张明楷:《刑法学》(第2版),法律出版社2003年版,第140页。
〔4〕 张明楷:《刑法学》(第3版),法律出版社2007年版,第140页。

事由。第五,明确区分违法阻却事由与责任阻却事由。第六,采取两阶层犯罪理论体系,可以使“犯罪”的概念保持一种可塑性,高效地解决实践中许多问题。第七,犯罪论体系的经济性应当体现在两个方面:一方面,避免理论本身的繁杂与重复;另一方面,司法机关遵循犯罪论体系认定犯罪时,不致浪费司法资源。[1]

刑法理论的深入发展与犯罪论体系挣脱单一模式的束缚,需要以学术自由的多元化和实践发展的理论需求作为支撑。陈兴良教授与张明楷教授非常具有前瞻性地站在了批判四要件犯罪论体系并引入阶层犯罪论体系的重要立场上,两位教授关于犯罪论体系发展的代表作以及观点对阶层犯罪论体系的引入、传播、发展做出了巨大的理论贡献。

### (六)不仅有存量的改进,也有增量的创新

以贝林1906年出版《犯罪论》一书为标志,关于犯罪论体系的研究也才100多年的历史,但人类社会的定罪量刑活动却已有数千年的历史,换言之,犯罪论体系产生之前,人类也有定罪量刑的工具。但随着犯罪论体系的不断兴起和发展,作为犯罪成立与否的判断工具,犯罪论体系不再局限于具体法条与个案的研究,而是与法治建设的需求不断产生联动,发挥了更加高效的指引功能。无论哪种犯罪论体系,都存在共同的原始概念,例如犯罪行为、犯罪结果、犯罪故意等,正如四要件犯罪构成理论中有主观方面、客观方面一样,阶层犯罪论体系中有构成要件该当性、违法性、有责性,这些都是对行为、结果等客观事实和故意、目的等主观方面的提炼、概括、抽象。但阶层犯罪论体系中,三个层次逻辑推演创造了更为精准的理论支撑点,避免了因逻辑概念缺失导致的理论解释力和包容度低的问题。法治国家中,刑法学的主要作用在于为司法实践提供一种既保证结论正确又保证体系完整的精

[1] 张明楷:《刑法学》(第4版),法律出版社2011年版,第105—108页。

湛理论。[1] 从这个意义上讲,阶层犯罪论体系具有更为明显的优越性,不仅实现了对以往犯罪构成要素的深度整合,也在一定程度上实现了更具包容性的理论构建,增加了理论体系的厚度。

阶层犯罪论体系不是对犯罪构成要件要素的简单整合,超越了单纯的记叙功能,蕴含了动态实施的力量。由于逻辑关系的缺失,四要件犯罪论体系停留在犯罪基本事实的抽象表述上,缺乏更深层次的解释力和融合性。例如,四要件犯罪论体系中的主观方面仅表示行为人在主观方面的情况,只是一个表述性的概念,没有超出理论要素的语义,也没有经过整合后的功能考量。相比之下,阶层犯罪论体系中的各种概念和理论推进,不仅具有行为性质检验的功能,还实现了基本概念和法益价值判断的融合,形成了更大的理论包容度和统摄力。同时,阶层之间的推演也促进了思考的逐步深化,丰富的内涵以及明确的认定路径进一步实现了对既有存量要素的改进和提升。

同时,在阶层犯罪论体系中,还存在有增量的创新,例如犯罪构成要件的引入。早期德国刑法学的研究因为概念术语的解释力较低,只能以要素的初级面貌呈现,没有形成一个系统完整的理论体系,直到贝林赋予其独特的构成要件概念后,才逐渐实现系统性的认知和整合。经过贝林的定义之后,构成要件理论实现了与犯罪构成理论的区分,在此指引下,形成了构成要件类型化的指引功能并展开了一系列的讨论,从“中性无价值”到加入规范和主观要素的衡量,之后又融入了客观归责的概念,使得犯罪论体系不断趋于完善。构成要件也从形式性的构成要件向实质性的构成要件转变,容纳了越来越多的内容和要素,以至于日本学者西原春夫惊呼:构成要件论发展的历史实际上也正是构成要件论崩溃的历史。[2] 构成要件是阶层犯罪论体系独有的概念,它为阶层犯罪论体系的基本事实描述和客观情状判断起

[1] [日]松宫孝明:《刑法总论讲义》,钱叶六译,中国人民大学出版社2013年版,第35页。
[2] [日]西原春夫:《犯罪实行行为论》,戴波、江溯译,北京大学出版社2006年版,第56页。

到了统筹的作用,为整个体系的发展演进提供了客观基础,促进了对犯罪行为的全面认知和理性判断。

## 五、"阶层性"与"耦合性"之博弈

四要件犯罪论体系构筑于块块分割后的综合评价,立足于静态意义的考量和"耦合性"的存在,体系内部各要件没有形成互相制约的关系,表现为平面的分割与对应,这是一种最为基础的对接,远没有实现对行为的层层"过滤"。从理论组成要素以及结构安排的对比来看,阶层犯罪论体系与四要件犯罪论体系在入罪逻辑、出罪机制、主客观判断整合顺序,以及解决共犯等问题上都具有不可比拟的优越性,实现了对案件事实的多层次评价和判断,全方位地促进了刑法规范与案件事实的对接。

### (一)入罪逻辑的有无

日本学者大塚仁在对犯罪构成理论体系进行评价时,曾经提出两个标准:一是逻辑性,二是实用性。[1] 在一个符合逻辑顺序的、拥有确定思维步骤的犯罪理论体系构造中,能够保障所有与刑事可罚性有关的重要问题得到审查和应用。而那种在体系性上毫无划分的判断会存在这样的危险,极容易忽略案件判断的重要方面而陷入片面错误的决定之中。[2] 在四要件犯罪论体系中,没有明确的逻辑始项,缺少推导的逻辑,各个要件之间呈现出简单的共存关系,即任一要件都可以作为犯罪构成要件排列顺序的起始要件而予以适用。四大要件一旦"拼凑"成功,即可机械地认定行为有罪,很大程度上只反映了犯罪成立的规格和条件,而忽视了对出罪可能性的找寻和梳理,这使得刑事案件的控诉之路较为容易,而辩护过程较为困难。这是一

---

〔1〕[日]大塚仁:《刑法概说》(总论),冯军译,中国人民大学出版社2003年版,第107页。
〔2〕[德]克劳斯·罗克辛:《德国刑法学》(总论),王世洲译,法律出版社2005年版,第127页。

种由部分拼凑整体的逻辑，缺乏思维路径的加工和量化，有忽视客观的要素与主观的要素各自内在的差异之嫌”。

但在阶层犯罪论体系中，前一要件是后一要件的前提，后一要件依附于前一要件而存在，各阶层之间的内在关系和顺序是固定不变的。阶层性使得犯罪成立条件形成逻辑上的推进，对入罪过程提供更为清晰的指引。构成要件该当性的评价集中于显性的具体的认知，违法性的评价则是立足于行为自身的个别性评价，有责性是把行为作为“行为人的行为”归属性、对应性的评价。至此，法的伦理性、道义性的本质才完全地展现出它的全貌。〔1〕阶层犯罪论体系通过这种递进式的深入，从形式判断着手，进而进行实质判断，一定程度上优化了入罪的判断路径，也避免了对无辜人的不合理定罪，实现刑法的人权保障机能。

犯罪构成理论体系不能只停留在对事实简单描绘的层面，单纯的存在论结构极容易形成以入罪思维为导向的结果，在很大程度上限缩了辩方的辩护空间和参与诉讼交涉的程度。四要件犯罪论体系对犯罪是否成立的考察立足于四个要件的形式化判断，在入罪过程中没有明显的逻辑进路，为司法人员控诉犯罪提供了认识工具和规格，但刑法的目的不单是追求有罪判定，还包括通过发现事实的真实面貌进而实现打击犯罪和保障人权的平衡。犯罪成立与否也绝不等于各项要件的简单罗列并相加，即部分之和并不是随时都等于整体，〔2〕入罪逻辑的缺失在一定程度上消解了犯罪论体系对行为的合理有效评价功能。

### （二）出罪机制的位置

理论的完整性要求理论体系必须涵括与问题研究相关的所有判断。如

---

〔1〕［日］小野清一郎：《犯罪构成要件理论》，王泰译，中国人民公安大学出版社2004年版，第38—39页。

〔2〕周光权：《犯罪论体系的改造》，中国法制出版社2009年版，第146页。

果在运用理论体系进行判断时，总是需要跳出理论自身考虑除外情况，这不仅说明理论自身的架构存在缺陷，而且运行过程中的权威性和有效性也会大打折扣。反观四要件犯罪论体系，其内部不讨论正当防卫、紧急避险等问题，不允许出现符合构成要件而不构成犯罪的情形。这主要受到特拉伊宁的影响，即在分析行为性质和认定犯罪成立的理论框架内，没必要对不构成犯罪的因素（例如正当防卫、紧急避险）作详细的研究，因为这是大家公认的事实，就不需要再进行额外的强调。[1] 但是，犯罪构成理论体系是犯罪成立的唯一指引，如果对行为判断具有重要影响的因素无法被纳入统一的体系，就很难实现对行为性质的全面衡量，也间接否定了犯罪构成理论体系作为犯罪成立条件总和的性质和功能。同时，体系的不完整意味着无法对实践认定形成全面的指引，按照四要件犯罪论体系，每一次犯罪认定结束之后还要进行其他方面的判断才可以得出犯罪与否的结论。换言之，司法机关工作人员仅通过对比事实行为和四要件犯罪论体系还不能实现对行为的定性，这将会给司法实践运行带来诸多不便和问题。

同时，四要件犯罪论体系对不可罚行为没有建立一定的出罪机制，[2] 极容易造成国家权力行使和公民权利保障之间的不平衡。[3] 这是一种过分强调国家权力的做法，会导致一系列危险：(1)一旦发生使人心冲动的案件，感情上便产生处罚的强烈要求；(2)一旦行为人主观恶劣，便不充分调查行为在客观上造成了何种后果就进行处罚；(3)一旦危害结果重大，就不问行为人的主观状态而进行处罚。[4] 这样的逻辑漏洞源自于四要件犯罪论体系以"社会危害性"取代了"违法性"，消解了行为的实质价值判断，且"社会危害性"作为整体的价值指引并不具有体系性地位，正如苏联学者指出："既然社

---

〔1〕［苏联］A. H. 特拉伊宁：《犯罪构成的一般学说》，王作富等译，中国人民大学出版社 1958 年版，第 272 页。

〔2〕刘艳红：《犯罪构成体系平面化之批判》，载《法学研究》2011 年第 5 期。

〔3〕宗建文：《论犯罪构成的结构与功能》，载《环球法律评论》2003 年第 3 期。

〔4〕周光权：《犯罪构成理论与价值评价的关系》，载《环球法律评论》2003 年第 3 期。

会危害性及违法性是对整个行为的评定,也就是对整个犯罪构成的评定,那么它们就不能同时又与其他特征并列而作为这一整体的犯罪构成的个别特征了。”[1]于是,就出现了形式判断无法涵括实质认定的悖反现象,极大地动摇了犯罪构成理论体系是刑事责任的唯一根据。同时也不当缩小了被告人的辩护空间,在与国家公权力论辩过程中丧失了有力的武器,无法形成平等对话模式,进而使诉讼活动成为国家公权力主导的定罪流程。

三阶层犯罪论体系中的违法性是一种实质价值判断,具有程度之分,对于量刑是有重要指引作用的。贝林认为,实质违法性的这一功能是在第二阶层,即违法性阶层实现的,在这种判断之下,构成要件该当性判断与违法性判断是没有关联的,是两个互不相交的圆圈。也就是说,在构成要件该当性的判断之后,还需要再继续单独进行违法性判断。[2] 罗克辛教授指出这样的理论判断具有三个功能:第一,客观上实现对不法行为的等级分类;第二,对构成要件在现行法界限内进一步解释;第三,各要件判断过程中的理性利益权衡。[3] 通过违法性的判断可以实现对行为更深层次的挖掘和拓展,即将形式上符合构成要件该当性但实质上无法被违法性所包括或者被违法性判断排除了的行为,[4]从理论和法律层面予以排除。

四要件犯罪论体系由于其体系内不包括对合理化事由和正当事由的判断,行为一旦满足犯罪构成要件就毫无例外地成立犯罪,意味着将第一次判断和最后一次判断融为了一体,且缺失了对例外情形的探讨,将会造成一些

---

[1] [苏联]采列捷里、马卡什维里:《犯罪构成是刑事责任的基础》,高铭暄译,载《苏维埃刑法论文选译》(第1辑),中国人民大学出版社1955年版,第66页。

[2] 此后随着构成要件的实质化,尤其是罗克辛教授的客观归责理论的提出,在构成要件阶层通过风险创设、风险减小、可容许的风险、风险创设之禁止规范的保护目标以及分析实现等准则,对构成要件进行实质审查。违法性对构成要件的这种实质审查功能,是在确立了形式的构成要件以后,在法界限内展开的。因此,它严守了罪刑法定原则。

[3] [德]克劳斯·罗克辛:《德国刑法学总论(第1卷):犯罪原理的基础构造》,王世洲译,法律出版社2005年版,第392页。

[4] 德国《刑法典》第32规定:为了制止行为人或者其他人的违法侵害,而必须实施某一行为,即使该行为已经具备了构成要件该当性也不算违法。

实质上并不符合犯罪构成的行为被认定为犯罪。但阶层犯罪论体系妥当地处理了正当化事由的功能和定位，解决了四要件犯罪论体系出罪机制外置的问题，充分而明确的递进式判断不仅关涉到入罪事由的整理，也融合了出罪事由的判断，使得行为评价路径更为全面周延。

### （三）主观和客观的判断与整合顺序

人的认识具有一定的逻辑性，需要在符合认识规律的基础上进行。在刑法的概念里，纵然每个体系都是某种有秩序的安排，但是，倘若人们不正确地建构或者安排了刑法体系的要素，就有可能导致有缺陷的结果。[1] 主客观相统一是指主观要素与客观要素的关联与融合，在论述主观要素的“同时”要立足客观要素，反之亦然，主客观要素在逻辑上密不可分。[2] 我国台湾学者蔡墩铭曾经指出，虽行为价值判断的对象限于人所为的具体行为，然人的行为不仅包括人的身体动静，也有行为主体为实现自身意志而外化的行为举动并引发的结果。因此，在观察人的行为时要着重于主观要素，例如动机和意思，这是典型的主观主义；着重客观的外部动作及外界所引起的结果的，是客观主义。[3] 换言之，主客观相统一原则不局限于机械式地将二者拼凑起来达至统一，而是一种逻辑层面的理论融合和实践理性。

刑事司法是发现、认定及处理犯罪的过程。客观构成要件是犯罪意志的外化和客观事实特征的总和，为判断行为人的主观意识和目的提供了可靠的根据；主观构成要件作为行动与行为的总统领，指引着客观行为的推进，为行为性质的判断作出了有效指引。因此，从对行为的客观实害性加以分析，再到主体和主观方面，这种从客观到主观的判断顺序符合人类认识世

---

〔1〕［德］克劳斯·罗克辛：《德国刑法学总论（第1卷）：犯罪原理的基础构造》，王世洲译，法律出版社2005年版，第164页。

〔2〕齐文远、周详：《刑法、刑事责任、刑事政策研究——哲学、社会学、法律文化的视角》，北京大学出版社2004年版，第3页。

〔3〕蔡墩铭：《现代刑法思潮与刑事立法》，台北，汉林出版社1977年版，第31页。

界的规律，也能够保证法安全价值的实现。在四要件犯罪论体系中，要件之间的顺序可以随意组合排列，内在逻辑关系混乱，虽然存在有主客观要件，但却没有明确的主客观要件统一路径，这样的犯罪论体系更多立足于“实体主义”的进路。把犯罪动机的判断提前或者过度重视，极容易导致主观入罪，并“存有在未经充分论证该行为客观上究竟造成多大危害，即是否侵害了刑法保护之法益的情况下便予以处罚的危险”。[1] 关于客观要件与主观要件如何排序的问题，四要件犯罪论体系没有形成合理的答案，也没有关注犯罪构成各要素之间的逻辑关系，只是强调要素的不可或缺性，即无论哪个环节发生脱节，整个犯罪认定过程都将处于停滞状态。

从主观方面到客观要素的适用，虽符合人们的道德考察，却不符合法律的本意，法律在社会生活中是直接规范外在要素，只是结合外在要素才间接考虑内在心理要素。[2] 如果硬要把“内在要素”从行为人精神层面上塞入构成要件中，则不仅心理因素会混迹于实行行为中，也是使得主观方面受到挤兑，如此，犯罪成立要素责任将扩展到其本身已经存在的构成要素之中，此种同语反复使得方法论的明确性荡然无存。[3] 存在论意义上的主客观相统一只是宣示了二者的同时存在，未能对两者的关系作出科学定位。如果总是习惯于从犯罪故意出发，容易形成主观判断优先，以此为导向寻找证据论证犯罪事实，极容易导致冤假错案的形成。[4] 然而，阶层犯罪论体系在一定程度上可以克服这个问题。在阶层犯罪论体系中，主观要素与客观要素之间存在明确的逻辑推演关系，即先通过构成要件该当性和违法性进行客观判断，再进行有责性的主观判断；同时，其不法和责任的区分也决定了客

---

〔1〕［日］西田典之：《日本刑法总论》，刘明祥、王昭武译，中国人民大学出版社2007年版，第44—45页。

〔2〕［德］恩施特·贝林：《构成要件理论》，王安异译，中国人民公安大学出版社2006年版，第5页。

〔3〕［德］恩施特·贝林：《构成要件理论》，王安异译，中国人民公安大学出版社2006年版，第16页。

〔4〕陈瑞华：《刑事证据法学》，北京大学出版社2012年版，第31页。

观判断先行，且形成了不能改变的固定的逻辑关系，有效地避免了先入为主的弊端。尽管阶层犯罪论体系不断演进，构成要素的体系性地位不断调整，但都遵循了客观先于主观的判断路径，这样的顺序不仅有利于形成结构明确的犯罪认定路径，也有利于实现对案件事实和行为的理性评价和全面认知。

### （四）解决共犯问题的优越性

四要件犯罪论体系与阶层犯罪论体系在共犯论领域的判断路径存在很大的不同。按照四要件犯罪论体系，各个共同犯罪人必须符合四个犯罪构成要件，否则就不足以成立共同犯罪，即需要达至主观方面的共同故意、客观方面的共同行为、主体之间的均有责任能力以及客体均被侵犯。在这种判断路径中，容易忽略有刑事责任能力之人与无刑事责任能力之人共同行为的判断与定性，因为这种行为的故意并非基于两个有责任能力主体的共同故意。从理论上讲，四要件犯罪论体系采取的是单一正犯体系，以因果关系的条件说为基础，即凡是与结果之间具有条件关系的行为人，全部都作为正犯进行处理，而不重视参与形态的区分。这种正犯认定体系表面上增加了刑法适用的效率，但却容易形成处罚范围不明确的弊端。

阶层犯罪论体系中，构成要件该当性、违法性、有责性是逐步递进的，三个阶层的理论内容对犯罪事实和行为进行了递进的考量，不同阶层有不同的任务追求和阶层属性。同时“违法是连带的、责任是个别的”，违法是客观的价值判断，如果有不法行为存在，则参与者就会形成违法性。[1] 共同犯罪的成立在很大程度上依赖于构成要件该当性或者违法性的厘清，责任性的

〔1〕 这种认知背后的理论学说是共犯从属性，共犯从属性只包括实行从属性和要素从属性两个方面或层次的内容。德国学者 Max Ernst Mayer 曾依共犯从属性之强弱，将其划分为四种：最小从属性（成立共犯只需正犯之行为符合构成要件）、限制从属性（成立共犯只需正犯之行为符合构成要件且系违法）、极端从属性（成立共犯必须正犯之行为符合构成要件、违法且有责）与最极端从属性（成立共犯不仅需要正犯行为符合构成要件、违法和有责，而且还需具有各种特定的可罚性），此即广为人知的“迈耶公式”。

有无依赖于个别判断的思维和路径。因此,在阶层犯罪论体系下,有刑事责任能力之人与无刑事责任能力之人可以在行为的判断上成立共同犯罪。同时,多个无刑事责任能力之人也可以成立共同犯罪,只不过罪责承担的形式和程度是不同的。

刑法上的违法性判断是一种实质衡量,立足于法律所保护的利益基础之上,因此,即使没有达到刑事责任年龄的人或者丧失辨认、控制能力的精神病人也可能实施法律所不允许的侵害法益的行为,从而成立犯罪。同样,无刑事责任能力之人与有刑事责任能力之人的共同犯罪也应基于"违法是客观的"这一价值判断,形成违法意义上的共同犯罪;然而,责任是主观的,不能与违法性混为一谈,更不能被违法性消解或者同化,故责任的判断和分配不会也不应对共犯的认定产生影响。这是对于共犯最为合理的认知和解释,相较于四要件犯罪论体系更能实现行为定性和法益保护的均衡性。

## 六、阶层犯罪论体系的功能和定位

认识是思维对客体的永远的、没有止境的接近,[1]对犯罪的认定是人类认知过程的具体化,并最终"取得解决法律问题的具体标准"。[2]犯罪论体系虽然只是一个理论体系,但这个理论概念是以刑法规定为基础的,是对刑法规定进行阐释和理论提升后形成的抽象性概念,是一种"理论抽象"。[3]阶层犯罪论体系系统地整理了犯罪的可罚性条件,体系性的架构使大量的事实性陈述可以照顾到各种利益状态。如果缺少这种体系性,每个具体的相关情况就需要对其法律因素寻找相应的规则,直接后果就是大量条文的

---

〔1〕[苏联]列宁:《哲学笔记》,中共中央马克思恩格斯列宁斯大林著作编译局译,人民出版社1960年版,第165页。

〔2〕[德]卡尔·拉伦茨:《法学方法论》,陈爱娥译,商务印书馆2003年版,第112页。

〔3〕[苏联]H. A. 别利亚耶夫、M. 科瓦廖夫主编:《苏维埃刑法总论》,马改秀、张广贤译,群众出版社1987年版,第82页。

出现,以及大量衔接任务的产生,这是无效率的,也是极容易出现错误的。犯罪论体系为人类认知犯罪行为的性质提供了基本的方法和程式,将经验性的判断升华成理性的认识,由此,人们在理性思维的指导下,逐步产生对客观世界的判断,并对这种判断进行更为深入的检验和分析。阶层犯罪论体系的体系性安排是保证法律得到平等和理性适用的重要手段,同时,阶层犯罪论体系的层层递进也形成了全面性,对于规范法官的思维逻辑和犯罪认定的路径具有明显的指引作用。

### (一)对罪刑法定原则的再诠释

从本质上讲,犯罪构成理论体系的确立是罪刑法定原则在实践中的具体表现。欧陆三十年战争(1618—1648 年)之后,教会控制力量逐渐削弱,政教逐渐开始分离,世俗国家的刑法主要用于保障公民的自由,不再介入宗教控制的领域,这形成了当时的历史时代背景。[1] 国家作为一种保护公民利益和权利的联合体应该使享有自由成为可能。英国哲学家洛克提出:"处在政府之下的人们的自由,应有长期有效的规则作为生活的准绳,这种规则为社会一切社会成员所共同遵守,并为社会所建立的立法机关所制定。"[2] 因此,法律就获得了世俗意义上的合法性,开始了与封建社会罪刑擅断相抗衡的阶段,罪刑法定的思想也就相应产生了。

如果说罪刑法定原则是刑事法律制度的根本指引,那犯罪构成理论体系便是该项原则在理论和制度层面的直接映像。犯罪论体系的本源意义就

---

〔1〕 对于欧洲绝大部分国家来说,开始于 15 世纪、贯穿整个 16 世纪以及 17 世纪的前十年,是一个不安宁不稳定的时代。农民起义和劫掠团伙不断带给人们的是恐惧和灾难,加之当时统一的基督—天主信仰分裂以后,对抗纷争的不同教派之间持续不断的宗教战争,30 年的战争中最终达到惨烈的极点。在这么一个不稳定、不安全、充满着惊风密雨、整个欧洲都遭受着蹂躏的时代,对于保护、安全和有序的制度产生强烈的需求,就是不难理解的了。相关内容参见[德]福利许:《欧洲国家刑法的哲学基础——从神权刑法到世俗刑法》,樊文译,载陈泽宪主编:《刑事法前沿》(第 5 卷),中国人民公安大学出版社 2010 年版,第 97—98 页。

〔2〕 [英]约翰·洛克:《政府论》,世界图书出版社 2011 年版,第 96 页。

在于通过控制和规范司法权的行使进而实现罪刑法定主义。只有司法过程中的相关人员都能自觉而娴熟地运用犯罪论体系对犯罪行为和事实进行准确判断和认定,刑事法治才会取得效率和发展。1920 年,联邦最高法院做出说明:“对于公众无法明确了解的法律就像一个未解之谜,在所有人的脑海中都是一个问号,对于他的范围更让人无法掌握,更不知道违背其的结果如何。”[1] 因此,罪刑法定原则带来了司法实践理念和司法适用过程的明确,同时,犯罪认定过程和步骤不仅要易于被司法人员掌握,也要为公民的正确理解和便利运用服务。“无视法律的容许性要件而认定犯罪,这一做法违反了罪刑法定主义。同时,对不具备客观处罚条件的行为实施刑罚,也是违背罪刑法定主义的。因此,为了促进罪刑法定主义的实现,犯罪认定必须在方方面面都拥有法律的明文规定。”[2]

阶层犯罪论体系是正确理解和准确适用罪刑法定原则的工具,尽可能地将犯罪规格明确化、具体化。罪刑法定原则要求刑法研究的逻辑推理必须受法律的约束,即只能在实定刑法的范围内进行有效解释。首先,阶层犯罪论体系阐释了罪刑法定原则的理论内涵,即任何刑法解释都要受到一定的限制,不能任意地进行延展和扩张,罪刑法定原则在一定程度上为阶层犯罪论体系的实施提供了明确的落脚点。这使得阶层犯罪论体系的运行也必须依赖于现行法律的规定,司法人员的最终裁夺只能依法而为,凭法作具。其次,罪刑法定原则是阶层犯罪论体系运行的重要保障。罪刑法定原则为阶层犯罪论体系的产生和运行提供了衡量标准,罪刑法定原则的人权保障功能依赖于阶层犯罪论体系的运行,它不仅体现为现代刑法的精髓与灵魂,也构成了阶层犯罪论体系的内在生命。

---

〔1〕 任东来:《最高权势的法院:美国最高法院研究》,南京大学出版社 2011 年版,第 201 页。

〔2〕 张明楷:《外国刑法纲要》,清华大学出版社 2007 年版,第 73 页。

### （二）能动地连接规范和现实

英国哲学家怀特海将“事件”概念用“现实实有”概念来代替[1]，永恒客体是自然中不流动的因素，当它们脱离现实事件之流时，只是一种抽象，组成一个抽象的世界，即可能性领域。只有当它们进入事件之流后，才能形成现实实有，现实实有完全依赖于组成它的永恒实体的不同而不同。[2] 犯罪构成要件要素并非纯粹事实的种类，而是与刑法有着全面的联系，同时这些要素也与现实相关，处于一般概念和所指称的事实存在之间，它体现为一种受潜在可能性影响的现实性。因此，类型性极为突出的犯罪构成要件要素既不是一种抽象的概念，更不体现为纯粹的案件事实，而是处于抽象理论和实践结果之间的中间形态，既关涉现实，又关涉规范。

无论是法律概念还是犯罪事实，都是一种静态的存在，需要动态的逻辑指引才能实现更为深度的衡量。“所有重大问题的认识和厘清都需要回到认识过程的形成本质上来”[3]，因为基于事实表面的判断始终无法对事实进行更深层次的挖掘和发现。犯罪论体系为我们认识犯罪提供了理性的模式和路径，促使法律规定的“犯罪”与生活事实中的“犯罪”有机地融合在一起。在这一过程中，犯罪论体系被当作方法论和工具手段，用以阐述和说明行为构成犯罪的条件总和。[4] 犯罪构成理论体系是沟通“事实”与“评价”的媒介，通过体系内的要件要素和认定路径指向法典外的现实，进而实现与体系外的事实的衔接和融合，像通过寻找化学元素一样寻找法律概念，并在此基础上构建法律模型，这种对现实的开放性决定了犯罪构成理论体系的沟通性。

法律发现不是一种单纯逻辑的三段论体系，而是逐步推演的，从存在的

---

〔1〕［英］怀特海：《过程与实在》，李步楼译，商务印书馆2012年版，第32页。

〔2〕刘放桐等：《现代西方哲学》（上），人民出版社1990年版，第351—352页。

〔3〕［德］摩里兹·石里克：《普通认识论》，李步楼译，商务印书馆2005年版，第28页。

〔4〕林东茂：《一个知识论上的刑法学思考》，中国人民大学出版社2009年版，第25—26页。

领域扩展至当为的领域,再从当为领域投射至存在的领域,是立足于事实基础上对规范的再认识,以及在规范中重新观察事实的再认识之过程。[1] 人类就是在这种理性指引中,运用犯罪论体系对客观发生的行为进行判断,以可见的事实为起点,再根据法条的指引寻找案件事实,针对案件情境作进一步的具体化。在对历史、现实、社会的理解过程中,裁量因素完全可以经由整合转换成法律话语导入犯罪论体系中。阶层犯罪论体系通过体系和类型概括事实,赋予三个阶层的不同的价值蕴含,往返于事实认定和逻辑推理,在体系内精准处理规范与现实的关系,并主动回应社会关切和社会需求,拒绝封闭的认知体系,是社会规则多元化和社会价值多样化的重要体现。而四要件犯罪论体系的判断是一种基于“存在”本身的集合,无法将目的、利益、价值等因素加入考量过程,也就难以实现论证过程的动态性和沟通性。指引司法判断的犯罪论体系不应满足于各种本体性的认知,而是要从目的设定中推导出体系的构造,形成对刑法规范的识别和应用的体系化认识。

### (三)面对疑难案件时的犯罪识别功能

刑事案件一般可分为普通刑事案件和疑难刑事案件。疑难刑事案件是指因为现有刑法规定存在冲突或不合理等而引起讨论的刑事案件,从目前的成文法中找不到答案或不能依靠目前的逻辑推理方法解决的特别案件,常体现为极端复杂的社会纠纷。疑难案件是法学研究中无可回避的重要课题,主要包括以下几种类型:第一,因刑法现有规定的不明确而产生的疑难案件;第二,因刑法立法疏漏而产生的疑难案件;第三,因刑法规定存在冲突或交叉而产生的疑难案件;第四,因刑法规定与“情理”冲突而产生的疑难案件。关于疑难案件的基本共识讨论,最早可追溯至哈特与德沃金的论辩中。哈特认为,由于表述规则的一般化语言只能提供非常有限的指引,因而所有

---

〔1〕［德］亚图·考夫曼:《类推与事物本质》,吴从周、颜厥安译,台北,学林文化事业有限公司1999年版,第95页。

规则都应该有“开放性结构”，即所有的规则都存在明确的核心以及值得怀疑的边缘，并将特定的具体情况涵摄于抽象规则时，就会相应出现普通案件与疑难案件的区分。[1] 德沃金反对哈特以实证主义立场和方法处理疑难案件。他指出，所谓的疑难案件是指在法律规范的评价体系和涵摄路径之中，缺乏明晰的规则进行规范的案件。在法律实践中，法官可以运用逻辑思维将案件事实与抽象规则进行精准匹配，进而得出判决结果。[2] 疑难案件的出现意味着这一评价和涵摄过程被阻断了，也造成了规则适用的困境，因此，机械式、回应式的推导过程将无法获得准确而安适的裁判结果。

面对纷繁复杂的具体案件时，不同类型的疑难案件应该采取不同的解决路径，法官需要根据实际案情选择具体方法。四要件犯罪论体系在处理疑难刑事案件时，虽然简洁明了，便于操作，但其“拼凑式”的认定路径使得案件的解决无法获得一种关系式、体系性的认知，法官只是实现了论证场域内的堆砌式裁决，却搁置了根本性的实质问题。[3] 用“流于形式”的处理方法解决“逻辑判断”的疑难案件得出的结论，不能实现对行为和事实的理性分析和有效衡量，也无法梳理出疑难案件中的“疑难”所在，自然就不能作出一种科学有效的应对。

然而，阶层犯罪论体系不仅融合了逻辑推理，也包含了目的、利益、价值判断，更利于实现对疑难案件的识别和判断。在阶层犯罪论体系中，阶层之

---

〔1〕［英］哈特：《法律的概念》，许家鑫、李冠宜译，法律出版社2011年版，第117页。

〔2〕依据案件事实、法律规范和裁判结论“对接”方式的差异，法律发现的路径可分为两种模式：一种是“常态式”，即依据司法三段论提供的形式逻辑，从案件事实出发进行法律发现，进而依据发现的法律规范推导出裁判结论；另一种可称为“非常态式”，即法官基于对案件事实的认识，借助于司法直觉，预设一个甚至多个可能的结论，然后去查找法律规范，并将法律规范、个案的要件事实构成、类似案件的处理经验等结合，不断佐证预设结论，排除不适当的判断。当预设的结论被推翻时，法官再提出新的假设，重新寻找法律规范，直至预设结论得到证明。相关内容参见张顺：《法律发现的三种进路》，载陈金钊、谢晖主编：《法律方法》（第18卷），山东人民出版社2015年版，第73页。

〔3〕［德］Ralf Poscher：《裁判理论的普遍谬误：为法教义学辩护》，隋愿译，载《清华法学》2012年第4期。

间的不断碰撞与结合，通过追踪每一个概念的配置和运行模式，使法官获得一种体系性的认知，为法官认识、分析、解决疑难案件提供了上下考量的思维路径，使其向上可以更好地与法条接轨，向下可以准确地衡量行为的性质和意义，有效地克服了疑难案件中可能出现的逻辑问题。三个阶层判断过程中的层层过滤不仅实现了定性准确，立体式的判断也为行为判断提供了更为周延的考虑路径和思考方法，优化了形式逻辑的演绎过程。

### （四）契合常理——有利于增强公众的规范认同感

"刑法理论的构成有必要尽可能地与社会观念相符合"〔1〕，这样不仅有利于促使公民更好地理解法秩序的要求，增强公众对刑法规范的认同感，也可以形成内在的行为约束和正向激励机制。刑法规范的目的是对刑罚权进行确认和限制，即通过禁止具有法益侵害性的行为来保障人权，使社会得以稳定发展。阶层犯罪论体系不满足于以体系之名将各种要素简单的捆绑，而是将其塑造成一个富有逻辑的体系性框架，为公民行为提供了明确的分类指示。

第一，阶层犯罪论体系的构成要件该当性要件可以使公众获知各类禁止行为的轮廓及具体后果，进而有效地权衡利弊，遏制非理性的犯罪冲动。"根据抽象的、为帮助人们理解而建立的禁止性标志这种方式，描绘了一般被禁忌的举止行为方式的图画，并且具有积极的一般预防的功能。在这里，对行为构成特征的描述影响了一般公众的法律意识并且发挥了可能的威慑作用。"〔2〕涂尔干提出，惩罚首先体现为一种道德过程，它由道德情感控制，同时也最终表现为道德之下的行为方式。因此，"惩罚的重要功能，不是使违法者通过痛苦来救赎自己的犯罪行为，或者通过威胁去恐吓接下来可能

〔1〕［日］大塚仁：《犯罪论的基本问题》，冯军译，中国政法大学出版社1993年版，第83页。

〔2〕［德］克劳斯·罗克辛：《德国刑法学总论（第1卷）：犯罪原理的基础构造》，王世洲译，法律出版社2005年版，第187页。

出现的仿效者,因为别人的违法违规行为很大程度上能够损乱信念中的良知。[1] 构成要件该当性阶层将各种关键且特有的行为方式明显化,使公众知晓“应为”和“勿为”的界限,让公众通过条分缕析的层次逐渐意识到刑法意义上可被规范的范围以及不可被规范的范围,而不是混沌的、堆砌式的感知,这种明确性促进了规范的良好运转,也增加了公民对规范的认同感。

其次,阶层犯罪论体系具有整体评价的功能。被正当化的行为之所以无罪不是因为与刑法无关,只是在整个法秩序的评价中具备了更为优越的合法性,这种整体性评价应作为一般行为自由的前提条件。例如,正当防卫行为虽然意味着行为人在规范层面符合了某个犯罪构成要件的特征,但根据刑法的规定,他却不必对其防卫行为造成的损害后果负责,因为构成要件该当性阶层和违法性阶层的分离为公民评价自己的行为指明了明确的路径,使其形成了关于法秩序允许范围的边界判断。这正是通过阶层犯罪论体系的整体性评价得出的判断,并由此规范和指引自己的行为。

最后,不法和责任的区分说明了生活中有很多例外的情况,需要经过层层检视,具体找寻出对法秩序的违反才可以定罪处罚。例如,没有达到刑事责任年龄的儿童和精神病人犯罪,因不具备辨认和控制能力而不构成违法行为,就不同于因正当防卫而不构成犯罪的情况。行为的对错与刑法意义上有无责任能力不同,要受到法秩序负面评价的程度也不相同,当一个人因正当防卫杀人时,我们会认为他有这样的防卫权利,他的行为一定程度上对于社会是有益的行为;而当一个精神病人或一个未满刑事责任年龄的人杀人时,我们不会觉得他应该这样去做,仅仅是因为其心智状态不成熟而选择原谅他。[2] 阶层犯罪论体系是可以包容和涵括这些行为区分的,阶层犯罪论体系的区分评价使得这两种行为传递给公民的指引作用是完全不同的。

---

〔1〕[法]涂尔干:《道德教育》,陈光金、沈杰、朱谐汉译,上海人民出版社2006年版,第123页。

〔2〕G. P. Fletcher, *The Right and the Reasonable*, Harvard Law Review, Vol. 98, p. 949 – 982 (1985).

法律需要积极地关注社会现实,在现实情境中寻找可以被认可的根基。阶层犯罪论体系有利于指引公民理解一项行为的社会意义和规范意义,进而选择正确的行为方式,同时,也有助于促使法律适用的结果真正满足人民群众和社会变革的正当化需求。

### (五)阶层犯罪论体系是刑法教义学发展的重要推动力量

刑法教义学是对刑法规定和刑法理论学说进行理性解释的学科,既是刑法的共识性知识体系,也是一种有效的理论研究方法,"其研究基础是具体而形象的刑事法律规定,致力于使其概念表达、内容呈现和结构梳理融合成一个有效运行的体系性框架,并试图发现对行为进行系统化解释的方法。"[1]关于刑法教义学的作用,罗克辛具体归纳了教义学体系的四大优点:一是减少案件审查的难度;二是通过体系性秩序有区别地适用法律以达至精准;三是简化法律和形成更好的操作性;四是构建体系性联系作为法学进一步发展的路标。刑法教义学关注概念的系统性,主要运用逻辑推理的方法将法律规范、法律原则、研究范畴组织起来,进而形成一个卓有成效、具有结构性的刑法理论体系。同时,法教义学可以对法律原则作进一步的填补,指明规范与概念及原则之间的关系。按照耶林的说法,法教义学存在高低之分,那种只能对法律的基本素材和材料进行解释的法教义学,仅拥有了分析途径和逻辑体系化的形式,属于"较低层次体系";而能够使法律材料不局限于命令形式,并且在逻辑抽象的基础上进一步自由塑造其风格,通过建构方法形成独特的"法学体质"的法教义学,属于"较高层次法学"。

法教义学致力于解释法律,进而使法律更容易被理解运用,甚至通过自身机能的发挥不断填补着法律漏洞。法教义学并非要沦为法律的奴仆,相反,它让法律更加完善、更加周延、更具有可操作性。一个结构性的刑法理

---

〔1〕［德］汉斯·海因里希·耶赛克、托马斯·魏根特:《德国刑法教科书》(上),徐久生译,中国法制出版社2017年版,第59页。

论排除了适用的任意性，也使得受规则引导的刑法应用路径成为可能。通过这个方式，刑法适用是可预见的，并且也是可审核的。[1] 阶层犯罪论体系利用逻辑和体系的力量将存在一定距离的法律文本进行关联，赋予其理论统摄力，进而链接到法律适用中，与法律规定的解释一起构成了教义学的重要内容。

同时，阶层犯罪论体系推动着刑法教义学不断向前发展，并成为其发展过程中的一种内生性力量。正如康德所言，教义学是一种理性的先行判断过程，教义学者从先予的前提出发，不涉及法律自身为何，旨在提供明确的方法论对问题予以重要的阐明和概述。[2] 犯罪构成理论体系的基本意义在于对构成犯罪的基本条件与重要因素的揭示与判断，该理论并不意味着"条件"本身。阶层犯罪论体系超越了刑法规定的实定意义，挖掘和深化了各理论概念之间的逻辑关系和演绎标准，"这样形成的一种规则整体，其融合性是自身的保证。这一过程是一种无穷尽的相互调适、完整化与排除的过程，以便于产生一个自我包容的体系。"[3] 正是因为这种内在关联性，使得刑法理论框架与具体法律规定交融成为一体，形成相互促进的共生关系，也因而具有了适用的正当性和权威性。阶层犯罪论体系对法律素材的体系性加工最大限度地保证了法律的统一适用过程，即"犯罪论中所概括的犯罪概念的一般特征，使合理的、与事实相适应的和均衡的判决成为可能，而且它对维护法安全是起到很大作用的"。[4]

---

〔1〕［德］埃里克·希尔根多夫：《德国刑法学：从传统到现代》，江溯、黄笑岩等译，北京大学出版社2015年版，第177—178页。

〔2〕［德］阿图尔·考夫曼、温弗里德·哈斯默尔：《当代法哲学和法律理论导论》，郑永流译，法律出版社2013年版，第4页。

〔3〕［德］赫尔曼·康特洛维茨：《为法学而斗争——法的定义》，雷磊译，中国法制出版社2011年版，第98页。

〔4〕［德］汉斯·海因里希·耶赛克、托马斯·魏根特：《德国刑法教科书》（总论），徐久生译，中国法制出版社2001年版，第242页。

# 第三章　刑事一体化视域中的阶层犯罪论体系

刑事法律制度包括刑法、刑事诉讼法、犯罪学等各部门法，它们共同起源于犯罪行为的规范和治理，以解决刑事犯罪为主线，具有相同的功能追求。正如格兰威尔·威廉斯在《刑法教科书》中为犯罪所下的定义：犯罪是一种可以引起刑事诉讼并导致刑罚产生的违法行为。因犯罪这一重要纽带，刑法与州事诉讼法的关系天然形成。没有刑事诉讼程序，案件事实就没有认定的路径，犯罪行为得不到打击，刑法会失去存在的生命力。刑事诉讼乃是一个“目的性”的展开过程，抛开自身的程序逻辑，其核心目标在于以实体法为指引最终确定犯罪成立与否的“实体形成”。[1] 因此，犯罪是一种可以引发刑事诉讼进程并产生刑罚效果的违法行为，是刑法与刑事诉讼法产生联系的关键性力量。

要科学地理解刑事司法过程，仅依靠实体刑法的知识是绝

---

〔1〕 [日]小野清一郎：《犯罪构成要件理论》，王泰译，中国人民公安大学出版社2004年版，第202—204页。

对不够的。因为任何理论框架都是有缺陷的,因为它不能反映出真正塑造了实体法理论的复杂动态考量,即“程序和证据规则、社会、经济和政治状况”等的存在。[1] 在一个领域中(例如在实体刑法中)需要从法律上解决的许多问题,也要依赖其他领域的知识(例如程序性情况或者犯罪学上的理解)才能找到适当的办法。[2] 同时,也正是诉讼程序的不断推进才促进了刑法规范的适用和案件事实的厘清。

犯罪构成理论体系是对犯罪行为和事实的型构,从纷繁的事实中找寻出具有刑法规范意义的因素,并寻找证据对这些因素进行佐证。没有诉讼就没有刑法的适用,而且只有在刑事诉讼中才能够形成详细的刑法制度。从这个意义上讲,犯罪构成理论体系是刑事诉讼活动的参照物,引导着刑事诉讼的行进方向。刑事诉讼的每一过程都是以犯罪构成理论体系为指引和参照物,如果偏离了犯罪构成理论体系,则有可能导致诉讼程序行进的杂乱无序。刑事诉讼程序与犯罪构成理论体系的关系不仅体现为法律规范的互动,更是刑事一体化指引下的深层次体现,也促进了刑事一体化的不断发展。

## 一、阶层犯罪论体系对诉讼程序的关照

刑事一体化源于“普遍联系”的规律,认为刑事法律制度共同组成了一个具有内在结构和相似功能的有机整体,其功用在于提示一种研究方向与方法,强调刑法运行内外的协调。“刑法,本质上是一种‘裁判法’,原则上,只有通过一场‘诉讼’,并且只有在经过一场诉讼之后,刑法才能得到

---

〔1〕 [美]保罗·H. 罗宾逊:《归咎的刑事责任》,王志远、陈琦译,知识产权出版社 2016 年版,第 93 页。

〔2〕 [德]克劳斯·罗克辛:《德国刑法学总论(第 1 卷):犯罪原理的基础构造》,王世洲译,法律出版社 2005 年版,第 7—8 页。

适用。"[1]同时,整个刑事诉讼过程是通过犯罪论体系这只"无形的手"对司法人员进行指挥而发生作用。因此,犯罪论体系的选择或设置科学与否,不应该局限在实体法的衡量范围之内,更关涉刑事诉讼程序的运转。

犯罪论体系之于刑事诉讼的价值在于刑事诉讼的过程必然要受到"犯罪构成"——这一最高实体形象的指导。犯罪构成理论体系之于刑事诉讼的指导形象就像架起了一座连接实体与程序的桥梁,其所具有的路径指引必然对刑事定罪活动产生依赖,进而形成司法过程中不得不遵守的"活的"定罪制度,由此,犯罪论体系必须兼顾实体法意义与程序法意义两个向度。从一定程度上讲,法和平和法公正的实现既不能单靠实体法,也不能单靠程序法,缺乏其中任何一个都将无法实现法律的实践价值,二者的融贯统一应该是刑法和刑事诉讼法共同的目标所在。

### (一)实体和程序与生俱来的"同一性"

罗马法学家格罗索曾经说过,"诉讼"(actio)的起点产生于"各行其是",产生于强力和随后导致的斗争。在最初阶段,权利享有者正是通过这种方式来实现自己的权利,随着这种斗争受到限制,执法官逐渐把私人行动引导到以和平方式解决问题的道路上来。[2] 这些限制任意复仇的规定就形成了最早的程序性规则,并且与实体惩罚规则相互结合,融为一体。在世界各国早期的法律中,刑法与刑事诉讼法也大多呈现为合为一体的状态。例如,公元前18世纪古巴比伦的《汉穆拉比法典》将犯罪的行为表现和刑罚裁判等方式和程序进行了统一的规定;5世纪的古罗马《十二铜表法》也是集实体法规定和程序法规定为一体,其中前三表的内容主要是诉讼规则,刑事实体法规则集中在剩余的其他表之中;德国封建时代的《加洛林纳法典》也同

[1] [法]贝尔纳·布洛克:《法国刑事诉讼法》,罗结珍译,中国政法大学出版社2009年版,第4页。

[2] [意]朱塞佩·格罗索:《罗马法史》,黄风译,中国政法大学出版社1994年版,第12页。

时具有刑事实体法和刑事程序法的规定;我国历史上的著名法典——《法经》中的刑事部分也包括了刑法和刑事诉讼法,第三篇"囚法"的规定主要体现为刑事程序的相关内容,后来的《唐律》、明代刑律、清律等也都是刑事实体法与程序法的结合。可见,在世界各国早期的法律规范中大多呈现为实体和程序不分离的状态。刑事古典学派创始人贝卡利亚在所著的人类历史上第一部对刑罚进行完整阐述的著作——《论犯罪与刑罚》中,也同时融合了实体法和程序法的内容。

从历史上看,犯罪构成原系诉讼法上的一个概念,后来经过理论的不断进阶和发展,才逐步演变成刑法的一个重要范畴。构成要件(Tatbestand)最早源于中世纪意大利宗教裁判上的犯罪确证(Constare dedelicto)。大约在1581年,"犯罪确证"被引申为"犯罪事实"(Corpus delicti),体现为程序意义上的证明犯罪行为的事实总称。直到1796年,克拉因把犯罪事实译成德文Tatbestand,才实现了理论称谓上的变化,即被称作"犯罪构成",但其主要功能仍停留在诉讼法意义上。19世纪初,德国著名刑法学家费尔巴哈在确定罪刑法定原则之后,将构成要件明确引入刑法,使之成为一个具体的实体法概念。[1]

刑法在被运用于司法实践之前,仅仅是纸面上的、文本上的行为规范,实体刑法唯通过诉讼程序得以形成实践,才能获致一个实体价值得以充分体现的正确裁判。为了实现对个案事实更为规范的评价,使得事实和法律之间形成更加紧密的对接,犯罪论体系承担了释法说理的职责,并在这一过程中不断指引着刑事诉讼程序的推进。犯罪论体系的运用不仅是评判犯

[1] 费尔巴哈指出,可罚性的客观根据在于,第一,存在受到刑法规定的刑罚威慑的犯罪事实;第二,未被刑法规定为犯罪的行为,没有可罚性。只有具备行为概念的特征、法律将刑罚作为其法律后果的行为,才可能被规定在刑法中。特定行为特征的整体,或者包含在特定种类的违法行为的法定概念中的事实,叫做犯罪的构成要件。因此,客观的可罚性取决于犯罪构成要件是否存在,而具体法律的适用则取决于拟适用法律已将其作为法律后果的条件加以规定的构成要件的特定事实。相关内容参见[德]费尔巴哈:《德国刑法教科书》(第14版),徐久生译,中国方正出版社2010年版,第83页以下。

罪,也是对犯罪进行定性后实现惩罚犯罪的重要工具,这一过程不仅需要刑法规范,也需要刑事诉讼法规范的推动。实体法从静态上给予了犯罪与否的判断以及法律后果的承担,而程序法则从动态上规定了原始意义上的犯罪行为经过证据证明之后向规范意义上的犯罪行为的转变和厘清。从二者互为表里的关系可以看出,诉讼程序之于刑法的意义就在于,刑事诉讼是刑法的两个最基本要素——犯罪与刑罚之间一个必不可少的连接符。[1] 因此,只有不断地厘清犯罪论体系的程序意义,使得裁判事实的形成与“依法认定”形成有机的关联和结合,才能更好地实现刑法的实践指引功能。

### (二)作为一种过程——以“类型”不断唤醒“事实”

“类型”在理论上经常被解释为“分组归类方法的体系”,[2]它更多地是作为一种逻辑方法,即从众多纷繁复杂的事物中总结出共性特征,并将其系统化、体系化。阶层犯罪论体系将犯罪行为判断标准分为三种类型,并用这三种类型作为行为评价指引,对行为之间的关联和定位加以说明,不断以“类型”唤醒“事实”。莱维施特劳斯认为,一个类型应具有系统的特征,即其中一个因素的变动便引起所有其他因素的变动;所有类型都从属于某一变化群,而变化群中的每一个变化又与某一同类模式相吻合,因此,变化整体就构成了一个类型群,而这样的从属关系又可以帮助人们预先认识到当类型的某一因素发生变化的时候它本身会如何反应。[3] 贝林指出,当前的刑法已经压缩在类型之中,因此,在犯罪概念中引入类型时,我们应该考虑到:必须避免违法性和责任之间表现一致。我们不能说犯罪是符合类型的、有

---

〔1〕[法]卡斯东·斯特法尼等:《法国刑事诉讼法精义》(上),罗结珍译,中国政法大学出版社1998年版,第1—6页。

〔2〕《简明不列颠百科全书(中文版)》(第5卷),中国大百科全书出版社1986年版,第184页。

〔3〕[法]克里斯蒂娜·拉塞杰:《刑事政策学导论》,卢建平译,中国人民公安大学出版社2004年版,第319页。

违法性的、有责的行为。更准确的表达是:犯罪是类型化的违法有责行为。[1] 从这个意义上讲,“类型”与“事实”相比,虽然不具体,但却为我们研究问题提供了重要的工具,凭借这种分析工具,我们可以更好地预测发展方向,并理清发展过程中有关事实的要素、性质、类别。

类型不仅是一种认识工具,也是一种判断工具,在思维判断的过程中,经过类型化思维方式的指引,才能加深我们对法律现象的认识。关于类型的划分,通常存在经验类型和理念类型之分。[2] “类型”概念更多地是一种“理想图像”,是引导人们获得实在知识的工具。犯罪构成理论体系是针对案件事实进行的抽象和概括,对犯罪行为和事实“提取公因式”,抽象出案件事实特征。这一过程难免要进行规范性考量,也就意味着此时的类型性判断不再是单纯的经验类型了,而是规范性和经验性的结合。与类型不同的是概念,概念不仅是类型的重要组成部分,也是类型形成的重要因素。概念体现为“是”与“不是”的区分,与法典的思维方式极为接近,而犯罪论体系则是类型化的思维路径。类型是相对具体的普遍性,有一个确定的核心作为归类的根据,大大提升了犯罪论体系的理论容纳空间和指引效能。犯罪论体系通过类型化实现规范与事实的有效联接,为二者的融合提供合理的存储空间,不仅有助于事实的归类,也便于规范的涵摄。在刑法理论研究过程中,如果没有犯罪论体系的类型化思维,就不能提炼出更具包容性和涵括力的范畴,进而无法进行深度考察,也就难以形成有效的分析工具和理性

---

〔1〕 [德]恩施特·贝林:《构成要件理论》,王安异译,中国人民公安大学出版社2006年版,第27页。

〔2〕 经验类型中有两种,第一种是平均类型或经常性类型。当人们提及某人或某一群人在特定情境下的典型反应时,或者当我们说,对某地域及季节而言,这种气候状态是典型的,所说的便是这种经常性类型。第二种为整体性类型或形态类型。当人们说典型的荷兰农舍时,这种典型指的是在整体上可以表现这种荷兰农舍的特征的例子,但这些特征并不是在荷兰农舍的任何例子中都必须同时存在。这些特征可以“以不同的强度、不同的变化及混合形态出现”。这种类型是以要素整体来掌握一般性。相关内容参见[德]卡尔·拉伦茨:《法学方法论》,陈爱娥译,商务印书馆2003年版,第337—338页。

路径。

考夫曼认为,“事物本质”与类型有着内在联系,它们之间构成了某种关系,没有“事物本质”,个别事物之间就无法建立起价值性的连接,从而无法形成类型;没有“类型”,事物间的价值关联便难以获得直观的载体形式,从而无法被现实地把握。因此,他明确指出:“事物本质”是指向类型的,从“事物本质”中产生的思维是类型式思维。[1] 类型将现象的多样性和复杂性进行了一定程度的概括和梳理,使得犯罪构成要件要素实现了同类融合的形态,赋予事实以生命力,避免了通过简单无序的排列来呈现其作为整体的功能。阶层犯罪论体系指引下的类型化事实,一方面对规定进行加工梳理整合具体规范理解,另一方面对于案件事实进行合目的性选择,在复杂的司法运行之中,用同样的切入点、同样的运行逻辑、同样的体系构成,获得大体相同的结论,最终使规范与事实之间的对接成为可能。如此看来,类型化的思维方式不仅可以增进犯罪认定过程的精准高效,也为司法人员的判断提供了更为科学的思考路径。

### (三)功能追求的同构性

“一种社会事实的功能应该永远到它与某一社会目的的关系中去寻找。”[2]纵观当今世界刑事诉讼的改革与发展,控制犯罪和保障人权是各国刑事诉讼发展的两大目标,各国都在二者之间寻求一种平衡。如英国,近些年更加强调对犯罪的控制以及被害人权利的保障。同时,俄罗斯、韩国等国也在法律制度的建构和立法推进过程中逐步加强了人权保障的范围和力

[1] [德]亚图·考夫曼:《类推与事物本质》,吴从周、颜厥安译,台北,台湾学林文化事业有限公司1999年版,第110页。

[2] [法]E.迪尔凯姆:《社会学方法的准则》,狄玉明译,商务印书馆1995年版,第125页。

度。[1] 具体法律争端之解决,从来都是实体与程序的交错适用。[2] 作为刑法的重要分析工具——阶层犯罪论体系也不能将诉讼程序内容置之不管,不仅源于其内在的本质属性要求,也体现为其与刑事诉讼法在功能追求中的同构性,即都在打击犯罪和保障人权的基础上实现对秩序、正义和自由的追求。

秩序是刑法与刑事诉讼法共同追求的价值目标。无论是国家秩序、社会秩序还是法律秩序的维护都是刑法与刑事诉讼法的价值追求。刑法为社会中的公民确立了硬性的实体规范,进而维护正常的社会秩序;刑事诉讼法通过诉讼运行程序为正当合理地处理刑事案件提供了方向指引,并限制了权力的运作进程。因此,实体法显性地构建了基本的法律秩序,而程序法通过自身的规则使秩序得以维持和运转。

正义也是刑法与刑事诉讼法的共同价值蕴含。刑法要求明确划分罪与非罪,努力做到刑法规定的犯罪行为与刑罚相适应,实现刑法面前人人平等;刑事诉讼法对正义的追求还要求还原具体案件事实的过程也要符合程序正义的要求,从不同的侧面对正义进行了规范和梳理。在司法实践过程中,实体正义与程序正义的追求都很重要,二者均不可偏废。

自由亦是现代刑法与刑事诉讼法所极力追寻的要义。刑法是关于犯罪行为界定与刑罚执行规定的法律部门,致力于解决为社会公民的行为提供可预测性的规范,强调本源上的个人权利或人类尊严;而刑事诉讼法则在于通过程序性规定保障个人自由和权利,防止公民遭受由于刑事程序的推进可能出现的国家刑罚权之不当侵害和不当干预。自由的历史基本上是奉行程序保障的历史。[3] 刑事诉讼法规定了限制个人自由的强制性措施,如拘

---

〔1〕 陈光中:《中华人民共和国刑事诉讼法再修改专家建议稿与论证》,中国法制出版社2006年版,第2页。
〔2〕 林钰雄:《刑法与刑诉之交错适用》,中国人民大学出版社2009年版,序言。
〔3〕 季卫东:《法治秩序的建构》,中国政法大学出版社1999年版,第175页以下。

留、逮捕等行为，是对自由的剥夺和限制，因此，刑事诉讼中的自由保障也尤为重要。

现代法治国家不再以打击犯罪作为刑事法律运转的唯一追求，而是积极推进在刑事诉讼过程中实现犯罪控制和人权保障的双重目标。不可否认，打击犯罪是保持国家和社会稳定、促进经济发展和维护人民生活秩序的重要手段，但人权保障在一定程度上更能体现一个国家的法治文明，这是当今世界发展的大趋势，也是程序正义的内在要求。刑法与刑事诉讼法在运作过程中形成了各自多元的价值指引，但仔细分析二者的关系，可以发现秩序、正义、自由这些相同的目标促使它们形成了更加密切的配合。“尊重和保障人权”的宪法基本原则在我国刑事诉讼法中的贯彻，切实反映了从以国家为本位的一元法律观到以国家本位、社会本位、个人本位综合多元法律价值目标的转变，也逐步实现了刑事法治的良性运转和发展。

### （四）程序规则的适用一定程度上取决于实体维度的界定

诉讼条件是那些明确阐述或者从法律意图可以明显得知的对程序至关重要的因素，程序的许可性必须完全依赖于它的存在或不存在。要判断一个要素是归程序法还是实体法规制，需要依据刑罚的发生是否必须依赖于这些有疑问的要素才能进行，还是与这些要素没有直接关系。实体法只有通过程序的实施才能获得意义，刑罚运行的目的在于建立对规范适用过程的参与和信任，否则只能停留在一种假设中，因此，只有通过有效实施的程序规范才是真正意义的法律。

“法律是社会控制和组织的工具”，这一命题要求我们积极探索法律规则和制度的社会功能，而为了论证具体的法律规则和法律制度的功能和效用，我们需要深入考虑：一是该法律规则和法律制度在当前社会中具体发挥了何种效用和功能；二是该法律规则和法律制度是否最大限度地发挥了功能，有没有其他更好的法律规则和法律制度可以替代其效用。刑法与刑事诉讼法是刑事法律适用中的统一体，二者相互补充、相互强化，以刑事诉讼的视角来阐释刑法概念的运行，发掘刑法概念之程序维度，这个过程实际上就是犯罪构成理论体系被赋予具体内容，并成为量定刑罚依据的过程。

犯罪构成理论体系是法官在控辩双方充分讨论的基础上认定犯罪是否成立的判断依据，在此过程中，诉讼性在所难免。同时，事实本身的认定也是一种相互辩驳的证明过程，如果没有相应的诉讼性，则犯罪构成理论体系便是一个缺少内在互动、静止而僵硬的松散体系。如果把规范和理论看成指令，把事实和行为看成适用对象，则指令和适用对象的运用和定位都依靠犯罪构成理论体系的运作和互动，此运作和互动中的方法步骤就体现为程序规则。同时，程度的规则一定程度上也取决于实体维度的界定，司法裁判中的事实与规范的关系是归纳与涵摄的关系，这期间所体现的是诉讼参与各方在诉讼过程中的博弈行为，就必须讲究规则与程式。一个成熟的概念体系的重要特征就是推导性。为了使基本概念的涵义不是任意的，必须借助概念之间的逻辑联系，使得每一概念的体系性地位也不是任意的，并且在逻辑上相互制约的。因此，犯罪构成理论体系是程序化的“天然底色”，影响并指引了程序要件的运作和实施。

## 二、实体和程序的互动理论模型

法学不可能像自然科学那般完全通过实证主义来阐述事物的合理性，这便需要借助程序发挥效能，以看得见的方式公之于众，增强法律的权威性。学科分工越来越细，学科间就更需要强调内在的自洽、交流、分享。在探究实体和程序之间关系时，我们必须注意他们之间像变色龙一样的区别，即在不同法律问题的语境关系中可能呈现出不同的色彩。[1] 德国学者指

〔1〕［美］乔治·R. 弗莱彻：《刑法的基本概念》，蔡爱惠等译，中国政法大学出版社2004年版，第23页。

出:“德国传统上大学或研究机构的刑法教席囊括了刑事实体法与程序法……但在德国近200年的发展已经表明,学界实体法已经从程序法中被严格剥离开来,就如法学教育中的分开授课那样。如何将这两个学科更好地融合在一起,也是我们应该探讨的问题。”[1]

阶层犯罪论体系通过对刑法概念加以串联和推进,在共同面临的问题中形成了学科融合的道路,为破除学科壁垒创造了条件。在这个对话过程中,以下四个概念或范畴将对判断结果的发生产生重要的影响:一是刑法规定本身,即法律预先设定的条件;二是犯罪构成理论,即梳理犯罪成立条件的体系;三是具体行为事实,即可与刑法规定匹配的案件事案;四是犯罪构成的判断过程,即事实与模型的比对工作。这个过程是实体和程序交织进行的过程,是多元化、系统化的法律价值交相呼应的过程,以类型化的判断方式对刑法规范进行归类和诠释,生成了学科对话的路径,实现了刑法与刑事诉讼法的不断整合和共生。

### (一)差异性理论:基于立场的量定

功能主义比较法研究常将同一性看作是一个基本的不可或缺的概念,而将差异性视为派生性的概念和原则,这种同一性往往具有强烈的极权主义色彩。在司法实践中,差异性才是永恒性的存在,因为比较不可能创造完全的等值物或同一性,差异性才能构成比较行为的根本特征。[2] 承认事物之间具有差异性是理解和把握事物本质的重要路径。只有不断地厘清两个事物之间的差异性才能更加深刻理解它们的特殊性,对事物本身自有的性质和特征进行更为深入的研究,同时发掘一方的程式构造对另一方的影响。

---

〔1〕［德］贝恩德·许迺曼:《中德刑法解释语境下的罪刑法定原则》,王莹译,载梁根林、［德］埃里克·希尔根多夫主编:《中德刑法学者的对话——罪刑法定与刑法解释》,北京大学出版社2013年版,第5页。

〔2〕Vivian Grosswald Curran, *Culture Immersion, Difference and Categories in U. S. Comparative Law*, American Journal of Comparative Law, p. 77(1998).

刑法与刑事诉讼法是两种不同的部门法,具有不同的特征与功能,二者的相互影响是以原则上的相互分离为基础的。由于两者在实践操作层面的相互联系,产生了其中一方的制度构造影响另一方制度运转的相互作用。承认事物之间的差异性,从表面上看似乎是对二者关系的一种疏离,但从实质上加深了二者的关系研究,促进了理论之间的互动。进行差异性研究可以使被比较对象自身的性质获得进一步的挖掘,也更容易发现事物的特殊性。

### (二)共同核心理论:基于行为与导向的判断

鲁道夫·B.施莱辛格(Rudolf B. Schlesinger)提出了"共同核心理论",即以合同法的主要领域为主线,来确定各种主要的法律体系是否存在一个"共同的核心"。通过这种努力,施莱辛格等人试图克服过去比较法在方法论上的狭隘,并去揭示每种被选择的法律体系中的规定和概念之间存在的功能性与系统性关系,[1]进而发掘共同的核心。共同核心理论是基于功能之上的量定,通过探讨两个事物之间的关系以及功能,进而判断能否在一定程度上增进规范之间的互动,这是一种以行为为基础的研究范式,并不断发掘行为的意义导向。

实体法和程序法是刑事法体系内不可或缺的两个重要组成部分,二者的相互作用决定了刑事法律制度运行的整体效能发挥。刑法和刑事诉讼法虽然各自有自身的调整对象和适用范围,但从犯罪行为发生的那一刻起,二者就产生了不容被忽视的交集和关系。刑法与刑事诉讼法都是对犯罪行为的规范和量定,其运行路径和目标指引具有相似性,因此,二者基于行为的功能追求在一定程度上也是趋同的。2012 年《刑事诉讼法》将"尊重和保障人权"条款写入法律规定,实现了人权保障与惩罚犯罪原则的并列,表明刑

---

〔1〕 Donald E. Claudy, *Formation of Contracts a Study of the Common Core of Legal Systems*, Cornell Law Review, p. 482 – 483(1969).

事诉讼将二者置于同等地位，也构成了二者在运行过程中的核心价值，即实体和程序在对犯罪进行规制的关系中相互牵制，彼此形成理论上的替代和补充，进而实现保障人权和惩罚犯罪之目的。

同时，在刑事诉讼的不同阶段，不同的诉讼主体既需要运用刑法规范作为行为指引，也需要刑事诉讼法作为程序选择和诉讼展开的具体内容，两法之间的相互补充和配合实现了一种更为优越的法之效力发挥。离开了刑事诉讼法的刑法，将只能是一部停留在纸面上的纯法律规范，并不具有生命力；而脱离了刑法指引的刑事诉讼法，也将失去运行过程的聚焦和指引。保证国家刑罚权的正确行使能够促进法益保护和规范进阶的效果，一个良性的刑事法律体系要求内在各个组成部分尽可能地挖掘自身与彼此协调的部分，进而实现理论上的融合，在追求这一价值的过程中，刑法与刑事诉讼法出现了很多的类似性和交错性。从这个意义上讲，共同核心理论有助于实现二者之间的相辅而行。

### （三）法律共振峰理论：基于功能的互动过程

意大利学者萨科从结构—功能主义角度提出了“法律共振峰”学说。在该学说看来，制定法、判例法、立法者、法官、法学家所提出的特定释义等构成了法律共振峰，这些法律共振峰之间是随着特定的社会结构和社会文化而不断变化着的。[1] 法律共振峰理论是指在法律行进过程中，由于理论本身具有的动态性和延展性，必然与其相关的部门法产生一定的关联性，或者由于共同目标的指引，多个部分法之间的运行路径也会产生一定程度的互动进而形成共振的状态。在法律共振过程中，这些因素的交流进而会对法律的整体运作产生影响，带动整体功能的实现。法律共振峰的研究立足于一种动态的互动，立足于因素和因素之间的互动，从动态的视角对多个事物

---

〔1〕 Rodolfo Sacco, *Legal Formants: A Dynamic Approach to Comparative Law*, The American Journal of Comparative Law, p. 26(1991).

的属性进行关联性研究，更有利于揭示事物的本质，也有助于把握事物的相互关系。

具体到刑事实体法和刑事程序法，我们可以发现刑法目的的实现离不开实体和程序的保障，即正义不仅要实现，还要以看得见的方式实现，刑事诉讼程序规则的价值在于实现案件事实发现过程中的合理性，是发现案件事实的过程呈现；同时，在程序法运转过程中，也必须以实体法为行进依据，脱离了实体的程序法将无法得出有价值实体结论。换言之，如果没有程序法的保障，实体法规定的权利就会成为书面口号；而程序法的运行如果缺乏实体法内容的指引，也会流于空洞的形式，二者在发展过程中永远体现为一种相互依存的状态。作为实体法孕育和形成的母体，诉讼法的创造性功能由于专业分类的细化和学科发展的要求，只是变得不可视了而已，这样的功能不但不会丧失，而且在最近更呈现了活跃的倾向。[1] 刑事程序价值不来自于程序本身的令人感到满意的东西，而是实现了控、辩、审三方的职能互动，因此，在刑法和刑事诉讼法的相互关系中对案件事实进行把握，不仅是全面的，也是科学的。

## 三、阶层犯罪论体系：以全面的逻辑作为程序架构的导向性因素

形式与实质是一对哲学范畴，二者是对立统一的关系，因此，在概念体系的建构中，不仅需要从法益角度出发进行实质考量，也需要形式上的逻辑指引。形式逻辑侧重于对规范之形式特征的厘清，而实质逻辑则偏向于对条文和规范之下的实质内容进行判断。在刑法中，罪刑法定原则是最突出的形式逻辑，具有十分重要的地位，但试图对案件进行一个全面判断必然少不了实质逻辑的衡量。例如，德国《刑法典》第 249 条与第 250 条中，“根据

---

〔1〕［日］谷口安平：《程序的正义与诉讼》，王亚新、刘荣军译，中国政法大学出版社 2002 年版，第 65 页。

形式上的逻辑，情节严重的抢劫（《刑法典》第250条）是普通抢劫（《刑法典》第249条）的特殊形式，而根据实体逻辑，由于前者行为方式的危险性，或对被害人具有特别的危险性，有理由认为必须科处较重的刑罚，是情节特别严重的结果加重犯。”[1]由此，我们可知实质逻辑包含了从价值体系中引导出来的理由和依据，是实现法益保护的重要方面。形式逻辑和实质逻辑缺一不可，只有二者的有效融合才能有效梳理出行为的规范意义和应受惩罚性。

### （一）结构决定功能

事物的结构与功能之间具有相互作用的关系，在一定条件下相互转化，改变结构中要素的素质或增加（或减少）要素的数量，结构就会变化，其功能就可能改变。[2] 体系性结构作为事物要素之间的组合依赖，组成要素的运行范式造就了不同效能的实现，因此，结构排列也是划分事物类型的重要依据。将“零件”镶嵌在“机器”上最好的方法就是逻辑推理，立法不可能穷尽社会的细枝末节，犯罪构成理论体系中的要素也无力将各种犯罪现象加以考量。

刑事程序一开始就以某种构成要件为指导形象去辨明案件，最终以对体系和类型的符合性实现达至准确认识为目标。在犯罪构成理论体系中，存在有行为、结果、因果关系、对象等构成要素，孤立地审视这些要素只能实现较低程度的认知和判断，将这些要素进行有机地连接就能发掘出行为更深层次的意义，正如罗克辛在刑事政策目的引导下创建的“目的理性体系”，他将德日普遍存在的“构成要件符合性、违法性和有责性”三阶层体系中的

---

〔1〕［德］汉斯·海因里希·耶赛克、托马斯·魏根特：《德国刑法教科书》，徐久生译，中国法制出版社2009年版，第54页。

〔2〕李秀林、王于、李淮春：《辩证唯物主义和历史唯物主义原理》（第4版），中国人民大学出版社1995年版，第229—232页。

"有责性"进行了改造,将"有责性"阶层划分为"罪责"和"预防必要性"两部分,实际上,他在这部分增加了"预防必要性"构成要素,使犯罪构成结构发生了较大变化,从而使出罪功能产生重大变化。[1]

阶层犯罪论体系之精义即在于通过类型化的思维方式,通过递进式的判断抵达至具体的微观层面,积极避免行为判断过程中的无逻辑评价。不同于单向度的演绎路径,体系化的类型认知不仅有利于实现概念的深度挖掘和概念之间的合理甄别,其具体细致的审视也可以促进对事实和行为的再度提炼与融合,将散落的元素加以串联,实现从基础事件的简单勾勒到法律类型的规范构建。元素的变化会导致结构的变化,而结构的变化也会促进理论功能的变化。类型化思维使得阶层犯罪论体系在与事实融合的过程中,形塑出一种从粗放到精细的认知模式,"以理性的,因而也是可检验和可控制的方式导向某一理论上或实践上的认识,或导向对已有认识之界限的认识",[2]体现了认知的开放性与行为的交互性。

在四要件犯罪论体系中,四个要素之间是简单的对应和衔接关系,仍停留在相对朴素的认知阶段,这也就造就了思维过程的任意性和不确定性。同时,四要件犯罪论体系是一种线形诉讼的单向思维,不注重对单个要素的深度评价,要素的简单相加使得控诉意见的形成几乎是顺畅无阻的,而辩方的个别化判断却很难实现对"耦合"结构的消解和对抗,忽视了对具体矛盾的审视;在程序向度内,理论体系内的位阶缺失也使得各个要件之间的判断顺序是不确定的,容易形成先入为主的有罪推定,不利于公正判决和结论的形成。相比之下,阶层犯罪论体系着眼于各要素背后的实质价值、以及要素之间的判断顺序和交互关系,不仅为司法人员提供了明确的行为指引,将法律思考予以系统化,最大限度地防止了司法错误的出现。同时,借助类型化

---

〔1〕［德］克劳斯·罗克辛:《德国刑法学总论(第1卷):犯罪原理的基础构造》,王世洲译,法律出版社2005年版,第553—703页。

〔2〕［德］齐佩利乌斯:《法学方法论》,金振豹译,法律出版社2009年版,第1页。

思维的指引,阶层犯罪论体系更多地关注类型架构中个别证据的审查判断,并将其独立分析,进而以类型的特征和框架梳理出所有信息点。这些信息点不是以一种简单的组合形式呈现,而是继续归附和阐述类型,通过相互之间的促进实现单个元素最大效能的挖掘。

### (二)阶层犯罪论体系的动态性:实现有效率的沟通

刑法在本质上是一种静态的、抽象性的法律规范,因此,刑法的适用需要借助具有动态化特征的刑事诉讼法。刑事诉讼构建了一个动态运行的程序,把刑法中的犯罪构成理论体系运用于具体案件的判断,使抽象的刑法规范走向实践,对具体行为进行了适法性认定,将罪刑不明确的具体案件逐步转换成行为人的行为是否可以被认定为犯罪、应是何种犯罪以及承担什么样的刑事责任的具体实体结论。当刑事实体法规范出现语意抽象而模糊时,刑事诉讼就负担特别的“解说”功能,在抽象的语意中承担起法律解说的使命,无疑是刑事诉讼法具有的对刑事实体法的一个弥补功能。[1]

阶层犯罪论体系中的阶层性不仅体现为对犯罪事实认知上的合理深入,也赋予了认知过程充足的理性判断,是一个对事实进行转换和理解的程序。如此的行进路径有利于避免混乱的排列和无序的堆积,使复杂的定罪活动可以有根据、有理由地展开和推进,不仅有利于实现定罪过程的精细和准确,也推动着刑事诉讼过程的稳步前进。同时,这种逻辑性的安排可以确保所有被考虑的具备刑事可罚性的相关问题得到真正的审查。具体的犯罪成立因素和条件只是外在的表现,是所谓形而下的“器”;而因素和条件之间的逻辑才是指引外在内容行进的重要力量,是所谓形而上的“道”。阶层犯罪论体系不满足于构成要件该当性阶层所得出的判断,而是继续结合违法性和有责性的裁量才能最终得出是否成立犯罪的结论,这是一种全面的、递

---

〔1〕宋英辉:《刑事诉讼原理导读》,中国检察出版社2008年版,第12页。

进式的逻辑关系,为定罪活动清晰地指明了方向,各要件之间的层次逻辑性与递进性,使司法者对案件事实的评价在既定的顺序结构下稳步推进、逐步深入。

### (三)从先验判断到理性判断

法律规范相对于社会发展总具有一定程度的滞后性,且法律本身也具有表述上的笼统性,因此,在法律的适用过程中加入更加科学合理且合乎逻辑的价值判断一定程度上可以有效破解"找法不能"的窘境。犯罪论体系不是一个纯理论问题,它更应体现为一种逻辑判断,即在犯罪成立条件之上进行理论抽象,对已经发生的事实通过理性认知遴选出有法律价值的部分,进而形成具有可谴责性的事实架构。正如波斯纳所言,"确定小前提,即发现事实如果不是以一种纯粹的逻辑过程,则会令人感到非常困难",[1]因为不同的人拥有不同的知识储备,形成的知识结构也有很大的差异,因此,对事实的判断是不同的,那么依据自己的判断形成的"事实"也就会有差别,而这些关注本身就包含一定的利益需求与价值判断。

司法实务中的"先验判断"来源于对事实的纯粹感知与认识,任何一个案件事实都包含着复杂多样的内容,然而一旦经过司法过程的判断,则不再是纯粹客观存在的事实,正如司法中的事实绝非事实发生时的"原生态",而是经过加工与分析的"理性判断"。从先验判断到理性判断,"推导"起了关键性作用。司法者需要在规范的指引下,斟酌于犯罪事实之特征再进行判断并得出结论。事实是一种表层的认知,而价值则是深层的判断,为得出正确的结论,在刑事法律规范与案件事实之间所发挥重要的犯罪论体系应当是一个融合形式评价和实质判断有机统一的过程,进而使得实体法上所规定的权益义务,在确定性判决中实现真正意义上的实体化或实定化。

---

〔1〕[美]理查德·艾伦·波斯纳:《法理学问题》,苏力译,中国政法大学出版社2002年版,第56页。

阶层犯罪论体系通过抽象出具有共性的内容和价值，进而在分析这种共性的基础上，厘清每个案件背后的特殊性，不拘泥于形式的判断路径，而是重点关注案件背后的实质逻辑，注重体系思考和问题思考的结合，将政策性判断和价值评价积极融入刑法理论体系中。这是一个主观判断和客观推演相互博弈且不断融合的过程，最终生成一种掺杂着诸多价值观念的"混合体"，"任何试图把司法过程简化成对一个给定前提的机械运用无不会导致最终的失败"。〔1〕同时，阶层犯罪论体系注重形式考量和实质裁判并重，也会从源头上减少疑难案件的处理不公，重视裁判结论与"国民规范意识"的接近，注重刑法学说的实践面向，〔2〕使得罪与非罪的判断更加清晰合理。重视理论体系的价值判断能够最大限度地实现方法论的科学性，实现刑法理论对案件处理的有效指引和"无缝衔接"，最终促进理性判断的形成。

### （四）"事实剪裁"中的逻辑性：增加了运行路径的明确性

在德国，法律的明确性原则被认为来源于其宪法中的"法治国"（Rechtsstaat）原则。刑法公布后，人们通常会知道刑罚的轻重，但在具体的刑罚实施之前，刑罚的威慑力就是一种不确定的力量，例如，在"在卡夫卡的《审判》中，约瑟夫·K 莫名其妙地被捕了，困在法律规则的迷宫里。这些规则分布在实体和程序两大范畴之间。实体规则明确规定哪些行为是犯罪，意义在于让 K 知道自己犯了什么罪。如果规则过于复杂含糊，以致人们无法理解，那么这种实体规则就使 K 陷入手足无措的境地。K 是否被认定为某一特定罪行承担责任，还取决于程序规则，也就是国家如何证明犯罪确已发生并应由 K 负责。实体法确立'原则上有罪'，程序法决定'事实上有罪'。对 K 的巨大折磨不仅来自不可解的实体规则，而且来自不确定的程序

---

〔1〕 Eva Steiner, *French Legal method*, Oxford university press, 2002, p. 141.

〔2〕 [日]前田雅英：《刑法总论讲义》（第 6 版），曾文科译，北京大学出版社 2017 年版，第 4 页。

规则”。[1] 实体规则不可解与程序规则不确定是卡夫卡浸透于《审判》中的两大恐惧。早在 1914 年,美国的“International Harvester Co. of America v. Kentucky”一案中,联邦最高法院就指出正当程序条款要求刑事法律明确界定其所禁止的行为。此后,在“Connally v. General Construction Co.”一案中,联邦最高法院再次指出,“一部法律,不论是禁止何种行为还是要求作出何种行为,如果其表达模糊到一般智识水平的人必须通过猜测其含义,且这种猜测可能与司法机关的理解不同,那么这部法律就违反了正当法律程序的首要要素”。[2] 因此,刑法的明确性原则显得尤为重要和关键。

生活事实是纷繁复杂且无限关联的,法律不可能将其全部纳入考量和规范范围内,因此,无论是出于理论需要还是实践要求,对生活事实进行一定程度的剪裁使得事实获得可被考量的样态,显得尤为必要。刑法中犯罪论体系的结构性所内涵的逻辑是对明确性原则最为有力的支撑。借着事实分析的逻辑将立法和司法联系在一起,可以帮助我们“结构化”地理解和把握当下的案件事实,这种“结构化”功能明确了刑法的边界,也让刑事追诉有了合法性的底线。

阶层犯罪论体系中,三个犯罪构成要件之间的位阶性和逻辑性十分明确,以基本的、客观的、记叙性的行为为思考起点,进而再去思考它的违法性和责任,这种思维过程与刑事审判中的判断过程是一致的,体现了重要的实践品格。在这种符合逻辑判断的理论体系指引下,法官完成了对原始案件事实的筛选和过滤,这些判断不仅是实现实体认识的重要根据,也是整个诉讼程序运转的方向指引。剪裁过程中的逻辑性为刑事诉讼运行路径提供了明确的指引,不仅体现为明确的规定可以让公众提前知晓“可为”与“不可为”的空间与界限,于司法实践来讲,也为定罪活动的“按部就班”进行提供了程式化的模式和路径,为司法运行的各个阶段提供了明确的、合乎逻辑的

---

〔1〕 George P. Fletcher, *Basic Concepts of Criminal Law*, Oxford University Press, 1998, p.7-8.
〔2〕 Connally v. General Construction Co. 269 U. S, 1926, p.385,391.

运行规则。换言之,只要行为不具有明确的违法性,就不能受到来自国家刑罚的干预,通过对事实剪裁过程中的逻辑性增加了运行路径的明确性,这就是犯罪构成要件的“自由保障”价值。

### (五)促进权力和权利的平等对话

法律在很多种情况下是一种基于博弈的契约合同,意味着博弈目的的实现,但是“权力的本性决定国家的专门诉讼机关在追究犯罪的过程中,极易侵犯涉讼公民尤其是被告人的基本权利,甚至可能不适当地殃及其生命,而这是与人的自然本性相背离的,因为要求自由的欲望无疑是人类所具有的一种根深蒂固的普遍特性”。[1] 权力的范围来自法律的授权,任何超越法律的规定都是无效的。要实现公正程序,必须要借助必不可少的专门知识,独立地选择行为方式,这样才能抵抗攻击政府的暴力行为。[2]

由于权力具有天然的扩张性,权利有时则表现得十分弱小,常常呈现出二者失衡的局面。在一个国家,权利所有者虽然具有立法权,但是他们需要在公意的指导下进行执法。这就是政府的角色,政府是权利所有者的执行者,而非权利所有者本身,其职能不是契约的结果,而是以权利所有者的名义行使被托付的行为。政府的存在恰恰是以人们对它会把某种普遍盛行的公正观付诸实施的预期为基础的,而且更是从人们所具有的这样一种预期中赢得人们对它的支持的。[3] 在刑事诉讼中,国家拥有了全部武力,并且作为诉讼过程中的控诉方,极容易对毫无武力可言的犯罪嫌疑人或被告人造成权利上的侵犯,因此,法律必须把保证二者之间的平等作为重要的目标追求,不断寻求权力与权利的最佳配置。

---

〔1〕［美］E. 博登海默:《法理学、法哲学及其方法》,邓正来、姬敬武译,华夏出版社 1987 年版,第 272 页。

〔2〕［德］费希特:《自然法权基础》,谢地坤、程志民译,商务印书馆 2004 年版,第 262 页。

〔3〕［英］弗里德利希·冯·哈耶克:《法律、立法与自由》(第 2、3 卷),邓正来、张守东、李静冰译,中国大百科全书出版社 2000 年版,第 449 页。

因此,在深入地探讨犯罪构成理论体系时,就不能不考虑犯罪构成理论体系应如何合理配置权力与权利。法律为追诉犯罪所允许使用的方式方法,决定了我们这个社会的性质和品位,决定了我们是生活在一个自由国度中还是处在一个压制政体下。[1] 程序的运行价值不仅以程序是否能产生好的结果为标准,更体现在其运行过程中对法律规范的支持和人权保护的程度,即程序本身是否具有内在的善,这就是程序本身具有的伦理价值和工具价值。正如茨威格所言,实体法隐藏于程序法的缝隙之中,[2] 刑事程序法保护我们每个人的行为方式。犯罪论体系的运转需要程序法的推进才能更好地捍卫犯罪嫌疑人或被告人的权利,如果这种规则的整合是合理而完整的,则在一定程度上可以促进刑事司法过程中公平正义的实现。阶层犯罪论体系从整体法秩序的角度出发衍生出具体的判断,例如违法阻却事由和责任阻却事由,不仅给予了犯罪嫌疑人或被告人平等的权利,使其可以在法律规范的范围内用权利对抗权力,这不仅是逻辑性的刑法体系赋予平等的更深层涵义,也是现代法治社会用以规范和限制公权力行使的重要工具,在一定程度上使得程序运行的价值指引更为全面。

## 四、有效应对刑事诉讼的复杂面向

刑事诉讼法以侦查、起诉、审判以及执行机关之间的权力分工和权力配置的行使路径为依赖,规定刑事诉讼运转过程中的各方权利与义务关系,在正当程序的指引下,明确权利义务范围与标准。没有实体法,程序法就没有任何意义。[3] 因此,在刑事诉讼过程中,必须借助一定的逻辑视角和分析框

---

〔1〕 Walter P. Signorelli, *Criminal Law, Procedure, and Evidence*, CRC press, 2011, p.4.

〔2〕 [德]茨威格特·克茨:《比较法总论》,潘汉典等译,贵州人民出版社1992年版,第342页。

〔3〕 张明楷:《刑法在法律体系中的地位——兼论刑法的补充性与法律体系的概念》,载《法学研究》1994年第6期。

架,合理分辨出要素的裁判意义以及要素与要素之间的结构关联,才能有效应对刑事诉讼进程中可能出现的复杂情况。犯罪认定的过程不应停留在规范层面的分析,更应该体现为要素涵义的互动。一个蕴含多维评价侧面的犯罪论体系是司法实践发展的基本要求,也是重要的方向指引。

### (一)阶层犯罪论体系有利于实现控辩两造的平衡

刑事诉讼模式是指为实现刑事诉讼过程中的特定诉讼目的,而在控、辩、审之间所形成的法律地位和相互关系的权力配置模式,是分析诉讼主体关系的重要工具。一个国家的犯罪构成理论体系对刑事诉讼模式有着十分重要的影响,反过来,刑事诉讼中的诉讼格局也影响着犯罪构成理论体系的选择和运用。例如,英美法系国家采取的对抗制诉讼模式中,法官消极中立,控辩双方以平等对抗的方式推动着刑事诉讼的前进,控诉方与被告人处于平等的诉讼地位,这种对抗制的诉讼构造完全匹配于双层次犯罪构成理论体系。

从世界刑事诉讼模式的变迁过程,可以看出控辩平等的观念正在产生并形成,一种适应平等观念的诉讼模式也在逐渐被发现或者被证明。虽然阶层犯罪论体系起源于德国,德国现存的诉讼模式是职权主义,但这并不能代表职权主义诉讼模式是阶层犯罪论体系的产物,也不能证明阶层犯罪论体系与职权主义是共生共存的关系。阶层犯罪论体系赋予了犯罪嫌疑人或被告人更多的实体权利,在一定程度上使得以实体为指引的程序进程不局限于工具性地位,还承载了维护人权、克服司法专制的程序保障功能。同时,阶层犯罪论体系因其全面且有逻辑的判断路径,使诉讼参与人的程序性主体地位得以凸显,改变了以往忽视犯罪嫌疑人或被告人诉讼权利的局面,促进了当事人之间的平等交涉。

阶层犯罪论体系不仅具有逻辑性,也有经济性,三个阶层中的任何一个阶层的否定都意味着犯罪嫌疑人或被告人无罪,反过来看,当事人放弃对违法阻却事由和责任阻却事由的行使也会促进控辩合作的实现，这不仅是对对抗的动态把握，也是正义价值的合理延展，是基于利益共识的威慑和促进，在一定程度上使得当事人“色彩”不断被厘清。每一个人都应该被视为一种目的，而非工具，即使是犯罪嫌疑人或被告人，也应该尽可能地保障其基本权益和诉讼权利，这符合人类社会既存的文化情感和价值观念。

### （二）阶层犯罪论体系优化了刑法运行的整合路径

刑事诉讼一般要经过立案、侦查、起诉、审判、执行等阶段，这是一个不断推进和发展的过程，每个阶段都围绕犯罪事实展开，以犯罪构成理论体系为工具决定罪之有无和刑事责任承担，是控、辩、审三方行为的共同指引。刑事程序的设计仅限于满足公诉人或控诉方的需求肯定是不当的，它需要满足诉讼各方的需要，然而，各方需要是很复杂的，也是互相冲突的，但无论如何，人类对公平正义和诉讼效率向来是能够达成一致意见的。

在定罪过程中，阶层犯罪论体系凸显了评价的层次性，避免了“四要件”指引下的“流水作业”，优化了刑法运行方式的整合路径。首先，在立案阶段，使“涉嫌”的理论预设和判断更加清晰，为立案的裁量提供了标准，实现了立案阶段任务的特定化；其次，在侦查阶段，阶层犯罪论体系调整了侦查活动的单向性，限制了侦查人员的倾向性操作，实现了侦查范围的全面性，同时，通过“逻辑线索”对事实和行为加以串联，避免了司法产品制作的早期性；再次，在审查起诉阶段，阶层犯罪论体系确定了提起公诉的重点，框定了公诉人“进”的方向，也涵括了“不起诉”和“撤回起诉”的司法面向，守护了法律公正与胜诉导向的平衡；最后，在审判阶段，阶层犯罪论体系有效地推进了以审判为中心工作的开展，不仅可以促使法官全面了解案情，也可以在论辩的基础上实现庭审的实质化。

### （三）阶层犯罪论体系使得证明逻辑更加规范化

刑事诉讼的过程实际上就是运用证据判定犯罪嫌疑人或被告人的行为是否符合基于刑法规定的犯罪构成的过程。如果从证据法来看，刑事诉讼中的主要证明事项就是构成要件事实。〔1〕从宏观上看，犯罪构成理论体系可以框定证明责任所指向的实体法事实范围；从微观上看，不同类别的构成要件要素也会影响证明标准的确定，甚至会影响证明责任的分配。

阶层犯罪论体系使得证明过程形成一种逐步收缩的思考路径，在正面判断和反向检验之中逐步发现犯罪事实，既具有主观裁量的空间，也贯穿着证明逻辑的规范化。首先，阶层犯罪论体系为证明对象提供了过程性裁量的指引方向，不仅划定了圈入的标准，也设置了排除的空间。其次，阶层犯罪论体系促进了证明对象的有序排列，即先客观再主观的判断进程。与四要件犯罪论体系不同的是，它具有证明责任的分配指引功能。四要件犯罪论体系由于缺乏否定性要件，使得判断犯罪成立与否的过程成为一次性的综合评价，各要件之间的推定关系无法展开。然而，阶层犯罪论体系中，在无罪推定原则的指引下，突出了证明责任的分层性，促进了证明“争点”的形成，进一步形成了“新的”提出责任和说服责任。最后，阶层犯罪论体系细化了证明标准的适用过程，使证明标准更加清晰，更具可操作性。构成要件该当性的“周延性”丰富了证明标准细化的实践路径；违法性阶层的“实质性”考量为证明标准的细化提供了衡平进路；有责性阶层的“合理性”判断为证明标准的细化提供了价值指引。刑事诉讼法通过法定的证明手段、证明规则、证明标准、证明责任等方面严格限制着发现案件事实的程序，同时，刑事诉讼法与犯罪构成理论体系的良性互动也可以进一步增强刑法适用的可接受性。

---

〔1〕［日］小野清一郎：《犯罪构成要件的理论》，王泰译，中国人民公安大学出版社2004年版，第241页。

### (四)阶层犯罪论体系增加了控辩对抗的可预测性

四要件犯罪论体系整体上是作为一种积极的构成要素去解释犯罪行为,并不存在从否定性的角度反面检查排除犯罪成立的消极构成要件要素。既然不存在消极构成要件要素,其结构当然也就不可能会具有二元对立形成的张力。[1] 四要件犯罪论体系从不同角度确证了犯罪的成立意味着控诉方必须一次性地对其进行证明,所有证明责任都集中压在了控诉方身上,但是犯罪论体系也应该是辩方着手进行实体辩护的工具。四要件犯罪论体系的构造使得辩方难以寻找合适的切入点,进而缺乏主动辩护,而常常体现为被动性的防御。

阶层犯罪论体系的引入在控辩平衡发展的道路上起了很大的推动作用。阶层犯罪论体系将犯罪阻却事由纳入体系内部进行考察,具有入罪和出罪的双重目的,同时,基于形式和实质的考量避免了先入为主的有罪推定,优化了入罪逻辑。犯罪构成消极要件的"显性化"为出罪活动提供了方向指引和路径选择,增加了控辩对抗过程的可预测性,实现了犯罪构成体系内部的"交叉询问",促进了机会平等的实现;同时,超法规阻却事由使得入罪判断拥有了必要的张力,避免了"情"与"法"的冲突,也促进了辩护机制的形成和发展,本部分内容将在下面详细展开论述。

## 五、实质的正义和程序的正义

在司法裁判领域,寻求理想方案与寻求事实认定的最佳解决路径有着不同的旨趣。对事实真相的追求是司法裁判活动的重要组成部分,促进发现真实的价值性因素必须与法律程序的其他相反方向的需求,如社会和平、

[1] 劳东燕:《刑法基础的理论展开》,北京大学出版社2008年版,第189页。

个人尊严、裁判的安定性、诉讼成本达成平衡。[1] 换言之,关于事实认定的机制和制度是否科学,不仅在于其产生结果的能力,这只是裁判活动的部分价值,也在于其与法律程序正义的观念是否契合。

实质正义和形式正义的概念源自马克斯·韦伯提出的"实质合理性"和"形式合理性"。马克斯·韦伯认为:"实质合理性又叫价值合理性,指的是人的行为或某一事物所追求的价值目标符合公众所公认的政治理想、伦理道德观念、宗教信仰;形式合理性又叫工具合理性,指的是人的行为或某一社会过程的可预见性、可计算性、有效益性,对思维及其产物而言具有逻辑性。"[2] 正义就是本质上相同的事物需要被平等地对待,作为一种利益分配方式,无论结果怎样,如果其分配途径和方式是正当的,并且能使参与分配的人员各得其所,它就是一种正义的选择。程序正义在为人们提供可被接受的价值时,也为结果的形成奠定了基础,正是程序过程中的正义促使了各方意见的充分表达和形成,极大地保障了正当化结果的形成。过去那种围绕查明事实真相而服务的原则是部分正义的体现,刑事法律制度与规范的不断完善方向应立足于实现查明真相和限制失范的双重目标。

### (一)刑事正义的价值蕴含:一体两面的功能追求

近代以来,人们往往从自由或者平等来诠释正义,这种正义立足于实质正义,即介于自然法和社会道德之间的朴素正义观。司法作为解决社会纠纷的最终手段,在运用过程中必须充分考量公平与正义。实质正义体现了对案件事实的全面梳理认定和对实体法律规范的准确适用;程序正义是在司法过程中不侵害任何一方利益,保障司法公正,两者共同形成了司法公正

---

〔1〕［美］米尔建·R. 达玛什卡:《比较法视野中的证据制度》,吴宏耀等译,中国人民公安大学出版社 2006 年版,第 4 页。

〔2〕［德］马克斯·韦伯:《论经济与社会中的法律》,张乃根译,中国大百科全书出版社 1998 年版,第 231 页。

的主要内容。法的实质正义与形式正义就像一块硬币的两面，相互依存，缺一不可。

程序公正是评价国家法治发展的重要参照物，通过程序的约束和指引防止公权力滥用，可以减少人为因素对司法程序的干扰，更好维护司法权威与法律秩序。正如贝卡里亚所言，"在进行审判时，手续和仪式是必需的，因为它们可以使司法者无从随意行事；审判不是纷乱和徇私的，而是稳定和规则的；手续和仪式要想不成为灾难，法律就绝不能把它规定得有损于揭示真相。"[1]虽然程序工具主义理论认为程序只是实体的附法，正如边沁曾将实体法与程序法的关系比喻为"主人"与"侍女"，但程序公正绝不限于一种工具地位和实现实体公正的助法。刑事诉讼法的目的在于规制刑罚权之适用效能，并且与刑事实体法相辅相成，促进国家合理用刑和判断。刑事诉讼法规定了刑法运行的程序性规则，刑法只有在程序运行时才能显示出实践效能。程序正义和实体正义相结合使得正义的概念逐渐完整，结构化地限制了权力的任意性，并向理性化的方向发展。

### (二)实质的正义：全面的具体的正义

在法治社会里，实质正义着眼于内容的正义性和目的正当性，促使法律必须符合人们的道德理念和价值诉求。所以，"在查明事实真相和保障人权的关系上，不可避免地从一开始就倾向于真实主义"[2]，"各得其所、互不侵犯"和"给予每个人应得的东西"表达了自然意义上的实质公正。同时，实体法正义还取决于法律规定的权利义务能否被现实地履行，或者实体法自身对权利义务的限制在法律意义上是否具有合目的性。

不同于形式正义强调的普适应，实质正义强调具体的差别，主张对不同群体给予不同对待，以在事实上弥补弱势群体在起点上的差异。罗尔斯的

---

〔1〕 [意]贝卡里亚：《论犯罪与刑罚》，黄风译，中国法制出版社2002年版，第25页。
〔2〕 [日]田口守一：《刑事诉讼的目的》，张凌、于秀峰译，中国政法大学出版社2011年版，第28页。

正义原则充分彰显了形式正义和实质正义的内涵，其正义原则的第一层次——自由平等原则，维护了基本的权利和自由，体现形式正义；其正义的第二原则——差别原则，维护了公民之间的实质性平等对待，体现了实质正义。因此，罗尔斯的正义观旨在通过保障所有公民享有基本权利的同时，通过形式上“不平等”的倾斜来弥补“最少受益者”在利益分配上的缺失，既体现了对作为基础的自由和平等的维护，又超越了古典自由主义对形式正义的偏爱。

刑事诉讼的重要目的之一在于通过诉讼推进不断地发现真相，进而决定适用刑罚的程度和范围。实质正义的价值体现为关注民众实质的生存权和发展权，通过权利的再分配实现大致均等的权益，具有社会整体性的特征，而非基本自由的分配。实质合理的定罪量刑体系将目的的正当性作为目标，它使形式合理的犯罪论体系在处理社会关系时考虑更多相关的因素和价值，使正义不仅限于国家在行使权力时的自我限制，也不因从额外的错误、模棱两可和失败中获益，判断应是一种具体的、个别的、妥当的结论，这个共识对法的预测可能性与法的安定性的实现大有益处。

### （三）程序的正义：程序参与和程序控制

诉讼过程不应体现为对单一主体的重视，而应该是一种开放式主体间的共融。使与某一决定有直接利害关系的人参与该决定的制作过程，并向其陈述决定的理由，这不仅是提高效率的需要，而且也是正义的要求。[1] 正如孟德斯鸠所言，法官应与被告人在同等的位置，或者说，法官应该是被告人的同辈，这样，被告人才不会有落到倾向于用暴力手段对待他的人们的手里的感觉。审判的本质在于使受判决直接影响的人可以直接参加判决的制作和形成过程。在诉讼的推进过程中，无论是控诉方还是辩方，都应当是一

---

〔1〕 E. Pincoffs, *Due Process*, *Fraternity*, *and a Kantian Injunction*, in due Process, Pennock and Chapman(eds), New York University Press, 2008, p. 172 – 181.

种平等的参与关系,而不能体现为主体对客体的征服和控制。

刑法规范经过司法适用后,从抽象的文本转变成为具体的法律义务关系。从逻辑论的角度看,决定权利存在与否,并不仅仅在实体法这一层次上,应该说主要是在诉讼法的层次中决定的。[1] 程序的价值不仅表现为权力运作过程的理性,亦体现为公民对程序的独立价值进行重新认识,对公权力行使的合理预期和适当监督,限制恣意的权力运作方式。因此,让犯罪嫌疑人或被告人充分参与程序是为了有效地保护自由、平等、安全、正义等价值的实现。刑事诉讼应强调过程中控诉方与犯罪嫌疑人或被告人的"共在性",进而在这种"共在性"基础上形成对结果的"共识性"认知,只有当事人参与诉讼活动的权利不受阻碍,能够以自己的行为对诉讼结果施加影响,才能充分参与和影响诉讼进程并维护自身合法权益。

### (四)阶层犯罪论体系的诉讼价值

法律总是在实践中不断寻求对人类需要的某种适合、接近或一致,以彰显其精神所在,即其至善所在。[2] 正义作为一种观念,是将理想变为现实的应然价值,法律作为实然法则之一,最具有执行力和显性威严,是人类自我完善战胜不可知恐惧的有利武器。正如阿奎那所言,"如果法律是合乎正义的,它们将产生一种使人内心感到满意的力量和源泉"。[3] 每个人都拥有保障正义的不可侵犯性,这种不可侵犯的价值即使对方以社会整体利益之名也不能突破。

正义是划分权利义务关系的界限,找寻社会权利划分的原则、尺度或界

---

[1] [日]谷口安平:《诉讼法乃实体法发展之母体》,载《程序的正义与诉讼(增补本)》,王亚新、刘荣军译,中国政法大学出版社 2002 年版,第 62 页。

[2] [美]马丁·P. 戈尔丁:《法律哲学》,齐海滨译,生活·读书·新知三联书店 1987 年版,第 153 页。

[3] [意]托马斯·阿奎那:《阿奎那政治著作选》,马清槐译,商务印书馆 1983 年版,第 120—121 页。

限时,就是正义。[1] 刑事诉讼价值是指刑事诉讼程序能够满足国家及一般成员的效用和意义,法律程序不是作为自治的独立的实体而存在的,它本身不是目的,而是用以实现具体外在目的的工具或手段。因此,刑事诉讼的推进也是正义价值的选择和实现过程。在刑事诉讼中,国家和公民之间力量对比悬殊,一方力量较强,而一方力量相对弱小,且处于被动位置。如果不考虑这一情形,强调控辩双方之间的绝对平等,即使推进过程看似公平,其结果也是不公正的。刑事诉讼作为解决社会冲突的理性方式,要努力缩小控辩双方之间的不平等,因此,犯罪论体系的出罪渠道至关重要。

犯罪构成理论体系在实体判断和程序运转过程中都有明显的运行空间,且使用的范围和程度各不相同。阶层犯罪论体系不局限于把当事人的程序主体地位限定于提供足够犯罪材料这一范围,而是容许犯罪嫌疑人或被告人用体系内的违法阻却事由和责任阻却事由来约束法官判断,形成了程序运行过程中控辩双方的交锋与对抗。权力存在的目的不是对权利的压榨和打击,而是积极实现对权利的保障,体现在刑法诉讼过程中,则是保障控辩双方之间的平等对抗。将违法性和有责性的阻却事由判断置于犯罪论体系内也可以展示法秩序的意义,即行为是否违法或者是否值得处罚决定于该行为是否违反法律背后的价值秩序,不仅明确了划分权利义务关系的标准和界限,也实现了对案件事实最大范围的挖掘。因此,阶层犯罪论体系作为连接刑法与刑事诉讼法的纽带,更有利于实现动态层面的正当性,引领刑事诉讼的推进路径。

---

〔1〕 [奥]汉斯·凯尔森:《法与国家的一般理论》,沈宗灵译,中国大百科全书出版社1996年版,第39页。

# 第四章　阶层犯罪论体系之于诉讼模式

——不断被厘清的“当事人”色彩

刑事诉讼模式是诉讼活动中各方因诉讼行为而形成的权利配置模式，它的运行使得各个主体之间的法律地位和相互关系逐渐清晰化、可视化。通常意义上，诉讼运行的组织、格局和犯罪现象的多少都会影响一个国家的诉讼模式选择，其中，对诉讼进程起指引作用并为诉讼进程指明前进方向的犯罪构成理论体系也会影响诉讼模式的选择。一方面，犯罪构成理论体系为诉讼运行提供了理论指引；另一方面，诉讼模式的优化也会影响犯罪构成理论体系的排列结构。鉴于此，以诉讼模式的演进和发展为视角研究阶层犯罪论体系，不仅可以进一步梳理出阶层犯罪论体系的程序功能和诉讼品格，也可以形塑案件发现过程中的各方当事人权益格局之平衡。

## 一、刑事诉讼模式的变迁——平等观念的产生和发展

在人类社会产生之初，基本的纠纷解决方式呈现为一种无

序复仇的状态。随着人类文明的不断进步和发展,社会内部逐渐分化为两种冲突:一种是对外冲突,另一种是对内冲突,其中对内冲突主要依靠第三方的解决,由此便形成了基本的诉讼框架,这就是诉讼模式的雏形。虽然模式的区别应当归因于历史文化背景之差异,但模式的变迁却更多依赖于思想观念的更新与社会文明的进步。从历史发展的进程看,刑事诉讼前进的过程就是平等观念产生并发展的历史。纵观刑事诉讼的历史长河,伴随着弹劾式诉讼模式到纠问式诉讼模式,再到现代混合式诉讼模式的发展和转变,平等观念在刑事诉讼活动中呈现出一种从无到有、从弱到强的趋势,是平等创造了司法,并构成了司法。〔1〕 平等是指引刑事诉讼模式发展的重要价值,使得刑事诉讼模式的三方主体构造不断趋于合理化、均衡化,也逐步实现了国家和公民之间的平等对抗,是刑事实体法和刑事程序法共同的价值追求。

### (一)弹劾式诉讼模式——替代“血亲复仇”的对抗

弹劾式诉讼模式形成之前,人类社会纠纷解决途径的基本表现是“以牙还牙、以血还血”。纠纷和矛盾发生之后,既没有明确的行为评判标准,也没有中立的第三方进行裁判,而是依靠纠纷双方所在氏族、部落或者个人的力量,以暴力复仇的方式进行。《原始社会的犯罪与习俗》一书中记载:“我们发现对犯罪据以惩罚的原则非常含混,执行惩罚的方式也是不固定和不确定的,更多的是为偶然性和个人情绪而非明确的制度机制所掌控。事实上,更重要的方式是非法律制度、习俗、巫术和自杀的安排与事件、首领的权力、魔法、禁忌的超自然和报复行为的副产品。”〔2〕同时,在流传下来的古代社会法典之中,也存在着许多同态复仇的规定和法条。以《汉穆拉比法典》为例,第196条、第197条、第200条分别规定,倘自由民损毁任何人之眼,则应毁

---

〔1〕 [法]皮埃尔·勒鲁:《论平等》,王允道译,商务印书馆2005年版,第23页。
〔2〕 [英]马林诺夫斯基:《原始社会的犯罪与习俗》,原江译,云南人民出版社2002年版,第64页。

其眼；折断自由民之骨，则应折其骨；击落与之同等之民之齿，则应落其齿。[1] 同时，古以色列法律和古印度《摩奴法典》中也存在有类似的规定。“血亲复仇”的结果往往是在新的冲突下产生新的纠纷，这是一种不高效也不人道的解决方式，随着人类文明的不断发展进步，寻求中立第三方主持纠纷的想法深入人心。于是，就逐渐兴起了弹劾式诉讼模式。

弹劾式诉讼模式盛行于奴隶制国家，主要集中于古代埃及、罗马、欧洲日耳曼法前期以及英国的封建时期。当时社会生产力十分低下，人类的认知水平还极为有限，原始民主色彩很浓重。其典型特征为一元的就事论事，起诉模式遵循不告不理的原则，没有专门的国家起诉机关，诉讼的发动主要靠私人告诉，诉讼的目的主要在于解决私人冲突。同时，面对真伪不明的疑难案件时，采取神示证据制度，如果通过双方证明可以实现有效认知，则无需借助神明即可直接裁判；没有明确的诉讼阶段的划分；纠纷解决的方式多为实体赔偿，例如“根据盎格鲁—萨克逊法律，对于每一个自由人的生命，都可以按照他的身份而以一定金钱赔偿，金钱按照偶然情势而增加”。[2]

这是一种原始意义上的形式平等，由于缺乏公权力对平等的维护，常常导致实质上的不平等。尽管如此，相较于原始的“血亲复仇”制度，弹劾式诉讼模式实现了古代社会的初级诉讼文明，克服了复仇行为的无序性，有效地减少了复仇形态之下的人力和资源消耗。在这一诉讼模式下，原告和被告虽然在诉讼中的地位是平等的，享有对等的权利和义务，但是这种平等是一种停留在初级的、原始的、朴素意义上的形式平等。

### （二）纠问式诉讼模式：有罪推定与刑讯逼供的盛行

纠问式诉讼模式是西方国家对欧陆传统刑事诉讼模式的界定，它最早起源于古罗马。纠问式诉讼模式采用非公开性的、书面的、秘密的程序设

---

〔1〕《世界著名法典汉译丛书》编委会：《汉穆拉比法典》，法律出版社 2000 年版。

〔2〕［英］梅因：《古代法》，沈景一译，商务印书馆 1959 年版，第 209 页。

计,以口供为主要证据形式,以刑讯逼供为重要取证手段。[1] 纠问式诉讼模式使得诉讼目的从一元的平息私人纠纷转化为二元的纠纷解决与社会控制,其名称取自诉讼之侦查与讯问的"开始手续"。[2] 纠问式诉讼模式从不告不理原则发展为告诉和主动追诉并行,不再依赖被害人的告诉,司法官员一旦发现犯罪现象,即可以主动追究犯罪;裁判标准从神示证据制度转变为法定证据制度;诉讼构造从诉讼阶段不明发展为区分审前程序与审判程序,法官不仅在审判中居于主导地位,而且在侦查的展开、诉讼的提起等方面均起着决定性的作用。[3]

纠问式诉讼模式没有采用控、辩和审相互区分的机制,他们认为在打击犯罪的过程中,国家负有不可推卸的职责,这是其重大的理论进步,但是纠问式诉讼模式却将发现犯罪事实的任务交给了代表国家权力的法官,因此,控诉职能也就融入了审判活动之中。正如拉德布鲁赫所言,纠问式诉讼模式最大的不足就在于其将犯罪认定的任务交给了法官,从而造成了法官与当事人合为一体的现象。[4] 不过,伯尔曼也曾指出,纠问式诉讼模式虽然存在缺陷,但相对于此前日耳曼程序中较为原始、程式化以及多变的法律制度,12 世纪的教会法诉讼程序更为近代、更为合理,也更为系统化。[5]

纠问式诉讼模式反映了人类社会迈向文明的重大进步,但诉讼权利中仍然存在有严重的不平等,这也是形成暴虐制度的主要根源。在纠问式诉讼中,侦查和审判都秘密进行,不允许当事人在法庭上辩论,侦查机关对犯罪嫌疑人具有优位性,侦查机关搜集的证据在审判过程中可以轻易地被采

---

〔1〕 Richard Vogler, *A World View of Criminal Justice*, Ashgate Publishing Company, 2005, p.22.

〔2〕 [法]卡斯东·斯特法尼等:《法国刑事诉讼法精义》(上),罗结珍译,中国政法大学出版社 1998 年版,第 75 页。

〔3〕 冀祥德:《控辩平等论》,法律出版社 2008 版,第 27—29 页。

〔4〕 [德]古斯塔夫·拉德布鲁赫:《法学导论》,米健、朱林译,中国大百科全书出版社 1997 年版,第 143 页。

〔5〕 [美]哈罗德·伯尔曼:《法律与革命:西方法律传统的形成》(第 1 卷),张志铭等译,中国大百科全书出版社 1993 年版,第 245 页以下。

用作为事实认定的依据。同时,被告人必须承担证明自己无罪的责任,在这种情况下,刑讯逼供被制度化、合法化。判决主要以被告人的口供笔录为依据,审判方式是书面的、间接的,被告人作为诉讼客体不享有任何诉讼权利,导致公众对司法制度产生了巨大的恐惧和不信任。这种诉讼模式因为野蛮落后和对人权的不重视,逐步受到新型资产阶级的抨击,进而成为社会革命爆发的重要原因。〔1〕

### (三)对抗式诉讼模式:双方利益诉求的充分展开

基于不同诉讼模式所呈现出的对抗之具体样态,有学者将对抗的形态总结出"争斗"理论与"真实"理论两种。"争斗"理论更强调诉讼过程中的对抗性,认为诉讼过程中发现真实的最佳手段即是控辩双方尽最大努力地对抗。这种斗争理念是以控辩双方平等武装为基础的,控辩双方在诉讼过程中积极地进攻和防御,最大程度上实现二者之间的对抗,法官是中立的存在,控辩双方具有更为明显的主体地位。对抗式诉讼模式建立在"无罪推定"基本原则和"平等武装"诉讼理念之上,"无罪推定"原则为公民个人对抗强大的国家追诉提供了可能,"平等武装"则为确保诉讼参与人的权利行使规定了一系列程序性保障。

对抗式诉讼模式具有以下特征:第一,国家对犯罪行为进行积极的追诉,犯罪嫌疑人或被告人进行无罪或罪轻答辩。在庭审过程中,关于案件事实的论辩是双方攻击和防御的基础,控辩双方呈现为相互对立且相互抗争的状态。第二,控诉方和被告人具有明显的主导性地位,决定着刑事诉讼的发展方向。在诉讼过程中,控诉方必须首先向法庭提供充分的证据,证明辩方是有罪的;同时,辩方则需要提供证据证明自身的行为不符合构成要件或者不符合法律规定。在这个过程中,控辩双方的意见

---

〔1〕[美]约翰·亨利·梅利曼:《大陆法系》,顾培东、禄正平译,知识出版社1984年版,第149页。

决定了诉讼请求的范围，控辩双方的辩论内容和对抗程度决定了事实在多大程度上可以被发现和被厘清。法官在对抗式诉讼中居于中立地位，不得对被指控的罪名随意改动，且法官的判断必须在控辩双方意见的基础上综合权衡。

职权主义诉讼模式与当事人主义诉讼模式都是基于两造充分对抗而形成的诉讼模式，是对抗式诉讼模式的子模式。现代职权主义以发现实体真实和惩罚犯罪为刑事诉讼程序运行的目标，公权力主体在诉讼程序中居于主导地位，它是在纠问式刑事诉讼模式的基础上，充分借鉴吸收当事人主义诉讼模式而形成的，法国 1808 年的《重罪审理法典》是其标志性代表，[1] 德国 1877 年的《刑事诉讼法典》也是职权主义诉讼模式的重要产物。当事人主义诉讼模式强调个人尊严与个人利益至上，司法运作程序被定位成平等对抗的舞台，法官在居中裁判，不主动收集证据，而是依据双方的陈述进行裁判。当事人主义诉讼模式与职权主义诉讼模式最大的不同在于，职权主义诉讼模式在保障人权和惩罚犯罪的过程中，更多的还是倾向于对惩罚犯罪的控制。

资产阶级革命胜利后，在“扬弃”弹劾式刑事诉讼模式和纠问式刑事诉讼模式的基础上，各国根据自己的法律传统和社会实践建立了混合式的刑事诉讼模式。历史上的“混合式”诉讼模式包括两种：一是传统的“混合式”，即融合了纠问式的特征和当事人主义而形成的现代职权主义，[2] 盛行于大陆法系。另一种为现代的“混合式”诉讼模式，即在职权主义基础上吸收对

---

〔1〕 法国大革命之后，在借鉴英国的刑事诉讼制度的基础上，建立了职权主义诉讼制度。一方面，在诉讼程序尤其是审前程序中保留了一些国家追诉犯罪的纠问式职权内容；另一方面，增加了诸多保障被追诉人权利尤其是在审判程序中，保证控辩双方平等对抗的规定。

〔2〕 Mireill Delmas-Marty & J. R. Spencer, *European Criminal Procedure*, Cambridge University Press, 2005, p. 10.

抗制因素而形成,日本[1]、意大利即是实行此种混合式诉讼模式的国家。[2]混合式刑事诉讼模式是以当事人主义为主,还是以职权主义为主,则是根据各国的历史文化传统以及人权保护现状来确定的。[3] 在现代主要国家中,纯粹的职权主义或者纯粹的当事人主义诉讼模式几乎不存在,更多呈现的是一种混合式构造。

### (四)当下中国刑事诉讼模式何为

关于当下中国的刑事诉讼模式,学术界主要存有以下观点:一是职权主义诉讼模式,这种观点在20世纪80年代盛行,认为我国的刑事诉讼更多地是在对犯罪进行控制,非常重视司法机关的职能和作用发挥。二是混合式诉讼模式。这种观点形成于1996年《刑事诉讼法》修改后,认为1979年《刑事诉讼法》是职权主义诉讼模式的集中代表,而1996年《刑事诉讼法》引入了当事人主义模式的因素,因此成为职权主义与当事人主义相结合的混合模式。三是强职权主义模式。随着对西方两大刑事诉讼模式的不断摸索,一些学者发现我国目前的诉讼制度与欧洲大陆的职权主义有很大不同,为此提出强职权主义诉讼模式,尤其是考虑1996年《刑事诉讼法》修订之前的刑事诉讼制度。无论以审判为中心的诉讼制度改革,抑或是认罪认罚从宽

---

[1] 日本在明治二十三年(1890年)及大正十一年(1922年)先后制定的《刑事诉讼法》也逐渐加强了当事人平等原则的实践。昭和二十二年(1947年)五月新宪法的施行,刑事诉讼法也进行了全面修改,改法采用了当事人主义的诉讼构造,并确立了“起诉状一本主义”,明定法官应该站在中立、公平的第三者地位,法官在不带有起诉书以外的任何预断下进入法庭,而且以检察官和被告人、辩护人等当事人为中心进行攻击、防御来推动诉讼的进行,法院则居于使双方当事人按规则进行攻击防御的裁判员地位,明显地强化了被告的防御权。相关内容参见[日]土本武司:《日本刑事诉讼法要义》,董璠舆、宋英辉译,台北,五南图书出版公司1997年版,第14页。

[2] [日]松尾浩也:《日本刑事诉讼法》(上卷),丁相顺译,中国人民大学出版社2005年版,第5页。

[3] 英国刑事诉讼模式没有经过从弹劾式到纠问式再到当事人式的转变过程,而是从弹劾式诉讼模式直接演变为对抗制的当事人主义诉讼模式。美国作为殖民地,虽然独立战争使美国在政治上摆脱了英国的通知,但是在法律文化传统渊源上却深受其影响,英国法律中关于正当程序以及控辩双方权利的规定,也符合美国人民对自由、平等的崇尚。

制度的兴起，均充分展现出当事人主义诉讼模式在我国的崛起。然而，这并不意味着我国的刑事诉讼模式已经完全走出职权主义并转向当事人主义。在判断当下中国的刑事诉讼模式过程中，我们应充分考虑国家权力和司法权力的运行路径，结合司法运行过程中不断变化的社会矛盾，才能深刻理解当前刑事诉讼模式的属性。

从1979年《刑事诉讼法》的规定中可以发现，公、检、法三机关之间是明显的流水线操作，三者合力的最主要目的在于发现案件事实、进行证据调取、开展法律适用，但控诉方和被告人获取信息的能力完全不对等，而且法官具有主动调查证据和案件事实的权利，即使被告人没有提出相关证据或者举证，法官基于发现案件事实的目的，也可以依职权调查证据。1996年《刑事诉讼法》极大地增加了当事人主义色彩，借鉴了当事人主义审判模式的制度设计，弱化了审判人员对诉讼进程的干预，新增的法律规定加强了庭审的对抗性和审判的中立性，但仍以强职权主义为基调建构起混合式诉讼模式。[1] 2012年《刑事诉讼法》进一步促进了刑事诉讼模式的改革，通过扩大非法证据排除规则的适用范围、明确刑讯逼供的证明责任增加犯罪嫌疑人或被告人的程序权利，实现了向对抗制诉讼模式的逐步推进。

我国刑事诉讼模式的现实构成因素非常复杂、非常多样，既有立法过程中的制度性原因，也有司法实践中不断产生的变异性力量；既受传统的诉讼文化熏陶，也受刑事政策的影响。经过数十年的发展和变革，我国目前的刑事诉讼模式正在不断靠近平等对抗的当事人主义模式，注重权利的充分保障与权力的有效行使，以国家权力与犯罪嫌疑人或被告人之间的平等对抗为支撑框架，逐渐凸显犯罪嫌疑人或被告人的主体性地位，使得当事人的色彩不断被厘清。

---

〔1〕 Richard Vogler, *A World View of Criminal Justice*, Ashgate Publishing Company, 2005, p.91.

## 二、阶层犯罪论体系的司法权能——促进“两造”对抗元素的产生

关于刑事诉讼模式的运行，达玛什卡梳理出了两条主线：其中一条主线便是司法程序的运作，可分为纠纷解决型程序和政策实施型程序，前者将司法程序界定成当事人支配程序进展的两造平等对抗的竞技场，后者将司法程序塑造成公共官员控制程序展开和事实发现维度的调查程序。〔1〕 在刑事诉讼过程中，如何实现维护国家的权威性和诉讼参与人权利保障的双重目的，是刑事诉讼模式最核心的考量。刑事诉讼构造是由一定的诉讼目的决定的，并由主要诉讼程序和证据规则中的诉讼基本方式所体现的控诉、辩护、审判三方的法律地位和相互关系。〔2〕 诉讼程序中的“两造”是指参加诉讼的控诉方和辩护方，二者之间的关系影响了整个诉讼过程的演绎和推进。

### (一)构造平衡——主导诉讼制度运行的内在精神

在刑事诉讼中，不同的诉讼主体有着不同的诉讼任务和诉讼目的，正如德国法学家拉德布鲁赫指出，假如原告是法官，那么为了维护公平，则只能请上帝充当辩护人，这也间接证明了权力集中的最终结果只会是压缩辩护权行使的空间。贯彻国家权力的分离和制衡可以有效避免刑事权力的过分集中，但是，无论是在侦查领域还是在执行程序中，权利高度集中的现象仍

〔1〕 [美]米尔建·R.达玛什卡：《司法和国家权力的多种面孔》，郑戈译，中国政法大学出版社2004年版，第2、156—202页。

〔2〕 李心鉴：《刑事诉讼构造论》，中国政法大学出版社1992年版，第7页。

然是存在的。[1] 为了防止公权力的滥用和对权利的任意侵犯,立法部门在立法过程中必须注重权力分离的实现与平衡机制的构建,这是两造平等对抗的关键所在。国家机关仅仅是诉讼的参与方,不具有超越其他主体的权利,只有树立这种观点才能保证刑事诉讼过程中的平等对抗和"竞赛"。

以权力分离为前提的权力制衡,对于保证法律的统一正确实施、防止国家权力滥用和异化、预防和及时纠正诉讼中可能出现的错误和违法现象均有所裨益,同时,社会发展也会因科学有效的法律调整而形成稳定有序的秩序。惩罚犯罪和保障人权是刑事诉讼运行的两大目标,权力的相互分离和彼此制衡是两造平衡的基本前提。一个内嵌公平正义的犯罪论体系应该让诉讼参与人对国家法律的制定和司法程序的运行形成基本的信赖。在这场竞赛之中,相互辩驳是争斗的主要手段,而犯罪论体系则是辩驳的规则指引。平衡与对等的刑事诉讼构造中,审判人员是中立且权威的,控辩双方大体均等,在诉讼活动中互有攻防。两造平衡不仅意味着形式上的平等,更需要在实质上达至平等,如果诉讼主体都能够最大程度地参与程序,不仅可以促进事实真相的不断厘清,也可以保障犯罪嫌疑人或被告人合法权益的实现。

### (二)把握对象上的"聚焦"——凸显了对抗的目的性

刑法和刑事诉讼法都是关于犯罪行为的量定,一个科学有效的犯罪论

---

〔1〕 例如,看守所由公安机关直接管理,就带来未决羁押权与侦查权的集中问题;侦查机关自行审批和决定拘传、取保候审、监视居住、刑事拘留等强制措施,也带来了侦查权与对人身自由的剥夺权的集中问题;侦查机关自行决定实施搜查、扣押、辨认等强制性侦查手段,也带来了侦查权与对公民基本权利的剥夺权过于集中的问题。又如,在监狱或看守所服刑的犯罪人,要办理保外就医、监外执行,需要向省级以上监狱管理部门或者地市级以上公安机关报批,而无须由法院通过司法程序加以决定,这又带来了执行实施权与刑罚执行方式的变更权的高度集中问题。再如,作为一种最严厉的强制措施,逮捕至今仍然由检察机关做出批准或者决定,这在公安机关负责侦查的案件中或许是具有合理性的,但对那些由检察机关自行侦查的案件而言,检察机关对同一案件自行决定逮捕、自行侦查、自行提起公诉,这种将多项权力高度集中于一身的情况,使得逮捕成为一个容易出现权力滥用的领域。

体系可以促进刑法规范的效用与功能得到最大限度的发挥，在一定程度上还可以促进刑事诉讼规范的理论深化和价值进阶。阶层犯罪论体系通过层层过滤，先进行形式判断后进行实质判断，对行为实现了递进性的认知，同时兼顾原则和例外的考量，并最终筛选出具有规范意义的事实。在阶层犯罪论体系中，犯罪嫌疑人或被告人既可以利用阶层犯罪论的体系要素反对控诉方的主张，也可以主动使用消极构成要件要素，主张自己的行为不构成犯罪，进行主动出击。换言之，在这个犯罪成立的积极要素和消极要素共存的体系中，不仅实现了控辩双方深度的对话和交流，也打破了以往控诉方的主导性地位，进一步促进了控辩平等的实现。

同时，阶层犯罪论体系将违法性判断作为一个独立要件纳入犯罪论体系内予以考虑，增强了违法性判断的类型化意义，更好地实现了定罪思维过程的全面，也使得控辩双方在把握对象上实现了“聚焦”。违法性是指犯罪行为对法益的实质侵害和对整体法秩序的破坏。违法性阻却事由的存在赋予了犯罪嫌疑人或被告人更多的参与权和充分表达意见的自由，不仅可以实现对事实和判断的全面考量，也强化了对控辩对抗范围的认知，凸显了对抗的目的性。正当防卫、紧急避险是一种“价值冲突”下的“法益衡平”，是法律容许与法律禁止的博弈，需要在多项法益之间进行价值衡量。如果只考虑事实或者重点考虑事实，都无法体现对事实和评价的同等重视，在一定程度上会忽略对犯罪嫌疑人或被告人权益的保护。四要件犯罪论体系中，正当防卫、紧急避险等违法阻却事由无法为犯罪构成理论体系的任何单一要件要素所容纳，不仅消解了犯罪论体系作为定罪量刑的唯一标准，也使违法阻却事由缺失了合适的位置和“住所”。

### （三）由集中式、整合式的对抗转变为分层次、有秩序的对抗

如果一次司法判断过程承担了过多的使命，裁判结论出现偏差的可能

性自然就会增加,被告人辩解的机会就必然减少,司法的恣意自然增强。[1]四要件犯罪论体系是一种整体性思维方式,犯罪构成诸要件互相支撑,彼此印证,四个要件相加即可对犯罪行为进行总括性的判断,其基本特征是经验论的、整体主义的。控辩双方基于这种整体性而产生的对抗,也是“一有既有,一无俱无”,这种对抗方式忽略了各个诉讼阶段的任务差异,整体的、笼统的行为认知路径忽略了犯罪嫌疑人或被告人的合法权益,无法实现形式理性和实质理性的有机统一。

同时,四要件犯罪论体系的各要件倾向于提炼“入罪”指向的信息和要素,这种思维路径是一种封闭的“择一式思考”,难以提供具体化、细致化的逻辑演绎,很容易导致思维过程的断裂,更无法提炼出反向的信息和要素供犯罪嫌疑人或被告人证明自身行为无罪。这种现象的直接后果就是犯罪嫌疑人或被告人无罪或者罪轻的证据常不被考虑在体系范围之内,甚至经常被有意或者无意地放弃,极大程度上忽视了对证据矛盾的梳理,也使得价值判断过于前置。价值判断先于事实判断会导致一种情形,即判断一旦完成,被告人就丧失了辩护的空间,使得对抗呈现出不完整不充分的状态。

刑法中的概念只是对已经成形的犯罪现实加以“描述”而已,这种描述过程越充分越具体,则认知越全面科学。阶层犯罪论体系将体系性要素分解成不同的类型,并强化各个要素在体系中的不同阶层,结论的推导过程就成为对相关要素的阐明和关系梳理,这样不仅实现了判断过程中的分层性,也实现了认识过程的由浅入深,在判断过程中实现主体和客体的互动。例如,构成要件该当性层面的对抗主要集中于基本事实的厘清,在这个基础之

---

〔1〕 例如,有学者认为,把违法性等同于犯罪性,使行为违反刑法等同于犯罪,由于刑法规定的阻却事由总是有限的,不可能完备无遗,则对于法律没有明文规定但实质上不具有违法性的行为(如被害人承诺的侵害、自救行为等),如何在理论上得到合理解释,不无疑惑;一方面,违法性评价的内容蕴涵于构成要件的评价中或与构成要件的评价同时进行,另一方面阻却违法事由的理论又被置于犯罪构成要件理论之外论述不免在体系上存在不协调性。相关内容参见肖中华:《犯罪构成及其关系论》,中国人民大学出版社2000年版,第51页。

上再进行价值判断的衡量,即违法性和有责性的对抗,这不仅是符合人类认知规律的,也是发现案件事实的重要路径。由于阶层犯罪论体系对于整个案件事实的评价是有层次的,也就注定了当事人在对抗过程中所产生的认知是分层的,那么立足于认知判断基础之上的对抗也是分层的。这种分层的对抗可以促使人们集中于主要问题的讨论,当这个问题逐渐明朗化之后,再进行下一阶段的判断,层层推进的逻辑演绎使得判断和对抗更加全面。

## 三、阶层犯罪论体系与程序主体

所谓程序主体性原则,乃立法者从事立法活动,法官运用现行法,即程序关系人(含诉讼当事人)为程序上行为时,均须遵循之指导原理。[1] 法官不能把当事者的程序主体性作用限定在为了帮助法官作出正确判断而提供足够的资料这一范围,而是容许当事者用双方的辩论内容来拘束法官判断的同时,把法官这个第三者的存在和决定权能纳入自己努力解决问题这样一种主体相互作用的过程。[2] "价值"这个普遍的概念是从人们对待满足他们需要的外界物质的关系中产生的。[3] 阶层犯罪论体系在实体上保证了主体参与程序的主动性和能动性,程序主体通过享有权利,承担义务,通过自身参与诉讼进程并形成最终的法律结果,同时,也只有诉讼参与人全面参与到司法活动中,审判结果才是可接受的。

### (一)人的主体性理论

在纠问式刑事诉讼模式下,国家的追诉机关为了查明案件事实,享有包

〔1〕 邱联恭:《程序选择权之法理——着重于阐述其理论基础并准以展望新世纪民事程序法学》,载《民事诉讼法之研讨》(四),台北,三民书局1987年版,第576页。

〔2〕 [日]棚濑孝雄:《纠纷的解决与审判制度》,王亚新译,中国政法大学出版社1994年版,第123、258—259页。

〔3〕 《马克思恩格斯全集》(第19卷),人民出版社1963年版,第406页。

括刑讯逼供在内的一切合法或不合法权力。换言之,国家追诉机关是刑事诉讼程序的主体,而犯罪嫌疑人或被告人只能充当刑事诉讼的客体,只有如实供述的义务,不享有诉讼过程中的人权保障等权利。随着资产阶级革命取得胜利,自然法则中的天赋人权观念使得国家与个人之间的关系发生了巨大的变化。依据自然法则论,个人早于国家产生,国家并没有创造个人权利。这种认识虽然有些偏激和武断,却成功颠覆了封建社会政治制度的基础,使得巩固和扩张个人权利是国家产生的目的成为共识。

随着人的主体性理论的兴起,程序主体性理论得以形成。康德首先对人的主体性理论进行了系统、全面地阐述,他指出:每个有理性的存在,都应该自在地作为目的而存在,它不应该是任何人一直所随意使用的工具。在他的一切行动中,不论是对自己还是对其他理性的存在,任何时候都必须被当做目的。[1] 黑格尔继承并深化了康德的理论,认为人们应该过一种理性支配的生活,其中理性的基本要求之一就是尊重他人的人格和权利,而法律就是保护这种尊重的主要手段之一。[2] 法学意义上的个人本位主义源自于16世纪末17世纪初的自然权利理论。自然权利理论与自然法则相同的观点是,国家非个人本源,而是为个人利益服务的产物,因此,当个人利益和国家利益冲突时,个人应当被赋予与国家公平对抗的权利。换言之,在立法和司法过程中,应当充分尊重公民和当事人的意愿,发挥当事人对案件发展进程的主导作用。

犯罪嫌疑人或被告人应该拥有自由的意识并能决定自身的命运,他们是可以自主自决的主体,尽管他们由于一些原因被限制了人身自由,存在着犯罪嫌疑,但是"个人间的差异并未给政府提供任何理由以差别对待他们,

---

〔1〕［德］康德:《道德形而上学原理》,苗力田译,上海人民出版社1986年版,第80—81页。
〔2〕［美］E. 博登海默:《法理学——法律哲学与法律方法》,邓正来译,中国政法大学出版社1999年版,第72页。

相反,在法律上和道德上,所有的人都应当享有平等的待遇”。[1] 在刑事诉讼过程中,只有犯罪嫌疑人或被告人被赋予平等的诉讼主体地位时,才可能产生对抗的基础,实现真正意义上的平等。阶层犯罪论体系虽然不像程序性规则那样直接赋予犯罪嫌疑人或被告人主体地位,但是却允许各方主体深度参与到程序之中,从实体层面实现了犯罪嫌疑人或被告人的诉讼主体地位,成为自身利益的控制者。阶层犯罪论体系通过每个阶层的出罪路径赋予犯罪嫌疑人或被告人陈述自己主张的机会,每一个阶层判断都蕴含着使犯罪嫌疑人或被告人获得出罪的可能,并使犯罪嫌疑人或被告人充分有效参与到庭审过程中,在发现案件真实、平衡正义效率和实现程序理性方面发挥了不可比拟的作用。

### (二)每一个人都应当被视为一种目的,而非工具

每一个社会中的人都有可能面临刑事诉讼,并身处刑事诉讼之中,因此,在面对刑事法律运行可能带来的不利局面时,获得平等影响裁判的机会是每一个诉讼参与人的期待。20 世纪,新康德主义自然法学派吸收了康德、黑格尔的观点,其代表人物鲁道夫·施塔姆勒提出,社会中的每一个人和每一个成员都应当被视为行为的目的,而不应该作为他们可以随意控制的对象,任何人不得把他人当作实现自己目的的手段。人只有不被视为实现社会利益的工具,而是被赋予人之为人的基本权利并拥有充分的抗争手段时,才能维护其主体地位,每个人都应该是他自己的主人。[2] 如果人的本质在程序中被颠倒,在过程中被异化,那么结果正义就会失去意义。维护法律程序自身的公正性、人道性、合理性,其最终目的就在于使那些受裁决结果影

[1] [英]弗里德利希·冯·哈耶克:《自由秩序原理》(上册),邓正来译,生活·读书·新知三联书店 1997 年版,第 103 页。

[2] [美]E. 博登海默:《法理学——法律哲学与法律方法》,邓正来译,中国政法大学出版社 1999 年版,第 72 页。

响的人的尊严获得尊重。[1]

每一个社会中的人,无论其面临何种境遇都应当拥有基本的尊严,这种基于道德意义的尊严无论在何时皆属平等,无质量等差之分。正如马克思所言,只有每一个真实的、具体的、个人的全面自由发展,才有可能形成稳定的整体法律秩序,并最终走向法治社会。[2] 秩序是人类生存的重要条件,人权是人类生存与发展的必需,公正是人类社会得以维持的保证,三者最终服务于共同的日标——人的全面发展。人类的进化也使得人的自主性不断得到承认,人们在国家领域中所处法律地位的权利具有固有性、法定性、不可侵犯性等特点,为权力设定了一个不得随意侵入的领地,因此,在刑事诉讼过程中,犯罪嫌疑人或被告人应当被"视为与法官、检察官平等的人格实体,而不是把他们当作国家追诉犯罪的工具"。[3]

### (三)当事人的实际参与

当事人主义之内涵的实现主要体现在两个过程:一是当事人主义庭审,二是当事人主义协商。当事人主义庭审意味着庭审过程中对抗的双方当事人都有实际参与的权利,按照斯蒂芬·兰德斯曼的观点,其特征在于法庭程序高度结构化下的证据展示、事实发现者中立与被动以及基于证据展示所产生的中立性判断。[4] 同时,根据鲁道夫·施塔姆勒"正当法律"四原则[5]中的"参与原则"——一个处于法律义务中的个人不得被任意逐出法律社会之外,每一个社会法律关系中的主体都有权参与共同的社会生存斗争,而不得被其他成员任意地逐出该共同体,这个原则在一定程度上反映了

---

〔1〕 Jerry L. Mashaw, *Due Process in the Administrative State*, Yale University Press, 1985, p. 12.

〔2〕 《马克思恩格斯选集》(第8卷),人民出版社1995年版,第532页。

〔3〕 徐静村:《刑事诉讼法学修订本》(上册),法律出版社1999年版,第86页。

〔4〕 [法]卢梭:《社会契约论》,何兆武译,商务印书馆2003年版,第3页。

〔5〕 前两个原则构成"尊重原则"(the principles of respect),后两个原则构成"参与原则"(the principles of participation),亦称"合作原则"(the principles of cooperation)。

犯罪嫌疑人或被告人在案件发展过程中应当具有的实际参与权利。

现代意义的法律程序包括两个层次：首先是各种社会主体之间权利的分配，其次才是各主体按照一定的顺序、步骤行使权利、进行法律决定的过程。其中，第一个层次是静态的，当事者之间的相互作用才是诉讼程序的中心部分。在我国司法实践中，尽管相关立法不断赋予控辩双方诉讼相关的权利，但控诉方的证据仍占据着主要的话语权。同时，因刑事立法没有赋予辩方充分的证据收集路径，因此，在证据收集过程中常存在诸多限制，并伴有“伪证”之嫌，但“法官应该是被告人的同辈，这样被告人才不觉得他是落到倾向于用暴力手段对待他的人们的手里”。[1]

刑事诉讼与公民权利行使息息相关，必须牢固树立“人”的主体概念，否则我们的刑事诉讼价值只能是同一水平上的重复推进，难以形成深入发展的力量。司法过程中的对抗存在于平等主体之间，力量的悬殊无法为平等的实现提供基础，赋予当事人合理的话语权，更有利于案件事实的全面厘清和人权保障的稳步实现。阶层犯罪论体系虽然是关于程序主体之间权利的分配，但却通过内容的逻辑性和动态性改变了以往犯罪嫌疑人和被告人的诉讼客体地位，使其获得了更多更“显性”的辩护权，进而优化了程序参与的程度，成为裁判制作过程中的“协商者”和“对话者”。

## 四、阶层犯罪论体系指引下的当事人平等“交涉”

“交涉”是控诉方与辩方进行沟通和交流的形象化表达。在波斯纳看来，对话交流可以限制偏见，并使司法运作达致一种“对话的客观”，即各方当事人法律观念的交流与博弈尽可能地使得法官充分吸取当事人的合理意见，减少司法运作中权力与任意性的干扰，维持司法运作的客观性与可预测

〔1〕［法］孟德斯鸠：《论法的精神》（上册），张雁深译，商务印书馆1961年版，第158页。

性。历史演变的终结,无论"平等"怎样毫无组织,却也总是灵魂的法则,它始终是一项法权。[1] 理想的诉讼模式应充分体现控辩双方之间的平等,裁判方位于中立的结构之顶点,形成一种均衡的"等腰"三角形结构,避免一方独演和一方失声,形成互有攻防、针锋相对的对抗格局。"等腰"三角形的基准在于最大限度地实现两脚到顶点的距离相等,保证控辩双方的平等"交涉"。

### (一)阶层犯罪论体系凸显了对抗的主体性框架

施加刑罚的目的在于建立和取得对规范适用的信任,刑事诉讼程序也是为这个目标实现的重要推进力量。刑事诉讼中,控辩活动各有归宿:控诉证明基本事实,确认评价犯罪的一般标准、原则的有效性;而辩护则意在证明阻却违法性、阻却责任事实的存在,强调例外情形对涉讼公民的意义。[2] 司法实践中,犯罪嫌疑人或被告人由于地位的限制,往往无法实现与控诉方之间的平等对抗,因此,犯罪嫌疑人或被告人的权利能否得到有效保护是刑事诉讼过程中"等腰"三角结构是否稳定的最大变量。

从犯罪构成理论体系的发展进程来看,犯罪认定模式的设置规则主要包括以下两种:综合规则和可废除规则。综合规则通常由一元化的犯罪构成要件模式设置,将犯罪的证明责任完全交由控诉方负责,排除犯罪构成要件之间的任何推定关系,通过完整的规则体系确立犯罪标准;可废除规则通常由二元化的犯罪构成要件模式设置,其实质在于将说服责任转移给辩方,通过不完整的规则说明犯罪标准的愿望并塑造自己的特性。[3] 在综合规则中,犯罪构成的全部要件都是入罪要件,要件之间不具有体系性关联,相互

---

〔1〕[法]皮埃尔·勒鲁:《论平等》,王允道译,商务印书馆2005年版,第251—252页。

〔2〕周光权:《犯罪构成理论:关系、混淆及克服》,载《政法论坛》2003年第6期。

〔3〕H. L. A. Hart, *The Ascription of Responsibility and Rights*, Proceedings of the Aristotelian Sociaty, New Series, vol. 49, 1949, p. 171.

独立,也不会存在推定关系,体现了充分的一元化特征。可废除规则则将犯罪构成要件划分为入罪要件与出罪要件,各个要件之间具有明确的关联规则,存在理论上的推定关系,即根据犯罪的事实性要件可以初步判断犯罪行为的存在。在这种理论规则中,控诉方的行为目标是证明犯罪成立,只需对犯罪构成要件事实进行查明,并实现事实与规范的融合;而辩方的目标是为了证明自身的行为不构成犯罪,对控诉方的指控进行抗辩反击,需要承担出罪要件的举证。[1]

在刑事诉讼中,尽可能地使权力和权利均匀分配在不同的参与主体间,克服刑事诉讼线形构造中控诉方单向证实犯罪的目标指引,是刑事诉讼构造走向完善的重要路径。可废除规则又被称为"认罪与避免",犯罪嫌疑人或被告人通过提出犯罪的例外情形来避免自己的罪责,这期间的充分对抗意味着更多有针对性的交锋,增加了犯罪认定的动态性,使得控辩双方对争议焦点形成更加深入的理解。犯罪论体系中不同构成要件要素的组合和关系决定了诉讼程序的运行路径。阶层犯罪论体系在运行过程中,凸显了结构要素价值,赋予了被告人更多的实体辩护权,当被告人提出违法阻却事由或有责阻却事由时,控诉方必须作出反驳或证伪,并且需要承担反驳不力的后果,明确的入罪要件与出罪要件对控辩双方的对抗具有重要的指引作用。同时,控辩双方的对抗也深入地影响了法官裁判观点的作出,为处于中立地位的审判人员提供更多的裁量支撑。

### (二)交涉——避免单向度的归纳式思考

犯罪是由多重因素综合地决定或"构成"的。作为实体法的刑法典规定了意图威慑和惩罚的行为;作为程序法的诉讼法发挥着手段的作用,社会通

---

〔1〕[美]乔治·P. 弗莱彻:《刑法的基本概念》,蔡爱惠等译,中国政法大学出版社2004年版,第123页。

过它来实现刑事实体法的目标。[1] 在刑事案件中,国家的司法力量在形式上“最终”将行为定性,但事实和行为的真实样态才应该是案件定性的关键因素,而不应该是最先登场的权力机制。因此,对犯罪构成理论体系的讨论不能只偏向于国家权力一面,更要充分分析要素的实际存在意义,考虑犯罪构成要件要素的形成过程;不能只将犯罪构成的定性过程局限于“定罪”的工具,也应该综合考量行为中其他要素生成的原因和结果。

由于人的认识能力所限,人们对案件事实的认识只能是一种无限接近的发现,因此,在事实认定过程中就会出现价值评价的参与,而在进行价值衡量时,如何选择更为合理的归纳思考路径会使刑事诉讼程序的运行更加科学和合理,将是理论或者体系发展的一个重要考量因素。阶层犯罪论体系以规范的形式对权利加以确认,通过违法阻却事由和责任阻却事由赋予犯罪嫌疑人和被告人更多的出罪路径和辩护指引;超法规阻却事由的出现融合了法律诉求与社会背景的综合考量,使得犯罪构成理论以一种综合的视野去量定犯罪行为的原因和规律,进而实现犯罪控制手段的逐渐优化。因此,阶层犯罪论体系提供了一种二元式的分析框架和路径,使入罪和出罪都有可能被实现,以“原则与例外”的基本关系维持犯罪评价的程序,[2] 避免了单向度的归纳式思考路径。

### (三)平等——从形式到实质

美国法理学家德沃金从平等的概念中抽象出两种基本的权利结构,一种是获得平等对待的权利,另一种是作为平等参与主体受到公平对待的权利。前者表现为机会和资源分享过程中的合理分配;后者则表现为权益和负担分配过程中,每个人的权益都应该得到平等的尊重和维护,这种获得平

---

〔1〕 Joshua Dressler & Alan C. Michaels. *Understanding Criminal Procedure*(5th edition). Matthew Bender Company, 2010, p. 21.

〔2〕 苏俊雄:《刑法总论Ⅱ:犯罪总论》,台北,大地印刷厂股份有限公司1997年版,第164页。

等尊重和维护的权利在一定程度上深化了对平等真谛的理解。[1] 具体到刑事诉讼领域,形式上的平等意味着在诉讼程序中,控辩双方拥有的程序性权利是平等的,或者说基于形式判断基础之上形成的控辩双方之间的平等。但是,在司法实践中,由于犯罪嫌疑人或被告人的地位处于劣势,很容易使人形成先入为主的偏见,欲获得与控诉方相对等的权利难度非常大。

在刑事诉讼中确立“诉”的机制,意味着被告人可以成为程序主体;获得“辩”的地位也反向决定着“诉”能否发挥引导程序展开、贯穿程序始终的灵魂作用。[2] 在四要件犯罪论体系中,出罪事由的缺失不利于控辩双方的平等交流,如此境况下的对抗对犯罪嫌疑人或被告人来说更像是一种压迫式的、被动式的接受。相较于四要件犯罪论体系,阶层犯罪论体系更强调诉讼过程中犯罪嫌疑人和被告人的人格尊严及主体地位,把事实认识和伦理判断结合起来,事实认识为伦理判断提供基础依据和材料,形成了多层次和多维度衡量,有效融合了“实质合理性”衍生的实质平等和“形式合理性”内涵的形式平等。双方当事人通过规范适用和证据展示的正面对决,最大限度呈现案件事实的相关信息,不再局限于犯罪规格的定位和找寻,赋予了犯罪嫌疑人和被告人更多的出罪路径。

## 五、控辩合作:正义的价值延展与对抗的动态把握

国家代表公权力机关对犯罪嫌疑人或被告人进行有罪认定的过程中,犯罪嫌疑人和被告人大多数情况下会进行无罪或罪轻答辩,但在司法实践中也存在一些犯罪嫌疑人或被告人主动承认有罪的现象,如何进行对这种情形进行理论归置,合理处理此类“合作”现象,也是犯罪构成理论体系应该涵括的重要内容。这是多元利益的共存,使得纠纷解决充满弹性,也对事实

---

〔1〕 Ronald Dworkin, *Taking Rights Seriously*, Duckworth, 1977, p. 227.
〔2〕 卞建林:《刑事诉讼中“诉”之辨析》,载《人民检察》2007 年第 8 期。

真相的一种商谈与合作,避免了双方当事人之间进一步的紧张与对立。在美国,被告人当庭有罪答辩的比率一般在80%以上。[1] 美国联邦法院在“Santobell v. New York”一案的判决中指出:“如果每一项刑事指控均要经受完整的司法审判,那么州政府和联邦政府需要将其法官的数量和法院的设施增加不知多少倍。”[2]控辩合作不是对抗式诉讼模式的消解,更不是对犯罪事实的无视和纵容,而是更加完整、动态地解决纠纷,减少犯罪后果所带来的负面影响,竭力避免孤立化地犯罪应对,是对“对抗”的动态把握,也是正义价值的积极延伸。

### (一)对抗仍然是合作的前提和基础

基于对抗基础之上的合作正在以一种全新的方式融入刑事诉讼过程,并且调整着诸多刑事诉讼的理论架构和实践路径。合作式诉讼的不断兴起使得对抗的运行机制和理念逐步被改良和优化。对抗与合作有着不同的适用范围,只有对边界不断地厘清才能更好实现二者的有机融合。但是应该强调的是,合作与对抗并不是完全的对立,没有控辩双方之间的有效对抗,很难实现二者之间合作路径的清晰探索。

即使是作为职权主义样板的德国也引入了刑事协商的制度。[3] 2009年,德国《刑事诉讼法》正式引入刑事协商制度,使得德国的非正式协商制度获得了充分的法律认可。根据德国《刑事诉讼法》第257c条规定,刑事协商指法院和其他诉讼参与人对诉讼进程和结果进行协商。因此,刑事协商一般发生于审判程序中,法官是主导协商的中间者。2013年3月,德国联邦宪法法院作出判决,确认协商制度的合宪性地位,有学者认为这是近年来对刑

---

〔1〕 陈瑞华:《刑事诉讼的中国模式》(第2版),法律出版社2010年版,第55页。

〔2〕 Santobell v. New York, 404, U.S. 251,260 (1971).

〔3〕 卞建林、谢澍:《职权主义诉讼模式中的认罪认罚从宽——以中德刑事司法理论与实践为线索》,载《比较法研究》2018年第3期。

事诉讼程序产生最重要和最根本影响的判决之一。德国刑事司法进程中的这一转变也深刻符合现代社会的刑罚思想。过去法官对被告人处以刑罚，而现在法官们认识到，被告人自己主动接受刑罚才是最有利于挽救与改造被告人的。[1] 不过，在德国目前的刑事协商程序中，仍然规定着“法院为查明真相，应依职权，将证据调查涵盖对裁判具有重要性之所有事实及证据方法”，大陆法系内部的国家追诉、实质真实等原则依然具有重要的地位，法院不能仅依靠被告人的供述作出有罪认定的判决，仍应主动调查其他证据证明案件事实是否存在。因此，合作不是任意的合作，仍应基于对抗之上的案件事实和证据展示进行认定。

在我国，认罪认罚制度也是控辩双方实现合作，提升司法效率的重要途径。关于认罪认罚从宽制度的“认罪”概念，学界主要存在有以下观点：第一，精确认罪说。有学者认为，认罪是“被告人对检察院指控的犯罪事实和罪名给予了认可”，[2] 即被告人必须对检察院指控的所有犯罪事实和相关法律规定的罪名进行精确的认可，才可以构成认罪。这种认罪理论赋予了被告人更多的认识任务，被告人不仅需要对犯罪事实作出认可，还需要对罪名有一定的认识。第二，概括认罪说。有学者指出，认罪“意味着对被指控犯罪事实的承认和叙述，并不当然包含对罪名的认同”，[3] 即被告人对于被指控的事实全部承认或者表达了承认的观点即可，并不必须或者并不当然包括对罪名的认识和同意。第三，自愿认罪说。该理论主要从被告人认罪时的主观因素进行考虑，认为认罪必须是被告人不受胁迫地承认自己的行为构成了犯罪。[4] 第四，综合认罪说。有学者将“认罪”解构为三个部分，“一

---

〔1〕 [德]约阿希姆·赫尔曼：《协商性司法——德国刑事程序中的辩诉交易》，程雷译，载《中国刑事法杂志》2004 年第 2 期。

〔2〕 陈瑞华：《“认罪认罚从宽”改革的理论反思——基于刑事速裁程序运行经验的考察》，载《当代法学》2016 年第 4 期。

〔3〕 魏晓娜：《完善认罪认罚从宽制度：中国语境下的关键词展开》，载《法学研究》2016 年第 4 期。

〔4〕 陈卫东：《认罪认罚从宽制度研究》，载《中国法学》2016 年第 2 期。

是自愿供述;二是认事,即如实供述犯罪事实;三是认罪,即承认自己行为的性质是犯罪。"[1]以上学说都体现了认罪认罚制度中的合作不是任意的行为,而是有条件地沟通和合意,这种制度肯定了犯罪嫌疑人或被告人的认罪态度,积极引导犯罪人进行改过,从司法程序上对犯罪嫌疑人或被告人进行"有偿奖励"。

如果以犯罪行为的发生作为一个参考点,其之前以及犯罪行为发生时刻的行为体现出强烈的社会危害性,但是随着时间的推移,行为人犯罪后如果积极认罪、主动改过,人身危险性已经逐步消解,那么如何用矫正和发展的眼光从制度上保障犯罪嫌疑人或被告人的合法权益,将是犯罪论体系发展需要考虑的方面。阶层犯罪论体系不局限于素材的累积,更需要重视要素的实质内容判断、排列顺序和相互之间的内在逻辑,明确的行为判断路径给了犯罪嫌疑人或被告人充分的选择空间,使其在对抗的基础上拥有了更多的合意路径。刑事诉讼程序的发动目的在于确定起诉案件之行为人到底有无进行刑罚之必要性及程度如何的程序,因此,其体现为一种诉讼目的的裁判,没有节制的打压在一定程度上是对法治国和法治社会的严重破坏。

### (二)正义的多元面孔

正义具有普罗透斯般的面孔[2],是最为崇高但也最为混乱的概念之一。[3] 正义在不同的情境下可以表现出不同的形态,在对法律进行经济学分析的过程中,我们可以发现正义与效率之间有着密切的关系。经常出现的情况是,我们认为公正的原则也恰好符合那些我们认为是有效率的规定。这样的例子包括从不要偷盗到合理怀疑必须加上足够证据才能量刑定罪的

---

[1] 朱孝清:《认罪认罚从宽制度的几个问题》,载《法治研究》2016年第5期。

[2] [美]E. 博登海默:《法理学——法律哲学与法律方法》,邓正来译,中国政法大学出版社2004年版,第261页。

[3] C. Pereman, *Justice*, *Law and Argument*, D. Reidel Publishing Company, 1980, p. 1.

要求，即我们所认为的那些正义的原则实际上就会产生有效率的结果所需要的各种原则的组成部分，是一些被我们内化了的原则。[1]

在法经济学的理论研究中，我们可以看到正义与效率有着千丝万缕的关联。效益是一个被全社会普遍承认的价值和标准，依据效益价值标准分配财富一定是“值得的”。[2] 同时，西方有句古老的法谚：迟来的正义即非正义(Justice delayer is justice denies)，它明确地表达了效率和正义之间的关系，即缺乏效率的正义不是完全的正义。在刑事诉讼过程中，法官通过证据规则对纷繁复杂的的案件事实进行裁剪整合形成要件事实，再运用实体法规范对要件事实予以法律评价，最终生成司法裁断。不可否认，程序运行的时间和成本也应该被视为刑事司法体系的目标之一。

客观地说，公平与效率存在对立性，两者具有不同的内涵和价值。在不同时期，统治者可能基于不同价值取向，片面强调公平或者效率，但协调二者关系并使之相辅相成才是法治发展的最佳出路。恢复性司法运动的先驱霍华德·泽尔认为和解机制与传统诉讼机制乃是相互独立且不同的二元体系和架构，两者在功能上既分庭抗礼又取长补短。[3] 随着社会经济的发展，各国司法实践中的案件数量呈现出爆炸式的增长，单方面追求对抗模式付出的诉讼成本过高，逐渐显现出局限性，为了克服这种弊端，合作式诉讼逐渐被各国应用于纠纷解决过程中。

### (三)基于利益共识的威慑和修复

日本法学家棚濑孝雄曾将纠纷的解决方式区分为“决定型纠纷解决方式”与“合意型纠纷解决方式”，其分类依据依赖于当事人之间的自由合意。

---

〔1〕［美］大卫·D. 弗里德曼：《经济学语境下的法律规则》，杨欣欣译，法律出版社2004年版，第20页。

〔2〕D. D. Raphael, *Justice and Liberty*, Athloner Press, 1980, p. 95.

〔3〕［美］霍华德·泽尔：《恢复性司法》，章祺等译，载狄小华、李志刚主编：《刑事司法前沿问题——恢复性司法研究》，群众出版社2005年版，第24页以下。

顾名思义,决定型纠纷解决方式最典型的例子就是审判和仲裁,而合意型纠纷解决方式包含和解、调解等主要类型。当然,在现实生活中,这种区分也并非完全是泾渭分明的,两者之间的界限有时是模糊的。统观各国司法实践,当今世界上没有单纯采用决定型纠纷解决方式与合意型纠纷解决方式的国家,更为普遍的做法是将二者结合起来,综合地加以使用。

我国刑法规定中的立功和自首制度以及"坦白从宽、抗拒从严"等政策也暗含了合作产生诉讼效益的思路,注重社会关系的修复,进而在协同中实现纠纷的正当解决。在合作式诉讼中,被告人取得平等地位是二者进行协商的基本前提,此时,法院的主要职责是为控辩双方提供对抗平台,换言之,"法院的主要贡献是为私人的、公共的场所中所产生的交涉和秩序,提供规范的和程序的背景"。[1] 合意型的纠纷解决方式避免了僵硬的规则束缚,不局限于单一的入罪基调,融合了司法效率与诉讼参与人的主观诉求,增加了裁判结果形成的可接受性。

犯罪论体系作为定罪量刑的方法与路径,在思维判断过程中的经济性也是衡量其理论优劣的标准之一。阶层犯罪论体系中,首先,明确具体的阶层使得分析判断过程中可以很快发现争议所处的位置,然后集中精力在该阶层的理论要素指引下对争议内容进行分析;其次,前一阶层的要件要素不存在,则不用再进行下一阶层的判断,也实现了判断过程中的最大经济化;最后,如果前一阶层的构成要件存在,则可以通过阶层犯罪论体系中蕴含的推定机能来实现下一阶层的判断和认定。但四要件犯罪论体系中,认定犯罪需要对所有的犯罪要件进行判断,或者认定不构成犯罪以及此罪和彼罪的区分也需要对全部要件进行认定,没有为诉讼参与各方提供合作理论平台,诉讼参与主体之间无法基于犯罪论体系的理论要素形成利益共识。法院将会严格适用规范进行事实认定,虽然对被告人是一种震慑,但却无法更

---

〔1〕 [意]莫诺·卡佩莱蒂:《福利国家与接近正义》,刘俊祥等译,法律出版社2000年版,第132页。

好修复已经破坏的社会关系。控辩合作减少了不必要的对抗，增加了更多的对话与合作，把多元化的价值吸纳到程序中，双方在控辩合作中达成一致意见，基于利益形成共识，这种共识不仅是公平正义的体现，也是对诉讼双方意见的尊重。我们决不能将对抗作狭隘的理解，合作也是对抗的一种高层次表现，在合作式诉讼中，各方诉讼主体在“意思自治”的基础上对自身的诉讼利益进行分配，实现了利益的最大化。

# 第五章 阶层犯罪论体系之于诉讼进程

## ——具有逻辑的“先在性”

犯罪构成理论体系的建构不仅取决于怎样解决刑法问题，也取决于怎样运行刑事诉讼程序，即“把刑法提供的犯罪构成标准实际运用到诉讼活动中，结合案件的各种证据才能判定犯罪嫌疑人、被告人的行为是否构成犯罪，构成何罪以及应当受到何种处罚”。[1] 即刑法条文之规定，只有当其能在程序中得以贯彻施行时，才能在实务上显现其功效。反之，如果没有设计良好的实体刑法规则与之搭配，也就无法成就令人满意的诉讼规则。[2] 从诉讼程序的启动到实体判决的作出，犯罪构成理论体系经历了从抽象到具体的演进，其作为发现事实并维护人权的重要工具，在刑事诉讼的各个阶段都是需要被认真考虑和对待的对象。刑法规范正是在一个个微观的刑事诉讼程序中，才得

---

〔1〕 刘选：《犯罪构成与刑事诉讼》，载《法学评论》1999 年第 5 期。

〔2〕 [德]克劳斯·罗克辛：《刑事诉讼法》，吴丽琪译，法律出版社 2003 年版，第 8—9 页。

以从文本走向现实、从静态走向动态。

诉讼主体在不同阶段扮演着不同的角色,刑事程序从启动到终结都是以刑法规定为前提,具有不同的诉讼任务,即公安机关的立案侦查、检察机关的审查起诉、法院的审判都是以刑法规定为依据的,〔1〕因此,在不同阶段中对犯罪构成理论体系的阐明是很有价值和意义的。有学者曾针对犯罪构成理论体系的适用状况,在我国东、中、西三个地区选定了不同级别的法院的法官进行调查,最终调查结论显示,"认为犯罪构成理论体系具有操作意义"并且"为认定犯罪提供了分析问题的路径和模式"的法官占绝大多数,其中,有的法官认为在犯罪构成理论体系的适用过程中,一定要遵循相应的顺序判断,无序的认定和判断将会阻碍司法过程的前进。〔2〕这充分说明,犯罪构成理论体系之于诉讼进程具有逻辑的先在性,是刑事诉讼过程的重要指引;犯罪构成要件事实的审查判断贯穿于侦查、审查起诉、审判等诉讼程序中,如何去查清并认定犯罪构成要件事实,构成了刑事诉讼中各方主体的权利义务分配的重要推动力量。

## 一、阶层犯罪论体系的程序向度:凸显评价的层次性和充分性

一般来讲,刑法属于授权性规范,刑事诉讼法属于限权性规范。刑法设定了国家的刑罚权,刑事诉讼法则为国家刑罚权的正确、适度行使设置规则和界限。〔3〕犯罪构成理论体系的各个要件与案件事实逐步融合形成具体内容的过程,促进了诉讼实体的定性和定型,在这一诉讼实体形成过程中,犯罪构成理论体系也促进了抽象的案件事实到具体的规范事实的演进。整个

〔1〕 熊秋红:《程序法上的犯罪定义及相关问题》,载《法学研究》2008年第3期。

〔2〕 唐稷亮:《三阶层犯罪论体系与犯罪构成体系:实证考察下的廓清、反思与借鉴》,载《法律科学》2011年第6期。

〔3〕 汪建成:《刑法和刑事诉讼法关系新解》,载陈光中、江伟主编:《诉讼法论丛》(第3卷),法律出版社1999年版,第47页。

刑事诉讼过程中,正是犯罪论体系这只“无形的手”指挥着警方的取证行为、控诉方的举证行为、辩方的辩护行为以及法官的审判行为。[1] 阶层犯罪论体系中三个层次的划分和推进,使得体系运用过程中的发现程度和侧重点也有所不同,凸显了评价的层次性以及层次内部的充分性,使诉讼主体在刑事诉讼的不同阶段以犯罪构成要件衡量案件事实时更加明确、具体、高效,总体上优化了刑法运行方式的整合过程。因此,我们可以根据刑事诉讼不同阶段的任务来对犯罪构成理论论体系中的要件要素进行梳理,使犯罪构成理论体系在推进刑事诉讼过程中的应用更具针对性和可操作性。

### (一)避免“四要件”指引下的“流水作业”模式

我国《刑事诉讼法》明确规定了公、检、法三机关之间要“分工负责、互相配合、互相制约”,同时赋予侦查机关、检察机关和法院在不同诉讼程序中拥有作出诉讼决定的权力。[2] 何种行为构成犯罪,对该种犯罪应科以何种刑罚,应依刑法之规定;而犯罪事件发生时,对之应如何侦查,如何起诉,如何审判及如何执行,换言之,即刑罚权应如何行使,其程序则是依刑事诉讼法之规定。[3] 因此,每个案件都要经历立案、侦查、审查起诉和审判等四道流程才能作出最终的认定结果,三机关之间具有明显的“流水作业”特征。

犯罪构成理论体系不仅要在形式上为司法机关工作人员指明构成犯罪所必须的要件,而且要在实质内容上为司法机关工作人员认定犯罪提供准确的思考方法、步骤和程序,从而使犯罪判断的思维过程呈现程式化的特征

---

[1] 吴纪奎:《犯罪论体系与刑事诉讼模式》,载《中国刑事法杂志》2009 年第 3 期。

[2] 这一构造设置的初衷由三个“国家专门机关”对同一案件进行反复的调查与核实,后一个机关对前一个机关的办案质量进行监督以及把关,遇到有前一机关做出了不当诉讼决定的,后一机关可以将案件以“程序倒流”方式做出处置。由此,冤假错案可望得到避免,法律适用的错误可望得到纠正,司法正义也可以得到维护。公允地说,这种流水作业的诉讼构造在正常情况下可以避免案件事实的错误认定,防止不当诉讼决定的出现,具有“精密司法”的意味。

[3] 陈朴生:《刑事诉讼法论》,台北,正中书局 1981 年版,第 1 页。

而不是随意进行的。[1] 四要件犯罪论体系中各要件之间的应用步骤没有明确的规定,因此,关于四个要件之间的顺序有各种观点。有学者认为,犯罪行为的形成和发展决定了犯罪构成要件的排序,应当将犯罪主体排在最前面,进而是主观方面,再是客观方面和客体要件,如此可以对犯罪行为进行全面的认定;有学者主张根据司法的特征和要求对各个要件进行排序,即先分析其客观危害,再分析具体行为,因此,应当将客体要件排在最前面,接下来是客观方面、主体、主观方面;有学者主张功利主义至上,认为只要符合使用便利的要求,四个要件之间的顺序可以任意进行排列。综上可以发现,四要件犯罪论体系没有给司法机关工作人员提供明确的行为判断路径,更没有根据不同的诉讼阶段特点设置不同的任务,进而更精准地运用犯罪论体系对案件事实进行判断,这也间接造成了四要件犯罪论体系过分强调整体性认知在犯罪判断中的作用,不会根据诉讼阶段"因材施教",眉毛胡子一把抓,形成了侦查、起诉、审判相互接力,但又不分主次的"流水线"诉讼模式。

相比之下,阶层犯罪论体系不仅详细规定了犯罪构成要件的判断顺序,而且蕴含了层层递进的逻辑,促进了体系内部各要素之间的相互制约。递进式的犯罪认定路径有利于将不符合犯罪构成要件的行为逐个予以排除,不仅可以促进各阶段犯罪事实的逐步厘清,也使得下一阶段的预判立足于前一个阶段之上,正是阶层犯罪论体系的这种逻辑推进简化了认识的结构,使得认识推演过程更合理性,不仅有利于案件事实的全面发现,也有助于人权保障的实现。因此,阶层犯罪论体系克服了四要件犯罪论体系指引下对犯罪构成要件"一成不变"的平面认知,增强了每一个阶段中对犯罪行为的挖掘和认识能力,提高了行为判断的针对性和有效性。

### (二)评价过程的层次性

体系方法乃是将一个思考的任务合理地分解成数个独立思维步骤,并

---

〔1〕 李立众:《犯罪成立理论研究个域外方向的尝试》,法律出版社2006年版,第190页以下。

且将这些步骤进行整理和排列,赋予明确的行进顺序,即第二步不会先于第一步,第一步永远是第二步的前提和基础。从体系性框架存在的基础看,犯罪构成理论体系的整合性与分离性源自于其将犯罪构成理论体系与事实行为是否可以进行相匹配的判断,"只有人们将一个举止进行意图(意向)上的解释时,才可以将这个举止理解为行为。借助于意向,人们才可以指称特定活动之理由,或者也才可以指称特定的被动性"。[1] 它不仅为案件事实提供了思考途径,也为刑事程序的推进提供了合理可行的价值导向,有利于对案件事实作出明确的阐释和定性。

西田典之教授指出,对于控制裁判官的思维和行进过程,将刑法的适用限定于合理的范围之内,阶层犯罪论体系是一种行之有效的做法,在论及阶层犯罪论体系的作用时指出:"是否该当于可罚性行为类型这一构成要件该当性的判断,在某种程度上具有形式性,由此首先设定一个限制性框架;接着进行的违法性判断是一种实质性判断,由于原则上是基于客观性要素所作的判断,仍有可能相对明确地进行判断;有责性判断考虑的是行为人的主观。犯罪论体系通过阶段性的深入,由形式性判断进入实质性判断,由对客观性要素的判断进入对主观性要素的判断。"[2]这种评价的层次性是符合人类认知规律的。

阶层犯罪论体系立足于层次和位阶,创造了定罪过程中的体系性思维方法,使得犯罪论体系在犯罪是否成立的判断过程中不局限于成立条件的总和,而是不断地层层推进,实现了对一个行为的全方面衡量。同时,按照大塚仁教授的说法,仅仅平面地而非阶层地看待犯罪要素,既难以判定犯罪的成立与否,也难以具体地论及所成立犯罪的轻重。[3] 递进式的思维路径

---

〔1〕 Kindhauser, Strafrecht Allgemeiner Teil, 4. Aufl., 2009, S. 50.
〔2〕 [日]西田典之:《日本刑法总论》,刘明祥、王昭武译,中国人民大学出版社2007年版,第45页。
〔3〕 [日]大塚仁:《刑法概说·总论》(第3版),冯军译,中国人民大学出版社2003年版,第107页。

将不断变化发展的现象进行固定,并寻找相对固定的特征实现规范和事实的衔接与对应,有利于实现行为的全方面厘清。然而,四要件犯罪论体系的认知路径就是四个要件简单相加即可实现对一个行为的刑法匹配度判断,缺乏对四个要件深度的具体的分析,也没有分析这四个要件中可能存在的出罪路径以及可能存在的阻却事由,局限于一种单向性的、平面的犯罪评价。要素齐备即犯罪成立,诸要素之间不存在逻辑连接或者有序递进等关系,具有一次性和共时性的特点,极容易产生不确定的结论。

### (三)评价内容的充分性

通过把孤立出现的分散而零碎的现象连成一体,即通过既已择定的有所侧重的观点对时而数量巨大、时而数量微小,时而随处可见、时而又踪迹全无的现象进行整理,继而形成一幅匀称和谐的思维图案,这样,人们就获得了理想类型。[1] 犯罪成立要件是多种多样的,因此,应在充分评价的基础上才能得出犯罪与否的结论,而充分评价得以形成的基本前提是依赖一个具有逻辑性、周延性的分析框架来框定分析的逻辑进程,并通过完整的逻辑形成科学的认知路径。

我们通常只看到法条规定,认为犯罪是否成立的条件是由法条规定的,但其实犯罪成立条件之间的关系却不局限于法条的理解,例如不法与责任的关系,则是通过犯罪构成理论体系所形塑的。违法与责任的发现丰富了犯罪构成理论体系的知识研究进路,二者的区分在一定程度上凸显了行为评价的充分性。阶层犯罪论体系中,违法与责任的区分使犯罪论体系呈现三个层次的清晰划分,三种价值判断分别对应于三种不同的原则,实现三种不同价值的追求,不仅有利于梳理和认定事实行为的特征,也有利于形成充分的评价和判断。同时,阶层犯罪论体系在每一个层次内部都为犯罪嫌疑

---

〔1〕 [法]让·卡泽纳弗:《社会学十大概念》,杨捷译,上海人民出版社2003年版,第52页。

人或被告人设置了相应的出罪路径，使得每一个阶层都有两种方向的可能性产生，这样的认知路径避免了四要件犯罪论体系中四个要件相加即可得出一个行为人是否有罪的单向认知模式，不仅使控辩双方拥有了对抗的舞台和框架，也使犯罪嫌疑人或被告人的主体地位更加明显。

### （四）优化刑法运行方式的整合过程

当我们对于刑法知识的获取到了一定程度，会自觉生出一种好奇心，人类历史发展进程中对于犯罪概念的零星提出已经十分久远，然而，这些纷繁复杂的概念为何在近代才开始被串成一个体系？那么建立该体系的目的又是什么？[1]因为生活中的事实通常呈现为散见的片段，如何将这些片段进行规律性的总结，并发现其规范性价值和意义，形成法律事实的雏形，需要融入表达者的思维和认识，而且也必须承认所得结果并非自然科学所探求的绝对真实。这种真实的形成不是顷刻形成的，是需要司法机关工作人员充分运用犯罪构成理论体系中的相关要素和要件在原始事实与刑事规范之间反复进行比对和判断，最终筛选出具有法律意义的犯罪事实和行为，进而实现从生活事件到裁判事实的演进。

“司法实践中，在现代法律文化背景下产生的犯罪构成理论体系，是不同立场上的法律职业者在刑事诉讼中角力的实体规则和依据……犯罪构成理论体系这一定罪模式应是控辩审三方集中在刑事诉讼中实现互动和交流的实体平台。”[2]刑事诉讼各诉讼阶段均充满了对案件事实的确认，实体法上的犯罪事实在刑事诉讼的程序推进过程中才逐渐具有了生命力，因此，刑事诉讼程序的推进必须进行实体法视角的剖析，加入实体评价要素。如前所述，为了促进学科与专业的更深层次发展，实体法与程序法分离，不可否

---

〔1〕 林东茂：《一个知识论上的刑法学思考》（增订版），台北，五南图书出版公司2007年版，第24页。

〔2〕 刘远、葛进：《以人权保障为视角看犯罪构成》，载《法学》2005年第4期。

认,这个过程也在一定程度上消解了犯罪构成理论体系的程序功能。正如伽达默尔所说:“一个人需要学会超出近在咫尺的距离去审视一个事物——这种距离不是为了远离它,而是为了在一个更大的整体中按照更真实的比例将它看得更清楚些。”[1]因此,我们有必要跳出纯实体法的视角,用实体和程序相融合的方式重新进行审视。

阶层犯罪论体系虽然作为实体法研究的主要理论体系,却在司法实践中为司法工作的推进设置了程式化的步骤,使得双方当事人在一种高度体系化和制度化的论辩过程中,通过证据和主张的正面对决,减少司法判断过程中的随意性和盲目性,从而使处于中立地位的审判人员据此作出为社会和当事者都能接受的决定,促使司法人员养成良好有序的思维方式和路径。同时,阶层犯罪论体系不仅赋予了控诉方进攻的理论要素,也丰富了辩方防守的理论途径,其蕴含的逻辑促使诉讼参与人按照各自阶段的任务需求不折不扣地加以落实,也有利于改善原则性不足且灵活性有余的司法现状,还能最大限度地防止冤假错案的发生。

## 二、为立案阶段的裁量提供标准

立案是刑事诉讼的第一个环节,也是犯罪构成理论体系应用的第一个阶段。所谓立案是指公安机关、人民检察院发现犯罪事实或者犯罪嫌疑人,或者公安机关、人民检察院和人民法院对报案、控告、举报或自首及人民法院对自诉人的自诉材料进行审查后,判明有无犯罪事实、应否追究行为人刑

[1] 王利荣:《行刑法律机能研究》,法律出版社2001年版,第368页。

事责任,并决定是否进行侦查或者审理的诉讼活动。[1] 刑事诉讼始于立案,[2] 根据《刑事诉讼法》第109条和第112条规定,"发现犯罪事实或者犯罪嫌疑人"和"认为有犯罪事实"是立案的先决条件。

## (一)有利于立案阶段任务的特定化

立案阶段基本判明有无犯罪事实,应否追究刑事责任,并决定是否侦查,需要运用刑法规定判断行为是否侵犯法益、是否造成严重后果。不论是自行发现,还是被动接受,犯罪事实的存在是追究刑事责任的唯一根据,也是立案的唯一根据,只有符合犯罪构成理论体系的犯罪事实才具有惩罚必要性。立案阶段所要查明的"犯罪事实"与侦查阶段所要明确的"犯罪事实"具有不同的范畴和边界。立案阶段有其特定的诉讼任务,并不需要对所有的犯罪要素进行全面认知,主要集中于对可能产生刑法规范意义的行为进行梳理。

立案只是对犯罪事实的初步确认,只需要认识到其可能触犯法律规定,或者具备社会危害性,具有刑事可罚性即可。如果认为该行为可能会危害社会,那么就应该进行立案,而非在查明具体的、所有的案件事实之后才进行立案,这样就会丧失立案的作用和价值,使得公民的合法权益无法得到及时保护。"发现犯罪事实"或者"认为有犯罪事实"是立案的前提,如果不具备这两种形态,则不能立案。立案阶段之所以可以成为独立的诉讼程序,就是因为这个阶段所要查明的嫌疑事实并不是犯罪认定的全部事实和一切情节。

---

〔1〕 龙宗智、杨建广:《刑事诉讼法》,高等教育出版社2007年版,第229页。

〔2〕 在外国的刑事诉讼立法中,大都没有将立案作为独立的诉讼阶段。在英国和美国,实施逮捕才是刑事诉讼的开始,而我国《刑事诉讼法》中规定的立案程序是借鉴了苏联、蒙古等国《刑事诉讼法典》关于提起刑事诉讼的规定,将之列为侦查之前必经的独立程序,并为使文字通俗易懂,将提起刑事诉讼改为立案。相关内容参见樊崇义:《刑事诉讼法学》,中国政法大学出版社1999年版,第256页。

同时,如果诸项要件对应的事实在立案阶段已经完成,那么刑事侦查的意义将会被消解,因为全面地查清犯罪事实正是侦查阶段的基本任务,如此便无法发现和厘清侦查的意义所在,将会给理论与实践带来矛盾。阶层犯罪论体系中构成要件该当性阶层为立案阶段的任务特定化提供了理论支撑,即只要行为符合基本的犯罪构成要件事实即可立案,不用对所有的体系性要件进行判断。构成要件该当性的理论要素框定了立案阶段的主要任务,以明确的范围为其认定过程中的可能性衡量和确定性判断提供了参考依据,不仅避免了司法资源的浪费,也实现了刑事诉讼程序的稳步推进。在立案阶段设置过高过严的要求都会损害法律的权威性,有悖于立案阶段的目的、目标、价值、意义。

### (二)使“涉嫌”的理论预设和判断更加清晰

客观行为造成的实害是动用刑法的前提,因为刑事制裁作为一个国家法律体系中最严厉的手段,如果没有危害结果,就没必要动用刑法。立案的目的就是让侦查机关依照法律的程序开展初查、收集证据,进而证明犯罪事实的存在。这里的案件事实包括作案行为及行为附随状况(行为时间、地点、作案工具、行为后果、因果关系等),立案时不要求对客观方面都一一查清,但至少要能和犯罪构成建立一定程度的联系。[1] 如上文所述,全面查明犯罪构成要件事实是侦查阶段的任务,因此,立案阶段作为侦查阶段的前奏,其所应查明的对象只是一种关于事实的“涉嫌”判断。

只有当行为对刑法所要保护的利益产生了严重威胁才可以认为该行为存在社会危害性,也才能将此种行为认定为“涉嫌”犯罪。由于人类的认识能力非常有限,我们似乎永远达不到绝对真实的全面的认识和理解,因此,我们必须在适当的时间内确定下来对案件事实的发现和认定范围,以便于

---

〔1〕 杨宗辉、刘为军:《立案侦查条件新论》,载《法商研究》2001年第2期。

刑事案件都能够得到处理和对待,进而维护人类正常的生活秩序。在立案过程中,阶层犯罪论体系梳理了行为该当犯罪的要素与范围,通过对犯罪所导致的对象状态的改变或者某种社会关系以及法益的变化来判断或者预设该行为是否成立,为“涉嫌”犯罪的判断和认知提供了充足的事实准备,使得刑事程序一开始就以某种构成要件为指导形象去辨明案件,最终以对体系和类型的符合性实现准确认识,为“涉嫌”行为的判断提供指引。

### (三)预防冤错案件的起点

冤假错案的开端很多时候就在于司法机关搜集的证据是非法的,或者不充分的,[1]所有的判断要件都意味着“有罪”的初步认定。美国法学家杰罗姆·弗兰克在其《法律与现代精神》一书中指出法官和普通人形成裁断的过程是一样的,人类很少直接从前提出发而得出结论,大多数情况下,反而是先形成一个不太确定的结论,进而从这一结论开始,倒推着去发现能够导出该结论的前提。然而,“法律是一个带有许多大厅、房间、凹角、拐角的大厦,在同一时间里想用一盏探照灯照亮每一个房间、凹角和拐角是极为困难的,尤其是由于技术知识和经验的局限,照明系统不适当或至少不完备时,情形就更是如此了”。[2] 为了应对犯罪现象的多样性和犯罪事实的复杂性,我们应当采用更加系统周延的犯罪构成理论体系,在查明犯罪和认定犯罪过程中,确立“以客观证明主观”的思维模式,避免以主观判断代替客观判断,以先入为主的主观判断来指引行为是否“涉嫌”犯罪的判断路径,预防冤错案件的形成。

---

〔1〕“刑讯”制度的出现在我国甚早,最早有文献记录的就是西周的礼法。《礼记·月令》曰:“毋肆掠,止狱讼。”注云:“掠,谓捶治人”。《史记·夏侯婴传》记载:“虽卿相下狱,亦动辄笞掠数百。”武则天时期,刑讯更是严酷,“请君入瓮”的典故就出自张俊。武则天重用的苛吏来俊臣、周兴等人就用自己独创的严刑来折磨囚犯,逼供坐罪。相关内容参见徐朝阳:《中国诉讼法溯源》,台北,台湾商务印书馆1973年版,第31—33页。

〔2〕[美]E.博登海默:《法理学——法律哲学与法律方法》,邓正来、姬敬武译,华夏出版社1987年版,第199页。

立案意味着刑事案件的初步确立,在司法实践中,立案机关经常在掌握“犯罪事实”时,完全有可能也已经掌握了犯罪嫌疑人行为时的主观故意或者过失,而犯罪嫌疑人之所以被司法机关认定为嫌疑人主要是因为他实施或者支配了犯罪的客观行为。换言之,立案机关工作人员在实践中运用犯罪构成理论体系对案件的性质形成初步认识,对于涉嫌罪名形成基本判断,进而以相应犯罪构成要件为指引全面收集找寻证据;同时又不被这种初步的认识和判断过度影响,坚持以犯罪构成理论体系为指导,遵循客观是主观的外化和具体化,以客观事实去验证主观罪过,在对客观证据不断的审视判断中寻找刑法规范对接。所以,对犯罪成立与否的判断不能建立在行为人本身的特征上,主体事实和主观事实都不能单独成为认定犯罪成立与否的根据,也不能随意变动主观判断在行为认定过程中的顺序。

## 三、限制侦查人员的倾向性操作

根据我国《刑事诉讼法》第115条规定,侦查就是对已经立案的刑事案件,由特定的司法机关为收集、调取罪与非罪及罪之轻重的证据材料,确定犯罪嫌疑人而依法采取的有关活动总称。在侦查过程中,侦查人员对案件事实进行分析研究,起点是不确定的判断,终点才是犯罪与否的判断,犯罪嫌疑人的权利可能面临从自由到不自由的巨大落差,因此“侦查阶段往往成为犯罪嫌疑人觉得最可怕的阶段”。[1]

### (一)调整侦查活动的单向性

侦查的开始意味着从立案之初的程序性审查转入全面的取证工作,侦查活动的总体目的是收集证据、查获犯罪嫌疑人和查明案情。[2] 在司法实

〔1〕 陈卫东:《论侦查权的司法控制》,载《政法论坛》2000年第6期。

〔2〕 刘梅湘:《刑事侦查程序理论与改革研究》,中国法制出版社2006年版,第7页。

践中，侦查人员往往将侦查阶段看作是提起公诉的准备阶段，在情感上也容易产生对犯罪嫌疑人的敌对和愤恨，这样的倾向导致的直接后果便是容易忽视无罪证据，造成片面化的认知路径。然而，侦查工作不仅包括对作案人的控制和对犯罪证据的收集，也应当关注和找寻行为人无罪、罪轻的证据。犯罪事实的发生与否是侦查程序推进的目标所在，这不是一种单向的思维路径，而应该分为两种方向的思维考量，可以从"可能"到"肯定"，也可以从"可能"到"否定"。

在侦查程序中，犯罪构成理论体系可以帮助侦查人员理清行为的结构和特点，进而与刑法规范进行对应，以此作为寻找证据的起点，完成侦查阶段的任务。犯罪构成理论体系在刑事程序法中的功能是查明事实，在刑事实体法中的功能是认定犯罪性质。[1] 但由于国家权力具有不可撼动的威力，虽容易发现案件事实的真实样态，也很容易在此过程中侵犯犯罪嫌疑人的合法权益。为了更好地实现控制犯罪和保障人权之间的平衡，防止侦查过程中的倾向性操作，全面科学的犯罪构成理论体系显得尤为必要。

纵观四要件犯罪论体系中的四个犯罪构成要件，都呈现出积极的入罪思维路径，以该理论体系为指引，侦查人员难免倾向于收集有罪或者罪重的证据，而忽视无罪或罪轻的证据。同时，四要件犯罪论体系中，四个要件确立成功即可认定犯罪成立，这在一定程度上简化了入罪的路径。而阶层犯罪论体系则不一样，阶层犯罪论体系将正当化事由纳入到体系之内进行考察，使得阻却事由的位置更加明显。侦查人员为了实现对行为的准确定性，不仅需要积极找寻构成犯罪的该当性要件，也要努力发现阻却犯罪的要素，如此会大幅增加侦查人员搜集无罪证据的意识，促使侦查人员对案件和事实进行全面的衡量和分析，进而在行为判断过程中避免单向的入罪思维路径，也克服了侦查过程中的无序性和散乱性。

---

〔1〕 陈银珠：《论犯罪构成要件的逻辑顺序——以程序法与实体法的功能区分为视角》，载《法律科学》2013 年第 3 期。

### (二)实现侦查范围的全面性

侦查阶段的任务是搜集所有证据材料对案件事实进行查证,进而为起诉机关审查事实提供基础性裁量。与立案阶段不同,侦查机关要以犯罪构成理论体系的全部要件为指引去审查事实与规范的匹配度并作出判断和定性。侦查人员在侦查活动中,主要通过现场勘察来发现行为、手段、工具等客观事实,然后再对这些客观要素分析判断,以找出行为人的目的、动机和犯罪过程中的作案条件,实现对整个案件的全面认知。[1]

在四要件犯罪论体系中,犯罪客体形成了一种强烈的有罪判断。首先,如果以犯罪客体为首要认定要素,极容易形成入罪导向,忽略对行为的全面认知和判断;其次,犯罪客体无论是"社会关系"还是"法益"等都十分具有抽象性和不易把握性,内涵与外延常常过于空泛,如果将其作为犯罪构成理论体系的一个基本要件,将无法为侦查活动提供具体化的判断依据。如果侦查思维出现问题,则会导致侦查方向产生偏差,所获得的证据效力也大打折扣,无法实现与案件事实的匹配,丧失可被规范性的意义。阶层犯罪论体系相较于四要件犯罪论体系,具有明显的全面性:其以原始事实为根据,判断起点是构成要件该当性,再用有责性和违法性的判断剔除原始事实中的非关涉事实,进而对原始事实进行选择和加工,从而达到认定罪与非罪的目的。在这个事实判断加工过程中,阶层犯罪论体系形成有罪要件和出罪要件的平行展示,赋予了侦查人员全面收集证据并全面分析案件事实的职业自觉性,也促进了侦查范围全面性的实现。

---

[1] 《刑事诉讼法》第3条规定,对刑事案件的侦查、拘留、执行逮捕、预审,由公安机关负责。《刑事诉讼法》第116条规定,公安机关经过侦查,对有证据证明有犯罪事实的案件,应当进行预审,对收集、调取的证据材料予以核实。

### (三)避免司法产品制作的早期性

侦查过程是一个由“不确定”到“确定”的过程,需要经过严密的调查取证、合理的认知判断才可以实现,如果出发点错了,就绝不会达到正确的终点。侦查阶段的事实判断体现为自然意义上的情节梳理,而法律判断则体现为一种法律评价。客观证据可以证明犯罪行为存在与否,是一种事实判断,只有具备了犯罪事实,才可能进行下一步的法律评价,因此,事实判断是法律评价的前提和基础。侦查取证是一个发现和证实犯罪嫌疑的过程,体现为事实和判断的交织,而不是对案件事实的纯叙述。

尽管四要件犯罪论体系下的要件判断更“符合中国人的综合性、整体性思维习惯”,[1]然而,在这种平面式结构中,主观要件和客观要件同等重要,我们常常看不出哪一个要件需要优先评价,导致的直接后果就是无法防止人们优先判断主观要件符合性是否存在,很容易将没有社会危害性但却具有明显主观恶性的行为被直接认定为犯罪而不自知,从而造成刑法运用过程中的主观主义,过早形成犯罪与否的判断结果。同时,在司法实践中,“破案率”等各种指标也使得侦查人员在启动诉讼程序时就更倾向于打击犯罪,所以,侦查机关在收集证据时应当避免“准备性”程序思维的引导,不能将其定义为起诉的前奏,要注重对证据的全面收集和整理。

尽管侦查程序中的“判断”不是最终判断,但不可否认,侦查机关对案件事实和犯罪嫌疑人的不同认定结果对于整个刑事诉讼程序的推进都有着实质性的影响和作用。在刑事诉讼中,控辩双方能否在审判过程中实现平等对抗,很大程度上取决于证据数量以及证据能力的判断,而证据获取的一个关键阶段则是在侦查阶段,因此,控辩双方在力量上的对比也依赖于侦查阶段对证据的获取能力。换言之,如果在侦查阶段无法实现控辩双方的平等

---

〔1〕 曲新久:《犯罪论体系片语》,载《政法论坛》2003 年第 6 期。

保障,那么在审判阶段也就很难实现控辩平等对抗。

### (四)通过“逻辑线索”加以串联

侦查行为所面对的事件已成为过去式,其不可复原性增加了事实发现的难度,此时所能观测到的已不再是事件本身,而是事件的多个组成部分,并通过对组成部分的梳理和拼接形成认识。“案件与规范是方法过程的原材料,没有经过加工,它们难以相互归类,规范属于抽象性到普遍性过程中定义之应然,具有未终了的诸多事实的案件,则属于杂乱无章的无定型之实然。只有在用规范性来丰富案件之后,归序方为可能。”〔1〕如果不想将法学工作局限为登录注解个别规则和裁判,就不得不注意以下问题:多数规定彼此必须相互协调、逻辑一贯,以避免产生相互矛盾的决定。换言之,必须作体系性的研究。〔2〕

在犯罪构成理论指引之下,侦查阶段体现为运用犯罪构成理论体系的逻辑对事实进行判断,厘清各类犯罪行为的基本结构和行为特点,并用侦查手段来分析案情、发现和确认犯罪嫌疑人,为犯罪事实的证明提供可被满足的标准,进而实现侦查阶段的任务。阶层犯罪论体系指引下,侦查人员立足于构成要件该当性,运用各类侦查措施收集相关证据,对待证事实的规范必要性进行基于元素分析上的总括式评价和判断,如果存在追究刑事责任的必要性,则进入下一阶段。违法性和有责性的内容的考量为侦查人员的取证工作提供了方向指引和内容规范,进而按照一定的体系对犯罪成立条件进行归纳,对案件证据进行体系化的理解和结构化的处理。阶层犯罪论体系在这个过程中因其自身强大的逻辑性,使得侦查过程中的证据材料形成了一种动态推进和演绎,为定罪设置了阶梯式的评价标准,梳理和巩固了犯

〔1〕［德］阿图尔·考夫曼、温弗里德·哈斯默尔:《当代法哲学和法律理论导论》,郑永流译,法律出版社2002年版,第18页。

〔2〕［德］卡尔·拉伦茨:《法学方法论》,陈爱娥译,商务印书馆2005年版,第6页。

罪判断认知模型。

## 四、审查起诉阶段的"进"与"退"

阶级社会产生之初,国家并不直接参与犯罪追诉过程,更多由被害人充当起诉人员的角色。随着国家权力的不断强化以及社会意识的不断觉醒,犯罪行为不仅被视为个人之间的纠纷,也被视为危及国家统治秩序的行为,法官开始承担重罪追诉的任务以实现对国家利益的维护。随着权力分工的不断加强以及对诉讼活动的认识逐步深化,人们逐渐意识到不能由法官一人承担公诉和审判的双重职能,提起公诉的职能应由法官以外的其他专门人员承担,检察官作为公益代表人行使公诉权力的制度也由此出现。

检察制度发端于中世纪的法国,最早确立于1808年法国的《拿破仑治罪法典》。[1] 从形式上看,检察制度降低了司法效率,对司法过程的行进产生了阻碍性力量,然而资产阶级取得政权后并没有废除这一制度的主要原因是其对警察和法官的行为进行了合理的监督。首先,检察官通过审查起诉对警察侦查获得的案件事实进行审查,有利于防止警察的肆意行为。其次,检察官通过出庭公诉、抗诉等行为,实现了对法官司法擅断的制止,维护了司法公正。最后,由于检察官具有较高的法律素养,且不直接从事侦查和审判业务,立场相对超脱,更容易贯彻客观公正和维护法治正义。

### (一)检察官的客观与公正义务

围绕着检察官的任务、地位、作用,在当时主要形成了两派观点:一种是"诉讼当事人"派,认为检察官是一方诉讼当事人,只需收集对被告人不利的事实和证据,实现自己的控诉立场。另一种是"法律守护人"派,认为检察官

[1] 林钰雄:《检察官论》,台北,学林文化事业有限公司1999年版,第70页。

承担着严格客观的义务,不仅要收集对被告人不利的证据,而且要维护被告人利益。该派的代表人物萨维尼认为:“检察官应担当法律守护人的光荣使命,追诉犯罪者,并援助一切受国家照料的人民。”〔1〕上述两派经过争论,以法律守护人派的观点成为通说而告终。“法律守护人”派的观点在1877年通过的德国《刑事诉讼法典》中得到确认,该法典规定:“检察院不仅要侦查证明有罪的,而且还要侦查证明无罪的情况,并且负责提取有丧失之虞的证据”,包括为被指控人利益提起上诉和申请再审(第296条第2款、第301条、第365条);检察官在庭审中如果认为证据不足以定罪,可以要求法官宣告被告人无罪。在实行职权主义诉讼模式的荷兰、西班牙、葡萄牙、爱尔兰等国,检察官客观公正义务也都有不同程度的体现。〔2〕

在实行当事人主义诉讼模式的英、美、加拿大等国,虽然检察官被认为是“当事人”,但也同样承担客观公正义务。如在美国,在1935年的伯格诉合众国一案中,大法官萨瑟兰指出:“检察官在刑事司法中不能仅仅以追求胜诉作为自己的目标,应当确保实现公正。检察官是法律的奴仆,具有双重目标,既要惩罚犯罪,又要确保无辜者不被错误定罪。不允许使用可能产生错误结果的不适当手段追诉犯罪。”〔3〕美国律师协会制定的《刑事诉讼准则》也规定,检察官不得提出或者追求在数量上或程序上超越法庭审理时证据能够合理支持的指控。在法庭审理中,如果检察官发现控诉证据不足以支撑有罪判决,检察官应当明确表示放弃追诉或者要求法庭宣告被告人

---

〔1〕林钰雄:《检察官论》,台北,学林文化事业有限公司1999年版,第31—33页。

〔2〕在法国,检察官被称为“立席法官”,是“近似司法官的行政官”,负有不同于当事人的权利、义务,不能把获得有罪判决作为唯一目标,而应从社会的立场出发,客观公正地按照事实和法律进行公诉,在检察官认为符合总体利益的情况下,可以要求对被告人免予起诉而不对被告人作出有罪判决。[法]卡斯东·斯特法尼、乔治·勒瓦所、贝尔纳·布洛克:《法国刑事诉讼精义》,罗结珍译,中国政法大学出版社1999年版,第135页。

〔3〕[美]爱伦·豪切斯泰勒·斯黛丽、南希·弗兰克:《美国刑事法院诉讼程序》,陈卫东、徐美君译,中国人民大学出版社2002年版,第230页。

无罪。[1]

在实行混合式诉讼模式的意大利、日本等国，检察官同样负有客观公正义务。例如，意大利1988年修改刑事诉讼法时引入对抗式诉讼模式。在该国，检察官与法官同属司法官员，检察官既是当事人，又是公共利益的代表，负有客观公正、维护法律的义务。该国《刑事诉讼法典》第358条关于"公诉人应该核实对被调查人有利的事实和情节"的规定，第629、632条关于"检察官可以提出对被判刑人有利的再审请求"的规定等，[2]都是检察官客观公正义务的体现。检察官客观公正义务不仅被多数国家法律所规定，而且发展成为一项普遍认可的国际准则，在有关国际文件中得到确认。[3]《国际刑事法院罗马规约》第54条第1款规定，为查明真相，调查一切有关的事实和证据，以评估是否存在本规约规定的刑事责任。进行调查时，应同等地调查证明有罪和证明无罪的情节。第81条第2款规定，被定罪人或检察官可以基于程序错误、认定事实错误、适用法律错误，或影响到诉讼程序或裁判的公正性或可靠性的任何其他理由提出上诉。[4]因此，检察官必须站在一种客观和中立的角度，对案件事实、相关证据以及案件可能涉及的法律问题进

---

〔1〕孙长永：《检察官客观义务与中国刑事诉讼制度改革》，载《人民检察》2007年第17期。

〔2〕《意大利刑事诉讼法典》，黄风译，中国政法大学出版社1994年版，第21、127、223、224页。

〔3〕联合国《关于检察官作用的准则》的序言指出，该准则所制定的下列各项准则，其目的在于协助会员确保和促进检察官在刑事诉讼中发挥有效、不偏不倚和公正无私的作用。在具体条文中则明确规定了检察官客观公正义务的内容："检察官应始终一贯迅速而公平地依法行事，尊重和保护人的尊严以及维护人权，从而有助于确保法定诉讼程序和刑事司法系统的职能顺利地运行"（第12条）；"检察官在履行其职责时应不偏不倚地履行职能，并避免任何政治、社会、宗教、种族、文化、性别或任何其它形式的歧视；保证公共利益，按照客观标准行事，适当考虑到嫌疑犯和受害者的立场，并注意到一切有关的情况，无论是否对嫌疑犯有利或不利"（第13条）；"如若一项不偏不倚的调查表明起诉缺乏根据，检察官不应提出或继续检控，或应竭力阻止诉讼程序"（第14条）；"当检察官根据合理的原因得知或认为其掌握的不利于嫌疑犯的证据是通过侵犯嫌疑犯人权的非法手段，尤其是通过拷打，残酷的、非人道的或有辱人格的待遇或处罚或以其他违反人权的办法而取得的，检察官应拒绝将此类证据用于采用上述手段者之外的任何人，或将此事通知法院，并应采取一切必要的步骤确保将使用上述手段的责任者绳之以法"（第16条）。

〔4〕《批准与执行国际刑事法院罗马规约手册》，赵秉志、王秀梅译，中信出版社2002年版，第368、450页。

行全面的审查之后，才能决定是否对案件提起公诉，而不能站在与侦查机关同样的立场进行判断。

### （二）明确提起公诉的重点——框定“进”的方向与范围

公诉阶段连接着侦查阶段与审判阶段，具有承前启后的作用。检察机关享有审查决定是否提请法院进行实体审判的程序性权力，由此成为裁判入口的把关者，它代表社会公共利益，以客观公正控诉犯罪为手段实现国家的刑罚权。然而，法庭是控辩双方对抗的竞战场，检察官到了法庭后就变得像“狼人”一样，一般只会看到对检方有利的，因此所有主诘问设计的问题都是朝有利检方的方向进行，如果遇到不利证人所有反诘问也是以攻击对方为主要任务。同时，大陆法系普遍存在的以业务完成量为标准的职业考评制度也加重了检察官倾向作出有罪起诉的压力。

公诉权是一种司法请求权，公诉机关应以发现真实为唯一目的，积极发掘犯罪嫌疑人的有利和不利证据，实现对侦查内容的全面审查后才能作出起诉或者不起诉的决定，而不应聚焦于追诉犯罪，也不能将公诉视为作出有罪起诉的主要手段。换言之，检察机关通过审查侦查机关提交的证据，如果发现案件事实清楚，证据确实充分，则提起公诉；如果在案件事实清楚、证据确实充分的基础之上，具有相对不起诉的情形，则应当停止提起公诉。不可否认，刑事诉讼各个阶段都需要运用犯罪构成理论体系进行指导，然而这一过程并非是静止的被动性存在，而是动态的互动式存在。一个合理高效的犯罪论体系可以促使检察官在审查起诉过程中对案件事实的梳理不局限于单一入罪的面向，而是在与原始事实融合的基础上，综合考量行为属性并进行理性评价。

阶层犯罪论体系与四要件犯罪论体系相比，最大的不同就是将刑法分则各条文之特殊构成要件的理解和适用明显化，不满足于寻找“套得上”的条文，而是不断地发掘条文内部罪状要求之实质内容，区分并确定特殊构成要件(该当性)和一般构成要件(违法性、有责性)的顺序,这样有利于公诉机关迅速抓住重点证据,有力地框定了进攻的主要方向和范围界定,进一步实现从客观到主观的判断路径。然而,四要件犯罪论体系的四个犯罪构成要件之间缺乏位序感,忽略了事实和评价的区分,导致公诉人在法庭审理中可以按照"主体—主观—客体—客观"或者其他任何顺序排列进行指控,"眉毛胡子一把抓",事实和评价相互融合混淆,这样的指控无法形成合理的顺序对案件事实进行展示,导致重点不突出,也消弥了公诉权在运作和实施过程中的多元价值目标和面向,增加了有罪认定的机会。

### (三)能够涵括"不起诉"和"撤回起诉"的司法面向

公诉权是否纳入了对不起诉、撤回起诉等内容的考量是判断是否合理一个重要因素,例如,德国《刑事诉讼法》第 153 条 a 项关于附条件不起诉的规定就被学者评价为"几乎改变了德国的半个刑事诉讼法"。[1] 不起诉权是指检察机关对已经侦查终结的案件进行全面审查后,认为犯罪嫌疑人的行为并非构成犯罪或者不应追究刑事责任,进而提请法院不审判或者暂时不提请法院审判的一种行为。在我国司法实践中,即使"有错必究"也必须立足于"实事求是",如果检察机关发现犯罪嫌疑人不具备可被追诉的行为

---

〔1〕 德国《刑事诉讼法》第 153 条 a 项第 1 款规定,"如果负担与指示适于消除刑事追诉的公共利益,且罪责的严重性与此不相抵触,经负责开启审判程序的法院和被指控人同意,检察院可以对轻罪暂时不提起公诉,同时科处被指控人履行一定的负担与指示。特别考虑以下所列作为负担与指示:第一,履行一定给付,修复犯罪行为造成的损害;第二,向某公益设施或国库交付一笔款额;第三,履行其他公益给付;第四,承担一定数额的抚养赡养义务;第五,真诚努力地与被害人达成冲突调处(犯罪人与被害人冲突调处),并修复其犯罪行为造成的全部或绝大部分损害,或者力求修复损害;第六,参加社会训练课程,或者参加《德国道路交通法》第 2 条 b 项第 2 款规定的进修补习课程或该法第 4 条 a 项规定的驾驶矫正课程。为履行负担与指示,检察院对被指控人设定期限,在第一项至第三项、第五项和第六项情形中期限最长为六个月,第四项情形中最长为一年。检察院可以事后撤销负担与指示,并可延长期限一次,延长期为三个月。经被指控人同意,检察院亦可事后科处和变更负担与指示。如果被指控人履行负担与指示,对犯罪行为不能再作为轻罪追诉。"相关内容参见《德国刑事诉讼法典》,宗玉琨译,知识产权出版社 2013 年版,第 147—149 页。

和事实就不应该提起诉讼,如果已经提起的控诉遗漏了行为人的其他无罪评价事实,检察机关都应该通过撤回起诉或者变更诉讼的方式进行矫正。不起诉权和撤回起诉权作为消极公诉权,在适用过程中对检察官的行为推进形成了全面指引的作用。

根据司法实践中存在的不起诉类型,不起诉大体上可分为三类:一是法定不起诉,即当犯罪嫌疑人的行为不构成犯罪或者依法不应追究刑事责任时,检察机关必须作出不起诉的决定。在这种情况下,检察机关没有追诉权或者缺乏诉讼条件。比如,我国《刑事诉讼法》第 177 条第 1 款规定的不起诉就是法定不起诉。二是酌定不起诉,即犯罪嫌疑人的行为虽然构成了犯罪,但没有刑事处罚必要的,基于刑事政策的考虑而不予起诉的。我国《刑事诉讼法》第 177 条第 2 款就规定,人民检察院对公安机关侦查终结移送起诉或者自行侦查终结的案件经过审查,认为犯罪情节轻微,依照刑法规定不需要判处刑罚或者免除刑罚时,可以作不起诉处理。三是附条件不起诉,是指检察机关对于已经违反刑法规定的犯罪嫌疑人,在综合考虑后,依法认为没有立即追究其刑事责任的必要而作出暂时不予提起公诉并规定考察期以观后效的处理决定,在一定期限内保留提起公诉的可能性。因此,控诉方的功能定位不能局限于追诉犯罪,也承担着保障无罪之人不受追究的职责与任务。

不论是有罪证据还是无罪证据,不论是有利于犯罪嫌疑人的证据或者不利于犯罪嫌疑人的证据检察院都应当呈送给法院,而不能基于自身立场的考虑,掩饰对无罪或罪轻证据的客观评价和衡量。规范与事实的对接不仅体现在程序法意义上,也需要依靠实体法才能得以顺利实现。阶层犯罪论体系中违法阻却事由和责任阻却事由的存在使得检察院在提起公诉的过程中形成了更为全面的考虑,不仅明确指出了要承担攻击性的定罪职责,也使检察院注意到不起诉情形的存在,不以有罪起诉为唯一推进目标,也收集不构成犯罪的相关证据,更加符合客观公正义务的要求,促使审查起诉阶段产生了“退”的因素。刑事实体法与刑事程序法一直在为权力和权利的均衡进行探索和研究，实体法只有在通过程序实施之后才有意义，阶层犯罪论体系在一定程度上使得检察院的审查判断更为全面，同时，基于客观收集和全面判断基础之上的起诉才方显公正。

## （四）守护法律与胜诉导向的平衡

检察官作为国家和公共利益的代表，具有守卫国家利益和尊严的职责。德国学者德迈尔曾说，检察官应该力求真实与正义，因为任何显露他片面打击被告人的狂热都将减损他的效用和威信，他也明白只有公正合宜的刑罚才是符合国家利益的。为此很多国家除通过诉讼制度限制控诉方权力、赋予辩方权利来平衡控辩力量，还赋予检察官以守护法律的义务，要求检察官在追诉犯罪的时候，也不得违背证据裁判基础之上的公平原则。然而，控辩双方之间悬殊的实力却有可能影响刑事诉讼目标的全面实现。如果检察官具有片面的控诉倾向，以追求胜诉为唯一目标，对有利于犯罪嫌疑人或被告人的情况置之不理，将会使犯罪嫌疑人或被告人受到不公正的对待，也与其“国家与公共利益代表”的身份相悖。

公正的程序反对为了刑法目标的实现而不择手段，要求确保刑法规范适用过程中的可接受性。在审查起诉阶段中，每一个案件事实都要经过客观公正的衡量和认知才能被用于定罪。阶层犯罪论体系通过构成要件该当性、违法性、有责性三个层次的判断和每个层次中两种方向的厘清，赋予审查起诉过程明显的“双面性”，换言之，检察院在追求胜诉目标的同时也要积极履行法律守护者的职责，要站在客观立场努力还原案件的本来面目，而不是在当事人立场上进行攻击。“国家，作为权利与义务的主体来说，正如别人一样，都是从属法律秩序的。作为权利与义务的主体来说，国家与个人是平等的。"[1]公诉人在审查起诉阶段需要慎重作出诉与不诉的决定,既要保护被告人免受法官之擅断,又要保护其免受警察之恣意,积极实现目标追求中的善和真实。

## 五、推进"以审判为中心"的实施

"以审判为中心"是现代刑事诉讼的客观要求和内在规律。判决只能"从审判程序中所获取者"才可以作为依据,并且审判原则只有在审判程序中才有广泛的运用。通过审判程序,人民法院最终形成对案件事实的判断,并对行为是否构成犯罪做出认定。"审判程序和法的关系如此密切,就像植物的外形和植物的联系。因此,审判程序只是法律的生命形式,因而也是法律内部生命的表现。"[2]然而"在当代中国尤其是基层的司法中,存在着诸多社会行动无法简单地落入现有的法律体系……中国法官,特别是基层法官,每当处理存在争议事实的时候,就是要在现有的制定法概念体系范围内,给这些带刺的事实提供一个甚至挤出一个合适的容身之所"。[3] 不容忽视的是,犯罪构成理论体系厘清了刑事审判的进路,其所承担的职责实际上是解释一种行为何以被作为犯罪处理或者不作为犯罪处理,是整理法官思考、规制法官判断的一种知识系统。[4] 因此,审判活动应以犯罪构成理论体系的全部要件为依据,通过证据的加工转换,最终实现事实行为和法律规范的对应。

---

[1] [奥]汉斯·凯尔森:《法与国家的一般原理》,沈宗灵译,中国大百科全书出版社1996年版,第229页。
[2] 《马克思恩格斯全集》(第1卷),人民出版社1956年版,第178页。
[3] 苏力:《送法下乡——中国基层司法制度研究》,中国政法大学出版社2000年版,第211页。
[4] 付立庆:《中国传统犯罪构成理论总检讨》,载陈兴良主编:《刑事法评论》(第26卷),北京大学出版社2010年版,第48页。

### (一)实现法官的“兼听则明”

法官不同于立法者,对于法官而言,法不是主动给予的存在,而是一种被负担的东西,因此,我们要求法官不局限于单纯地解决争议,而是要公平公正地解决争议;不是单纯地去适用法律规则,而是正确地适用这些规则。刑事审判所期望的结果是,只要被告犯有被指控的罪行,他就应当被宣判为有罪。审判程序是为探求和确定这方面的真实情况设计的。[1] 法官通过审理活动最终确认案件事实是否构成犯罪,然而事实问题及法律问题以不可分解的方式纠结缠绕在一起:法官最后如何判断个别事件,在很大程度上取决于判断时他考虑了哪些情景,乃至于他曾经尝试澄清哪些情况;而选择应予考量的情事,则又取决于判断时赋予各该情事的重要性,[2] 当富有探索进取精神的诉讼双方面对面直接交锋时,真理就愈有可能被发现……辩论制的运用可以抵消那种在还没有听完全事实的情况下就匆忙作出决定的天然倾向。[3] 因此,实现法官的“兼听则明”是刑事审判所期望的结果。

审判阶段的基本结构是控辩审的“三方组合”,这种“三方组合”结构的最主要特征就是“第三方”中立。中立的地位是实现法官“兼听则明”的重要前提,只有处于不偏不倚居中裁判时,才能用理性的眼光去审视争议的双方以及双方的争议事由。体系性的研究方法可以为认定犯罪提供统一的原理,逻辑地、体系地考虑犯罪概念,帮助判断者调整其考虑方法。[4] 如上述所言,阶层犯罪论体系优化了公诉方发现犯罪的行为逻辑,规范了控诉方的指控对象和范围;与此同时,违法阻却事由和责任阻却事由的存在也明确了防御的指向和范围,赋予了被告人正当的话语权,被告人可以依照行为的违

---

〔1〕［美］约翰·罗尔斯:《正义论》,何怀宏等译,中国社会科学出版社2003年版,第81页。

〔2〕［德］卡尔·拉伦茨:《法学方法论》,陈爱娥译,商务印书馆2003年版,第189页。

〔3〕［美］小查尔斯·F.亨普希尔:《美国刑事诉讼——司法审判》(第1册),北京政法学院刑事诉讼法教研室1982年版,第112页。

〔4〕黎宏:《日本刑法精义》,中国检察出版社2004年版,第61页。

法阻却事由进行防御或者辩护，如此便锁定了审判的主要目标和基本范围。因此，在阶层犯罪论体系指引下，法官可以接触到控诉方和被告人的意见并进行综合衡量，综合衡量的全面性促使法官在审理过程中不偏不倚，不倾向于任何一方当事人，在更为中立和综合的视野中作出裁判，更加科学与公正。

### （二）庭审的实质化——基于论辩的推理

审判是对被告人定罪量刑的决定性阶段，控、辩、审三方在各自权利空间内推进实体结论的形成。《刑事诉讼法》第 12 条规定，“未经人民法院依法判决，对任何人都不得确定有罪”。法院判决的权威性来自于事实认定程序的科学性，一方面要防止法官在开庭前就受到卷宗的前置影响，防止“预断”的发生；另一方面要充分发挥控辩双方在庭审过程中的意见表达，以及基于意见表达的论辩。根据亚里士多德所说的论辩推理，乃是用言论说服对方的方法，通过出示各种各样的理由来批判对方的意见，从而维护己方意见正当化的方法，为了说明己方意见的正确而发现理由和论据的技法。[1]因此，庭审必须实质化才能促进案件事实的充分厘清和规范的正确适用。

控辩双方在实体方面的攻防活动主要围绕着对犯罪构成要件事实的存在与否和证明而展开，因此，犯罪构成理论体系的任何要素调整和结构变化都会影响诉讼运作的格局。阶层犯罪论体系强调类型化的认知取向，以元素组成为单位对证据进行实质判断，并强调案件事实与规范性要素的不断互动与印证，克服了观念与规则的先入为主。同时，阶层犯罪论体系通过建立理性的对抗的平台，对证据进行公开审查，对所有指控进行阶层判定，一

---

〔1〕 论题一词，来自希腊文 τοπος（拉丁语为 *topos*），原意指“所在地”“处所”“位置”，引申为“同类事物之所”。τοπος 在论题学中就是指“论题”，它是言谈者论辩起始之所，或者如古罗马思想家西塞罗所言，论题乃“论点的位子”“论址”，即论点所由生之处。相关内容参见廖义铭：《佩雷尔曼之新修辞学》，台北，台湾唐山出版社 1997 年版，第 328 页以下；舒国滢：《寻访法学的问题立场——兼谈“论题学法学”的思考方式》，载《法学研究》2005 年第 3 期。

切与定罪量刑有关的证据都要在审判中进行提交和质证，所有与判决有关的事项都要经过法庭辩论才可以被认定，形成了充分的对抗性，特别保障了被告人对不利证据当庭对质的权利。正如全面认知是合理判断的基本前提一样，不同观点的充分论辩也是法官形成合理判断的重要依据。

“根据犯罪之体系性理论之判断，可避免实际审判之法官与犯罪事实之心证形成与犯罪成否之审判程序上思考之混乱，而得以依序遵从步骤，妥适地审判被起诉之刑事案件。犯罪之体系论有助于法官妥适审判之思考，同时亦能事后检证法官所谓之犯罪成否之认定、判断是否有妥适依顺序以认定犯罪之成立要件。”〔1〕审判人员应当依照法律规定和犯罪构成理论体系形成独立的认识、客观的判断和理性的裁决。在法律中最受珍视的推理证明了论证进路的一致性，逻辑作为一致性而备受珍视。〔2〕阶层犯罪论体系内部由浅入深、不断深入的判断路径使得认识呈现出逐步推进和演绎的特征，不同于传统诉讼阶段中不分主次的认定路径，而体系内部“相互印证”的经验性、分析性与规范性元素愈多，愈可能形成融贯性标准，〔3〕这也就使得阶层犯罪论体系指引下，所有与定罪量刑有关的证据都要在庭审过程中得到质证，通过这样的程序达成的认识更有可能揭示事实真相。

### （三）当事人在诉讼程序上享有的权利实际上就是对法官权力的直接限制

在19世纪前半叶，用法律来约束法官的形式主要表现为“刑罚法规必须全部根据文语来理解”，这种情况下法官的解释路径可以用下面的拉丁语格言概括表示出来：(1)法律有所希求时借助语言以表达之，无所希求时沉

〔1〕陈子平：《刑法总论》，台北，台湾元照出版有限公司2005年版，第96页。
〔2〕［英］沙龙·汉森：《法律方法与法律推理》，李桂林译，武汉大学出版社2010年版，第223页。
〔3〕［德］罗伯特·阿列克西：《法：作为理性的制度化》，雷磊编译，中国法制出版社2012年版，第111页。

默不语;(2)法律不做区分的时候,我们也不做区分;(3)某种事态的言及,意味着排除其他的事态。换言之,刑法解释不能在明文规定中添加任何东西,也不能从明文规定中剔除任何东西,明文规定里包含的潜在含义必须止于宣言。这样的解释方法在当时可以确保审判的公正性,但因其对法律的完备性有过高的要求,以及语义的多样性带来的理解歧义和自身更新的不及时性而逐渐呈现出诸多弊端。19 世纪后半叶,法律解释进入到了逻辑解释时代。逻辑解释立足于探求立法原因背后的法价值和法目的,检讨法律适用的规范意义和逻辑意义,从"裸"的行为到行为被赋予刑法规范意义,不仅是实现权力理性的基本要求,也更加具有实用性和可操作性。

正如托克维尔所言:"司法权自身不是主动的。要想使它行动,就得推动它。"[1]在诉讼过程中,控辩双方围绕案件事实的证明和反驳展开行为,法官的任务则是通过对证据的审查将案件事实和刑事法律规范进行匹配,进而确认控诉主张是否成立,并最终以裁判形式确定下来。因此,审判权的发动受到起诉的制约,没有起诉就没有审判。一方面,只有当事人或者公诉机关积极请求行使,审判权才可以启动,裁判者在启动上并不具有主动权;另一方面,审判范围也受起诉范围的限制,审判权所作用的范围一定要受到争议事项的制约。裁判者应当遵从良心的命令,居于超然的地位,据以裁断的犯罪事实应该是根据犯罪论体系、刑法规定和证据法则精心裁剪得来的,同时,被告人不仅是自然意义上的"人",更是法律意义上的主体,在刑事司法中,应当充分尊重个人自由,承认其主体地位,并尊重其诉讼权利,不能简单地将其客体化和工具化。[2] 控辩平等不仅立足于法官的中立,同时也会通过双方的对抗适当地削减法官的干预,促进实质意义上法官中立的实现。因此,当事人在诉讼过程中享有的权利越多,无论是控诉方还是被告人,法官的被动性和中立性就越明显,基于此逻辑得出的判决也会更加科学合理。

---

〔1〕 [法]托克维尔:《论美国的民主》(上卷),董果良译,商务印书馆 1993 年版,第 110 页。

〔2〕 樊崇义:《刑事诉讼法修改专题研究报告》,中国人民公安大学出版社 2004 年版,第 237 页。

实体法理论必须对程序的合理性给予充足考虑才能符合司法逻辑和规律，解决司法运行中的难题。阶层犯罪论体系赋予了案件判断过程中控辩双方充分论争的机会和途径，使得对抗的元素构成了刑事诉讼的基本逻辑，由当事人接受涉及自己利益的处理时必须得到陈述自己意见的机会，才能最大限度地发现案件真相的理由，进而将正当程序的原理演绎而出。一方面，阶层犯罪论体系通过构成要件该当性、违法性、有责性等三个层次中的双向衡量为被告人提供了充分的出罪机制，对不同范畴的人根据不同的权利给予相称的对待，按比例实行差别对待，这是一种具体的平等，与此同时，违法阻却事由和责任阻却事由也使得被告人的地位从被动应对到主动反击，增加了辩方权利；另一方面，阶层犯罪论体系通过构成要件该当性明确了控诉方需要承担的责任，为控辩双方的活动提供了明确的“焦点”和推进“路径”，使得庭审过程的运转得以高效进行。因此，阶层犯罪论体系使司法过程的判断越发聚焦，促进了控辩构造走向平衡，也为裁判者提供了明确的审判对象。正是对审判对象的不断规范形成了对审判权的制约，在这个过程中，审判权作为司法判断权之被动性才得以彰显。

### （四）实现案件分流——阶层判断的经济性

刑事诉讼的价值在于保证事实裁判的正确性，通过对政府权力进行限制实现公平正义，并在此过程中兼顾效率的实现。因此，诉讼过程应当尽量避免由于诉讼进行而产生的时间拖延，以及给当事人和裁判者带来的困扰和司法资源的浪费等。[1] 犯罪论体系将与定罪有关的要素提炼出来后，寻找案件事实与规范对应的关键所在，形成了一个理性认定犯罪的工具，使得行为判断只需在程式化的模式中按部就班地进行即可，避免陷入多种犯罪要素集中出现时的混乱现状和无所适从，因此，犯罪论体系本身就是一种经

〔1〕 Jeremy Bentham, *Critical Assessents*, London and New York: Rouledge, 1993, p. 10.

济性的存在。正如罗克辛指出,审查案件的体系性模式对思考的经济性来说,也是有帮助的。

刑法是一种行为规范,犯罪论体系是一种认知模式,在犯罪论体系指引下,司法机关工作人员根据证据分析事实和行为的性质,形成法律评价。按照阶层犯罪论体系,前面的审查步骤是后面审查步骤的基础,同时,前面的审查步骤不得以后面审查的内容作为前提,任何判断顺序都是不能混淆的。构成要件该当性、违法性、有责性具有不同的判断侧重点,只有构成犯罪的行为才需要完成对三个阶层的全部考察。构成要件该当性的判断在很大程度影响了行为的定性,把影响犯罪成立的最重要因素放在前面,可实现最早将非罪行为予以排除,进而提高司法效率。同时,在阶层犯罪论体系中,不构成犯罪的行为可能停留在其中的任何一个阶层的判断过程中,即如果前一阶层的判断遇到阻碍或者不成立,则无需进行下一阶层的判断,可以避免不必要的反复检验,这种定罪思维模式体现了一种高效率,避免了多余的审查环节。

# 第六章　阶层犯罪论体系之于证据证明

## ——从回应到互动

犯罪构成理论体系作为刑事诉讼的指导理念，可以自然而稳妥地延伸到证明问题——这一“诉讼的脊梁”。[1] 从一定程度上讲，刑事诉讼证明中的很多重要问题都必须回到犯罪构成的层面，才能获得可靠的解决。[2] 证据是任何一件或者一组可知的事实，而不是法律的或者伦理的原理，它被看作是法庭上提出的，对于主张的真实性产生肯定或者否定的信念……依据这个信念才能做出判断。[3] 任何案件事实的阐明都可以被视为证据信息的加工处理，这其中不仅包括有客观事物的判断，也包括诉讼参与各方的理解和呈现。刑法的运行方式是否合理取决

〔1〕［德］汉斯·普维庭：《现代证明责任问题》，吴越译，法律出版社2000年版，第1页。

〔2〕杜宇：《犯罪构成与刑事诉讼之证明——犯罪构成程序机能的初步拓展》，载《环球法律评论》2012年第1期。

〔3〕［美］约翰·H. 威格莫尔：《普通法的庭审证据》，人民法院出版社1983年版，第218页。

于实体法和程序法的双重规定，在刑事案件中，对行为的判断不能仅依靠实体法，也充满了程序法的量定，因此，刑事诉讼过程需要围绕证据展开，犯罪论体系中的每一个构成要件都应当与具体事实的证据相对应。以证据法的视角来研究犯罪构成理论体系，不仅有助于犯罪构成理论体系的完善，也是实现刑事一体化的重要环节。

## 一、阶层犯罪论体系使证明距离得以对象化

证据制度的首要目标就是证明是否犯罪以及所犯何罪，证明距离即通过证明制度实现从案件事实到犯罪事实的过程，主要包括三个要素：证明对象、证明责任、证明标准。证明过程的充分性一定程度上依赖于证明距离的明确性，这种对象化的呈现使得行为认定更加具体。但司法实践中，由于法官没有直接接触案件事实，而是循着犯罪构成这一框架结构，靠控辩双方在对抗过程中过滤下来的证据材料进行判断，进而待证对象找到了体系性位置，因此，犯罪构成理论体系决定了实体裁判形成的基本轮廓，刑事诉讼中证明事项的主体就是构成要件事实。证据正是在与体系内各个要件相匹配的过程中形成了相同要素的集合，为审判过程中的价值判断提供基础材料，并实现体系化构造下的理性。

### （一）阶层犯罪论体系：逐步收缩的思考路径

证据规则是关于事实发现的规则，是确定向法庭提供何种信息以及如何提供信息以解决事实争议的一整套规则。[1] 证明不能被简单地视为待证事项的分类，应该依据证明对象所具有的实体意义整理出要素之间的内在

〔1〕［美］理查德·艾伦·波斯纳：《证据法的经济分析》，徐昕译，中国法制出版社2011年版，第10页。

脉络,形成案件的“整体风貌”与“法律定型”。[1] 理想的刑事证明是在等腰三角形结构指引下,控、辩、审三方参与的充分体现交互性的认识活动。因此,司法证明是否理性公正取决于参与者之间能否在主体层面就证据争议焦点作出有效评价,达成合理共识。[2]

虽然犯罪构成理论体系无法直接与证据产生关联,却给证据的发现提供了审查范围和判断顺序。如果将阶层犯罪论体系的构成要件看成一个集合,其内涵的三个阶层就如一道道刻度对证据进行了划分,而这种区分不但厘清了犯罪认定的实体形成步骤,也为举证责任的分配提供了指引。阶层犯罪论体系在与诉讼证明相结合的过程中,形成了一种渐进式的思考路径,循着这一脉络,所有对象被规整为三种事实。犯罪构成要件该当性作为第一阶段,基本确立了犯罪事实成立的范围,实现了对事实的全面衡量,违法性和有责性的判断体现出一种更为细致的价值衡量和判断路径,是在全面认知基础上的进一步判断。阶层犯罪论体系调节了犯罪构成理论体系的入罪倾向,三个阶层的推进使得影响罪与非罪的因素逐渐厘清,被告人不仅可以对指控事实进行反驳,见招拆招,甚至可举出无罪或罪轻证据,主动出击。

刑事程序对于事实问题的解决起着引导深入和正当化的作用,因此,证据规则的运用不能不考虑更有利于发现案件的真实情况,并为实体法律准确应用于具体案件积极创造条件。相比之下,四要件犯罪论体系呈现出一种典型的整体性思维,犯罪是否成立只需检验所有构成要件,也是正向构成要件且彼此之间是不容许拆分的,即可得出是否构成犯罪,而且用诸如社会危害性的特性来阐释犯罪客体就能较容易地认定犯罪,在这种整体思维之下各要素之间的界分不明确,同时,从始至终不变的判断范围也不利于明确

〔1〕 杜宇:《犯罪构成与刑事诉讼之证明——犯罪构成程序机能的初步拓展》,载《环球法律评论》2012 年第 1 期。

〔2〕 [德]尤尔根·哈贝马斯:《交往行为理论:行为合理性与社会合理性》,曹卫东译,上海人民出版社 2004 年版,第 106 页。

的认知路径形成。

## (二)证明逻辑规范化

证明过程的逻辑性包括证据材料的组合方式、证据所内涵的正向信息和反向信息的组合能力。关于司法证明,西方法律传统形成了两种假说,即“原子主义”(atomistic)与“整体主义”(holistic)。根据原子主义的观点,事实认定的过程可分解为相互独立的各个部分;而整体主义认为,材料的证明力源于所有已输入信息材料之间的相互作用。传统理论认为,英美法律制度与原子主义存在亲缘关系,证明过程能够被拆解成各构成部分相对分离,才有可能要求裁判者忽视某一特定的组成部分;而大陆法系法官则主张根据自身的认知需要,积极建构一个“一元”的案件,证据信息并非产生于持对立观点的双方主体,并且以整体主义进路为基础证明力规则,认为特定证据的证明价值源自与其他全部信息的相互作用。[1] 原子主义观点认为事实可以被分解为相互独立的多个部分,而整体主义则强调基于所有信息证明力基础上的整体性认知和概括。所有的事实认定都需要充分的证据与支持,刑事证据能否成为最终案件事实的依据和判断基础需要经过严密的逻辑判断推理过程,这其中蕴含着经验性的认知和厘清。从这个意义上讲,犯罪构成理论体系的合理化也有利于实现证明逻辑的规范化。

四要件犯罪论体系指引下,需要整合所有共同指向的证据信息,要件相加即可入罪,难以兼顾射程以外的中间类型和混合类型,形成了封闭式思考,这也就导致了证明过程中的整体主义认知路径。同时,四要件犯罪论体系欠缺逐步推进的关系,导致主客观排列顺序不固定,可能产生先入为主的有罪推定,轻视证据之间正向信息与反向信息的矛盾分析,因而往往呈现出从“闭合”之构成要件到“闭合”之入罪结果的传送。

---

〔1〕[美]米尔建·R.达玛什卡:《比较法视野中的证据制度》,吴宏耀、魏晓娜等译,中国人民公安大学出版社2006年版,第68—84页。

而阶层犯罪论体系则遵循了从原子分析到整体认知的证明逻辑。在阶层犯罪论体系中,行为是所有判断的基础,只有行为符合了犯罪构成要件该当性才在形式上具备了犯罪的可能性,违法性和有责性的判断进一步厘清了行为的规范性价值,对主观要素进行检视后才作出最终的有罪或无罪认定,层层推进的逻辑使得证据链接不容易出现错误的判断方向。阶层犯罪论体系在对证据进行拆分性的理解和判断过程中不断实现修正,各种要素要件被放置在不同阶段,在各个作用维度内部形成次级整体,然后在证据规则之上运用逻辑法则进行评价,最终确定精确合理的事实、空间、范围。

### (三)在严格规则与自由裁量之间

证据不会自发地形成事实,它需要借助人们有意识的思维活动整合,通过运用逻辑推埋等手段,形成相对完整的法律事实和规范评价。由于时间具有不可逆性,即使拥有强大职权和权力的国家机关,也不可能在寻找证据或者采信证据时去亲历案件,只能通过证据本身进行感知和判断。在乔纳森·科恩看来,没有必要把证明规则全部写进法律,如果证据规则中出现一般化、普遍化、严格化的倾向,则一定会压缩司法人员对证据的评价空间。因此,基于规则与哲学、科学的互动,方能塑造出司法审判中的特有路径,指引证据之展示与适用。[1]

审理过程是裁判人员形成内心确信的过程,也是一种逻辑推导过程,但一般而言,司法场域的“自由心证”会受到外在控制和内在控制。外在控制包括证据规则和裁判说理,属于法律问题,比较典型的是英美证据规则,看似抽象复杂,却同样具有效率;[2]而内在控制则包括经验法则与逻辑法则,本质上属于“一定如此”的内在拘束,没有法律明文规定。证据裁判主义所

---

〔1〕 Peter Murphy, *Murphy on Evidence*, Oxford University Press, 2009, p. 1 - 5.

〔2〕 Richard A. Posner, *An Economic Approach to the Law of Evidence*, Stanford Law Review, Vol. 51, 1999, p. 1477.

内涵的严格必然会限制证据的判断,“自由心证”元素的加入可以对该过程的认定进行软化,但自由不能等同于恣意,自由必须建立在充分的逻辑基础之上,通过逻辑判断对自由加以控制。案件事实都最终都会被呈现为证据事实,不可否认,在证据审查过程中,强调事实的客观性是一种正确的判断路径,但过分强调客观性,而忽略规范性价值的考量,则可能导致矫枉过正。因此,基于证据能力判断之上的证明规则需要与逻辑法则进行适度的融合,才可能实现法官更为自由和正当的评价。

但由于司法人员的生活经历以及价值理念不同,对案件审理过程中提交的相同证据可能产生不同的认知。特别是遇到疑难案件时,更会出现多种不同的意见和声音,因此,司法机关工作人员就需要在规范的指引下具体地判断事实和行为,形成更为接近事实真相的认定路径。在四要件犯罪论体系指引下,证明呈现为单线型的入罪证明路径,更多基于控诉方的立场进行考量,强调证据链条之上的共同指向性因素,缺失对单个证据进行评价的过程,也缺乏对证据之间可能产生矛盾的分析方法。而阶层犯罪论体系中,超法规阻却事由的存在促进了法官对合法和合理的区分与融合进行思考。超法规阻却事由赋予了法律没有明文规定但是却合理的行为以充分的生存空间和体系地位,同时也给予了裁判者一定的自由裁量空间,使得裁判者在庭审中对证据链条进行整体权衡和评价后再选择法律适用,并有针对性地进行说理,这是严格规则的例外,也是自由裁量的升华,更有利于实现实质意义的公平正义。

### (四)正向递进与反向检验

在证据链条这条生产线上,如果片面强调有罪信息证据的相互印证,而排斥包含出罪信息的证据元素,不仅不利于查明案件事实,也会对犯罪嫌疑人或被告人的合法权益造成严重侵害。我们从冤假错案中就能发现所有诉讼主体都集体忽视了无罪证据的存在,进而使得“有罪证据”共同指向同一可能的待证事实。因此,在证据认定过程中不能仅依靠正向递进的因素,更应该注重反向检验的过程。参与各方需要不断整理思路,进而评估究竟需要多少证据数量才足以证实或者证伪先前之假定,而这一思维过程直到证据确实充分或者证据不足方能停止。如果是有罪认定,意味着所有无罪证据都要被有罪证据否定才能够形成合理解释,使有罪证据实现环环相扣。

刑法理论如果只倾向于对某一个问题进行解释,或者提供单向的检验手段,则不能保证结论的完全正确。在某种程度上,理论体系的完整性更表现在其反面的检验路径之有无,以及合理性之大小。因此,在犯罪论体系内部讨论排除性犯罪事由可以确保裁判的经济性和便利性,同时也有利于限制司法权力的不当行使,实现犯罪认定体系的完整性。按照交互检验的方法论,犯罪排除要件一定要清晰地放置于犯罪论体系中,才能够实现对于犯罪的全面评价,如果在所有犯罪构成要件被阐释完毕之后再进行排除性犯罪要件的陈述,容易造成思维框架的不周延和思维要素的遗漏,并不是一个妥当的做法。

阶层犯罪论体系中,三个阶层都有正向的认知路径,同时也存在阻却事由的反向检验因素,使得审判过程中对行为的判定不仅依赖于有罪证据的收集,也需要厘清无罪证据或者罪轻证据的判断,实现证据收集过程中的全面衡量。所谓正向递进关系,意指三个阶层的层层推演,实现了认识过程的由浅入深。这种路径不同于四要件犯罪论体系呈现的拼凑思维,反而类似于刑事诉讼的动态理论,即只有经过控辩双方的攻防和对抗才能够形成最终判决。如果要想找到一种能够确保法的安定性、能够排除恣意的犯罪构成理论体系,就应当基于控辩双方的交互碰撞,对犯罪成立与否的最终态势加以判断。所谓反向检验作用,意味着在阶层犯罪论体系中要进行双重维度的考量,不仅要关注证据之间的相同方向,也要从证据材料的反向信息入手,强调证据矛盾分析基础上的合理怀疑,实现对控诉方主导证明体系的打破。例如,阶层犯罪论体系下的犯罪构成要件和违法性都是确定犯罪的不法内涵,二者在性质上并无差异,不一样的是他们对于不法内涵的描述形式,一个是从正面的方式去描述,一个是从反面的方式去描述而已。[1] 反向检验意味着对犯罪构成要件要素不仅要能从正面进行原则性判断,也要从反面进行例外性认识,使得原则和例外的思维交互进行。之所以要进行这两个层面的审视和检验,是因为犯罪构成理论体系的最终目标在于确立犯罪成立的条件,然而对于某些与犯罪有相似之处,但却不具有犯罪特征的现象,需要通过反向路径探讨,才能避免行为判断过程中可能出现的误差。

## 二、阶层犯罪论体系与证明对象

证明对象,亦称待证事实,是指刑事诉讼主体依据相关法律规定,在刑事诉讼活动中运用证据进行证明的事实情况。以证明对象为理论起点,控辩双方的诉讼和攻防活动才可以有的放矢,相应的证明责任和证明标准也才有了事实基础。通说观点认为,证明对象主要包括实体法事实和程序法事实两大类。而实体法事实又可以分为三种:第一,有关犯罪构成要件的事实;第二,影响量刑轻重的事实;第三,排除行为的违法性和可罚性,以及行为人刑事责任的事实。[2] 大陆法系国家关于证明对象的范围采用"要件事实说",将证明对象大致分为三类:主要事实、间接事实、补助事实。所谓主要事实,包括定罪事实和量刑事实,主要就是实体法事实,这也就构成了刑事诉讼证明的主要证明对象。

### (一)过程性裁量——"圈入"和"排除"

证据法的内容体系可以概括为两个原则:第一,与案件事实在逻辑上没有证明作用的东西一律不能采用为证据;第二,一切有上述证明作用的东西

[1] 黄荣坚:《刑法问题与利益思考》,台北,月旦出版社1995年版,第166页。

[2] 黄维智:《刑事证明责任研究:穿梭于实体与程序之间》,北京大学出版社2007年版,第158页。

都可以采用,除非有明确的法律或政策上的理由排除之。[1] 在犯罪认定过程中,构成要件事实的证明将行为圈入了刑法的规范领域,赋予其规范性意义的同时,构成要件事实也将妨碍成立犯罪的行为排除出刑法涵摄的范围,这是因为证据内容的形成需要以相关性作为判断基础,并进行最大程度的挖掘和最小范围的限制。以上两种行为事实的判断依据都来源于对公民自由权利的敬畏和对国家刑法权的约束,这也是二者坚持的共同底线和价值基础。同时,证据的使用还是一种受诡辩术调节的过程,其功能在于形成一个"法律上承认的"证据,进而在刑事领域中把这种复杂的诡辩艺术变成真理。

犯罪构成理论体系的组成部分对于证明对象的确定具有重要的指引作用。一个合理的犯罪构成理论体系会使证明对象进行体系性划分,只有当这些要件都具备时才会构成犯罪,为证明过程的顺利开展提供前提和基础。如果要否定犯罪,也必须认定排除犯罪性的行为。阶层犯罪论体系为证明对象的"圈入"和"排除"提供给了实体根据。首先,阶层犯罪论体系中的构成要件该当性为行为的"圈入"提供了重要的界限和标准,即行为充足了构成要件,标志着该行为进入了刑法归置视野,也为证据的"圈入"提供了理论基础;如果一个行为不能够充足构成要件该当性,则不会触及刑法规范范围,即应当排除相关的行为证据。同时,违法性和有责性也是置于体系内部进行讨论的,二者所涵括的阻却事由为证据形成提供了排除路径,使得相关行为被排除出刑法规定的边界以外。

四要件犯罪论体系则更多呈现为对危害行为的流水化处理,只需四个要件形式上符合,简单进行相加即可得出构成犯罪的结论,而一旦到了罪与非罪模糊不清的关节点上,构成要件的标准便全无用场。苏联刑法理论认为,刑法已经将违法性与犯罪构成要件融合在了一起,当某一行为具备犯罪

---

〔1〕 James Bradley Thayer, *A Preliminary Treatise on Evidence at the Commen Law*, Boston, Little, Brown & Co, 1898, p. 264.

构成全部要件时,自然就产生了违法性判断。因此,在犯罪构成学说的范围内,没有必要而且也不可能对正当防卫和紧急避险这两个问题作详细的研究。[1] 因此,违法性要件的缺失使得四要件犯罪论体系无法对行为的实质违法性作出评价,即对行为进行犯罪与否的评价之后,定罪过程并不结束,还需要对社会危害性作二次评价,冲击了犯罪构成理论体系的评价功能。同时,犯罪客体的尴尬位置也增加了证据的盖然性和模糊性。犯罪行为侵犯的社会关系是由犯罪客观要件、主体要件和主观要件综合决定的,犯罪客体并不决定犯罪性质,而且犯罪客体要件的"多余"使得诉讼资源纠缠在一些不必要的证据事实上,从而会造成刑事诉讼运作效率的低下。

### (二)实现了证明对象的有序排列:先客观再主观

刑事诉讼的核心就是对犯罪行为进行调查研究,进而形成裁判结论,因此,刑法理论中关于犯罪行为的认知模式深刻影响着刑事诉讼的行进路径。作为刑法理论中最重要的犯罪构成理论体系,决定了行为信息的提供范围和提供路径,在一定程度上可以完善认定犯罪的诉讼方式并对其产生理论补足。如果说犯罪是在客观现实中实施的具体行为,则犯罪构成不过是逻辑形式,是一个将某一行为的典型要件固定下来并反映行为犯罪本质的规范范畴。[2] 关于犯罪构成要件的排列顺序,我国司法实践中存在有很多观点,最具代表性的观点主要有以下两种:一种观点认为,司法实践关于犯罪认定的过程决定了构成要件的排列顺序;另一种观点认为,为了实现对犯罪行为更精准的认知,犯罪构成要件的排列应当与犯罪行为的发生过程保持一致。

---

〔1〕[苏联]A. H. 特拉伊宁:《犯罪构成的一般学说》,王作富等译,中国人民大学出版社 1958 年版,第 272 页。

〔2〕[俄]库兹涅佐娃、佳日科娃:《俄罗斯刑法教程》(总论),黄道秀译,中国法制出版社 2001 年版,第 184 页。

事实行为向规范行为的过渡，不仅需要犯罪构成理论体系的框定，也需要证据规则的指引，即所有犯罪事实都必须有充分的证据予以支撑。证据是行为判断的直接基础，决定了对案件事实和行为进行认知的路径，因此，不得不承认犯罪构成要件的排序一定程度上也会影响到刑事诉讼案件事实的评价路径。认识是一个由外表到内在，由现象到本质的过程。在评价机制中，价值判断是一个重要环节，何时进行以及如何进行都对行为的定性有着重要影响和制约。主客观相统一不仅意味着主客观要素同时存在，更体现为顺序的正确排列，因为先从主观判断和先从客观判断得出来的结论是完全不一样的。坚持从客观到主观的判断，不仅符合人类认识世界的规律，也更容易发现事物的本质，实现法的安全价值。如果将主观犯罪构成要件置于先在的位置，将会造成刑事诉讼过程中过分重视犯罪嫌疑人或被告人的供述和辩解，使得主观判断大于客观判断，或者主观判断先于客观判断，容易形成主观入罪或者主观出罪的认定路径。而如果总是习惯于从犯罪故意、犯罪意思出发寻找证据论证犯罪事实，就与证据裁判原则相悖，且容易形成冤假错案。〔1〕

同时，在处理案件时，不能对被告人是否有罪作出笼统判断，更不能靠"被告人一看就不像好人，肯定有罪"这种不可靠的感觉进行判断，因为行为的客观性更能还原事件发展过程的原貌，因此，思维上要有逻辑、有层次，对客观要素和违法性的判断必须处于绝对优势地位。〔2〕四要件犯罪论体系中缺乏要件判断顺序，如将犯罪客体作为认定犯罪的首要因素进行考量，则会造成本质判断先于形式判断的错误路径，这显然有悖于认识活动的规律。同时，主观犯罪构成要素与客观犯罪构成要素的顺序也直接影响了犯罪行为的认定。在阶层犯罪论体系中，构成要件该当性属于事实判断和事实考量，而违法性和有责性则是关于实质危害的价值判断和行为人的主观判断，

---

〔1〕 陈瑞华：《刑事证据法学》，北京大学出版社2012年版，第31页。
〔2〕 周光权：《刑法方法论与司法逻辑》，载《现代法学》2012年第5期。

犯罪成立与否的判断不仅是对犯罪事实的厘清，也是立足于事实之上的价值判断。阶层犯罪论体系采用事实判断前置、价值判断后置的方式，对所有的证据进行结构化的梳理后才对案件性质形成判断，开辟了从客观到主观的证明路径，增加了证据收集过程的可操作性和运行路径的科学性。

## 三、阶层犯罪论体系与证明责任

证明责任这一概念最早出现在古罗马法中，《十二铜表法》规定："凡主张曾缔结'现金借贷'或'要式买卖'契约的，负举证之责。"〔1〕从本质上讲，证明责任是一种风险，即当事人不能列举出充分有效的证据证明其观点时，则承担其主张不能被认可的危险。证明责任中的"风险"还表明若当事人遇到例外情形，而由法官依照自身的职权进行证据调查时，"亦非必不能依其主张为裁判之意思"。〔2〕因此，证明责任中的"风险"主要体现为结果意义上的承担，即自己的观点和主张无法被法官采纳。犯罪构成理论体系的要素种类或结构形式对证明责任的承担有着重要的指引作用，也影响着诉讼格局的运作和形成，不同的构成要件要素为证明责任的承担提供了不同的实体素材和判断顺序。

### （一）无罪推定——证明责任的逻辑起点

无罪推定是刑事诉讼中的一项基本原则，指任何人未经法定程序并依实体法被确定有罪以前，都应当被推定为无罪。据美国大法官 White 的考证，无罪推定的思想最早可以追溯到古罗马时期或者更早的古希腊时期。公元前 352 年，古希腊雄辩家德摩斯梯尼就提出："不能仅因一个谋杀的指

---

〔1〕 李浩：《民事证明责任研究》，法律出版社 2003 年版，第 1 页。
〔2〕 李学灯：《证据法比较研究》，台北，五南图书出版公司 1992 年版，第 357—358 页。

控就说一个人为凶手,因为在宣判之前不应以凶手称呼任何人。"[1]随着欧洲文艺复兴的兴起,人权观念不断发展并深入人心,人们逐渐意识到无罪推定是实现保护人权的一个重要手段,正如贝卡利亚在《论犯罪与刑罚》中写道:"在法官判决之前,一个人是不能被称为罪犯的。只要还不能断定他已经侵犯了给予他公共保护的契约,社会就不能取消对他的公共保护。"[2]资产阶级革命胜利后,西方各国纷纷将无罪推定上升为一项保障公民基本权利的法律原则,其中最早的当属法国1789年《人权宣言》。

无罪推定被确定为证明规则,最早出现在1657年马萨诸塞湾殖民地州议会签署的一个决定中,即每个人在法律面前都是清白的和诚实的,除非可以依法作出相反的证明。法庭和陪审团只有依据充足的证据才能认定事实,否则,就应作出有利于被告人的裁决。19世纪末,美国联邦最高法院先后在利连索尔烟草公司案和科芬案中表明了无罪推定的重要地位。如今,世界上许多国家已经确立了无罪推定原则,无罪推定原则也因其不可替代的重要性而被誉为"刑事法律网络中的一条金线"和"西方文明正义的墙角石"。与此同时,许多国家逐渐将无罪推定原则规定在宪法中,确定为宪政原则,如1947年的意大利《宪法》第27条、土耳其《宪法》第38条。无罪推定原则也逐渐出现在近现代的国际公约中,如1948年的《世界人权宣言》第11条第1款,1966年《公民权利和政治权利国际公约》第14条第2款,《欧洲人权公约》第6条第2款。

无罪推定原则也是各国刑事诉讼法的重要原则。我国《刑事诉讼法》第12条规定:"未经人民法院依法判决,对任何人都不得确定有罪。"美国《宪法第五修正案》也对无罪推定原则做了明确规定:"不得在证明有罪之前推

---

[1] Franqois Quintara Morenas, *The Presumption of Innocence in the French and Anglo-American Legal Traditions*, American Journal of Comparative Law, p. 112 - 126(2010).

[2] [意]贝卡里亚:《论犯罪与刑罚》,黄风译,中国大百科全书出版社1993年版,第31页。

定任何人有罪。”[1]无罪推定原则是保护个人权利不受国家公权力非法侵害的有效武器,要求公诉方在具备所有的法定起诉条件时,才可以提起公诉,有效地限制了追诉权的滥用。同时,无罪推定原则要求法官在审判过程中保持中立和冷静,不能对被告人产生有罪认定的偏见,要基于充分的证据才能做出裁判。最后,无罪推定原则弥补了犯罪嫌疑人或被告人地位的不对等,通过预先排除所有偏见与看法,将定罪量刑建立在充足且公正的证据评价之上,确保无罪的人不受刑罚处罚,也为案件事实的厘清提供了方向指引。

刑事法律与公民的自由权和生命权息息相关,刑事追诉的启动对个人来说意味着巨大的负担。在刑事追诉过程中,没有经过充分的审判和证据认定,即使行为符合了法律规定的客体性要件,或者损害事实和危险状态已经发生,也不能不经过法律与行为的匹配过程,而直接对行为人进行有罪认定,无罪推定原则是对个人权益的重大保障。证据与事实是手段与目的的关系,证据是证明事实的工具和手段,案件事实才是举证活动所要完成的目的。刑事诉讼的意义绝不能因为犯罪概念和理论的高度发达而进行有罪推定,这与刑事实体法和刑事程序法的存在意义是相悖离的。

### (二)法律上的推定和事实上的推定

推定是指依据基础事实推认推定事实的过程,不同的翻译方法以及翻译结果在一定程度上反映了对推定的概念和功能的不同理解,因此,目前主

---

[1] 美国联邦最高法院通过对科芬案的审理,针对无罪推定原则做出如下表述:“偏向于被追诉人的无罪推定原则显然是法律所规定的,它代表着公理,是法律的基础。也可以说,无罪推定是有利于被追诉人的证据规则,是法律为保护被追诉人的权利而设立的。对于无罪推定原则的适用,首先我们应思考一下何为‘合理怀疑’,可以说合理怀疑就是用证据证明而得到的意识状态。它本身只是证明的结果,而非证明本身。简而言之,无罪推定原则要求的是在刑事诉讼过程中确定哪一方证明更有效,而陪审团在最后作出判定被追诉人有罪或者无罪之前,只能凭借在庭审中出示的证据,不能因被告已经被警察逮捕或者其本身对被追诉人有偏见而推测被追诉人有罪。”

要存在以下三种理解方式。第一,推定是一种推理。“所谓推定,实际上就是在运用间接证据进行证明,即当不存在直接证据或仅凭直接证据尚不足以证明待证事实的真实性时,通过间接证据与待证事实之间的常态联系进行推理,假定待证事实为真。”〔1〕第二,推定是一种推论,即表示某种事实或若干事实与另一事实或若干事实之间的关系,例如《美国加利福尼亚州证据法典》关于推定与推论的规定。〔2〕第三,推定既是一种证明方法,又是一种法律规则,主要包括法律上的推定和事实上的推定。法律上的推定可分为容许反证的推定与不容反证的推定;事实上的推定体现为基础事实与推定事实之间的一种或然率,依靠经验法则进行判断。〔3〕在刑事案件中,最重要的推定就是被告人应当被推定为无辜。〔4〕

法律上的推定,意味着依据法律所得出的必然性,只要确证了基础事实就应当认定推定事实的存在,证明责任也会随之向被告人一方转移。美国著名证据法学家尼尔·麦考密克指出,事实上的推定是一种任意性推定,裁判者可以但非必须依据基础事实认定被告人有罪,即不是抽象地而是要联系案件中的所有证据来检验推定的效力,它使案件事实裁判者自由采信或者驳回这一推论,而并不转移证明责任。〔5〕法律上的推定之意义在于降低某些案件的证明难度,为社会生活中出现的某一类或几类难以通过证据证明的行为提供了重要的事实认定机制。法律上的推定根据其对证明责任的影响效果的强弱不同可以分为四类:允许性推定,需要提出一定证据反驳的

〔1〕赵钢、刘海峰:《试论证据法上的推定》,载《法律科学》1998年第1期。

〔2〕该法典原文如下:California Evidence Code section 600(a):A presumption is an assumption of fact that law requires to be made from another fact or group of facts found or otherwise established in action. A presumption is not evidence. Section(b):An inference is a deduction of fact that may logically and reasonably be drawn from another fact of group pf facts of otherwise established in the action。

〔3〕周长军:《犯罪论体系的程序向度:研究误区与理论反思》,载《清华法学》2008年第3期。

〔4〕[美]爱德蒙·M.摩根:《证据法之基本问题》,李学灯译,世界书局1982年版,第66页。

〔5〕[美]尼尔·麦考密克:《麦考密克论证据》,汤维建等译,中国政法大学出版社2004年版,第680—682页。

强制性推定,转移证明责任的强制性推定,结论性的推定。[1] 法律上的推定本质上属于举证责任的转移,因此,犯罪构成理论体系内各个组成部分之间的推定效果对刑事诉讼中控辩双方证明责任的承担与分配有着重要的影响。

阶层犯罪论体系通过推定机能有机地联系了三个阶层之间的关系,形成有效的沟通机制。主流观点认为,构成要件该当性具有违法性推定的机能,在一定程度上也具有有责性推定机能。[2] 关于构成要件该当性、违法性、有责性之间的内在逻辑,小野清一郎提出了违法有责类型说。根据该学说,构成要件是违法且有道义责任的理论定型,前者肯定了违法性及道义责任的法律定型,即当案件中的行为符合构成要件该当性时,不仅意味着该行为已经具有违法性,而且也表明行为人对该行为道义责任的承担。同时,小野清一郎将构成要件区分为“犯罪构成要件事实”与“妨碍成立犯罪理由的事实”,用以确定证明责任的形成依据,即由检察官承担构成要件该当性的证明责任,妨碍犯罪成立理由的事实由被告人一方提出并证明。因此,推定的后果往往把推定对之有利的一方的证明责任转移到另一方,[3]不过,推定属于一种较高的盖然性,而不是必然性,因此具有可反驳性。阶层犯罪论体系内部三个阶层之间的推定关系有利于实现互动式的实体认定路径,即检察官作为控诉方只需证明构成要件该当性,进而被告人可以提出抗辩性主张,证明责任得以转移;当被告人举证至一定程度后,控诉方予以反驳和证伪,之后被告人也可以基于之前的证据继续提供抗辩事由,证明责任又转移至被告人,如此的分配机理形成了控辩双方之间的交叉对抗,并推进了诉讼进程的规范有序进行。

---

〔1〕 Arnold H. Loewy, *Criminal Law*(*4th edition*),法律出版社2004年版,第214页。
〔2〕 邓子滨:《刑事法中的推定》,中国人民公安大学出版社2003年版,第136—155页。
〔3〕 Jack H. Friedenthal & Michael Singer, *The Law of Evidence*, Foundation Press, 1985, p.276.

## (三)"新的"提出责任和"新的"说服责任

为了克服证明责任转移与无罪推定原则之间的矛盾,19世纪末,美国学者赛叶率先区分了"证明责任"中的双重涵义,将其分为"提出证据的责任"与"说服责任"。赛叶这个理论得到了威格莫、摩根、杰姆兹等法学家的肯定与认可,并不断发展成为一种代表性学说。在同一时期,德国学者尤力乌斯·格拉色也在《刑事诉讼导论》一书中提出了证明责任的分层理论,证明责任的不断细化是其理论发展的主要方向之一,也是英美法系和大陆法系在证明过程中共同要面对的问题。从理论上讲,证明责任包括两层涵义:第一,控诉方负担的整体证明责任,该证明责任的目的是为了证明被告人有罪;第二,被告人承担的个别证明责任,其目的是为主张某一抗辩主张存在或者不存在。前者的证明责任更高,一般被称为说服责任;而后者则是一种相对较低的证明责任,一般被称为提出证据责任。其中,说服责任是一种实质的证明责任,[1]在审判程序中,可能因证据的不足或者不完善而需要承担诉讼不利的后果。[2] 相比较而言,"提出证据的责任"则更多体现为一种行为责任,即提供证据的一方只需承担提供证据的行为责任,不用承担证据不充分的不利后果。

在四要件犯罪论体系中,证据提出责任和说服责任集中在控诉方,控诉方需一次性对所有犯罪构成要件提出证据进行证明,提出责任和说服责任均需同一个过程中完成,且不分先后顺序,不仅实践操作起来难度很高,也

---

〔1〕 Rupert Cross & Colin Tapper, *Cross on Evidence*, Butterworth, 1985, p.105.

〔2〕 对于被告人提出证据责任的证明要求,英国法上统一适用或然性平衡(balance of probability)的标准,在美国则不尽统一。以《加利福尼亚州证据法》为例,被告人对于其积极抗辩所负有的提出证据责任就有引起合理怀疑、优势证据、明白可信证据(clear and convincing evidence)等三种不同的证明要求。又比如,被告人负有的精神失常的证明责任在美国联邦法体系中被归类为提出证据责任,但其明白可信证据的证明要求却高于被归类为说服责任的英国法中的证明要求,即或然性平衡。蔡秋明:《举证责任——兼论刑事被告之地位及其举证义务》,载《台湾本土法学》2004年第2期。

使得被告人难以寻找到重要的辩护切入点。同时,我国的法律没有明确归纳证明责任的内容和边界,也不存在总括性条款和专项条款对其进行细化,责任分配与规范内容交织在一起,如此的制度设计不仅不利于证明责任的明确分配,也使得案件事实的对应无法寻求到一个有力的理论支撑。正是因为理论上的很多问题在法律规定中不够细致,这也间接促使了审判机关更倾向于借助犯罪构成理论体系。

根据阶层犯罪论体系,控诉方提出构成要件该当性的证明后,就可推定被告人的行为具有违法性,但此时的提出责任不是一项单纯的主张,必须达到说服责任的程度才可进行证明责任的转移;如果被告人反驳,那被告人必须承担阻却事由的提出责任,进而证明责任再次转移至控诉方,若控诉方无法进行有力的反驳,就要承担证明的不利后果。由此看来,阶层犯罪论体系为证明责任的形成划定了明确的范围和路径,内部各阶层要素所具有的推定机能也在一定程度上完善了证明责任的分配。需要强调的是,阶层犯罪论体系中的推定机能并不转移证明责任的不利结果承担,转移的仅仅是行为意义上的证明责任,即提供证据的责任,而不包括说服责任,如此证明路径和责任分配方式,不仅让证明责任呈现出更为清晰的面貌,也有利于促进案件事实的厘清,保护被告人的合法权益。

### (四)证明“争点”的形成

证明责任虽然主要体现为诉讼法上的证明负担,同时也是实体法的犯罪构成理论义务担当,因此证明责任规范不可避免地涉及实体与程序两个方面,也可以说是沟通实体与程序之间的桥梁,正如美国学者弗莱彻指出:“在有些情况下,分配责任明显是一种修改并因而弱化实体法改革的技巧。”〔1〕刑事证据制度的任务就在于借助证据和论证在思维层面上恢复纠纷

---

〔1〕[美]乔治·P.弗莱彻:《刑法的基本概念》,蔡爱惠等译,中国政法大学出版社2004年版,第22页。

事实原貌,并以可知的方式将其展示出来。“争点”作为一种“心证”的开始,对于引导法官的判断和最终判决的形成有着至关重要的作用。

争点意味着对抗。阶层犯罪论体系中,违法阻却事由以及责任阻却事由是争点形成的基本要素,阻却事由的存在增加了控辩对抗的明确性,也促使了证明争点的形成。对于犯罪阻却事由,被告人一方必须主动提出并形成争点,即负有争点形成责任。[1] 如果被告人没有明确地提出犯罪阻却事由,即没有形成控辩对抗中的争点,也就意味着控诉方无需再去证明犯罪阻却事由的不存在。被告人的证据提出责任使得犯罪构成要件之外新形成了一个“争议事实”,该争议事实不同于控诉方的主张,因此,可被视为与控诉方不同主张的一个新观点,此时,在整个案件中就会形成两种事实主张,由此将会形成对立和抗争,即形成争点,此时就必须将该争议事实纳入审判范围。需要强调的是,争点的形成并没有否定控诉方的提出责任和说服责任,但却赋予了被告人基于具体情势而产生的“举证必要”以合理的体系地位。

四要件犯罪论体系是平面式犯罪论体系,体系内部各要件之间不具有推定功能,各体系性要件无法对证明责任形成有效指引。依照我国司法实践可知,控诉方承担所有犯罪构成理论体系要件的证明责任,这也就意味着在证明过程中没有“争点”形成的路径和机制。而阶层犯罪论体系清晰地区分了入罪要件和出罪要件,为证明责任的划分提供了明确的承担责任,当被告人提出违法或责任阻却事由时,会促使违法性和有责性的认定出现争点,进而重新产生一次证明责任的分配,极大地增加了被告人的辩护和出罪空间,使得争点形成之后的证明过程更加清晰。

### (五)证明便利:过程亲历性与出罪积极性

案件事实的建构依赖于诉讼各方的主体参与,在哈贝马斯看来,真理的

---

[1] 陈运财:《刑事诉讼之举证责任与推定》,载《刑事证据法则之新发展——黄东熊教授七秩祝寿论文集》,台北,学林文化事业有限公司2003年版,第58页。

形成过程即是认识主体之间取得“共识”的过程,这依赖于认识主体的合理论证,因此,只有通过理性的证明才可能达至“正当”的结果和“客观”的真理。将证明责任分配给有条件举证的一方,不仅有利于诉讼证明效率的提升,所花费的成本也会相应减少,因为在司法实践中,不可避免地存在着一些控诉方难以取证而被告人容易获得证据的情形,此时如果仍然“让较少有条件获取信息的控诉方提供证据,将会出现一种既不经济,又不公平的局面”。[1] 特定情形下由被告人承担证明责任,虽呈现为例外的回应,但是这种回应却增进了主体间的相互理解。

证明责任的合理分配也弥补了控辩双方诉讼能力和诉讼地位的巨大差异,为实现实质意义的平等对抗提供了理论指引。现代刑事诉讼是一种竞争型的事实认定过程,不仅存在着控诉方描述的案件故事,以及证明故事发展的证据,也充分体现着控辩双方在事实认定程序中的怀疑、比较和竞争,正是这些怀疑、比较和竞争确保了最终事实认定的准确性。[2] 为避免控诉方完全主导法官的心证形成,被告人应该积极地“阐述自己的故事”,也应该主动地“破除控诉方描述的场景”,实现对自己有利的事实认定能力之加持。从表面上看,赋予被告人一定的证明责任是不合理或者不公平的,因为在强大的控诉方面前,被告人是弱势,所以不应该让被告人承担任何的证明责任。但其实被告人承担的部分证明责任是必须且必要的,因其经历了整个案件事实的发展过程,对案件的发展情况有着基本的了解和认知,有些事实是被告人所独知的,比如心理状态的界定和个人经历的陈述,控诉方几乎不可能实现对其完整的证明,此时,由被告人承担证明责任也显得尤为必要。如果案件的事实在被告人所拥有的知识范围内,证明责任就应该落在他身上,因为由他提供证据更容易些。

---

〔1〕［美］迈克尔·D. 贝勒斯:《法律的原则》,张文显译,中国大百科全书出版社 1966 年版,第 67 页。

〔2〕尚华:《事实认定模式与我国刑事防错机制的完善》,载《环球法律评论》2017 年第 3 期。

同时,无论是从公平还是效率的角度来看,被告人承担对其有利的情况的证明责任都是合理的。有限的证据提出责任不仅实现了对其有利主张的认定,同时也带动了控诉方和裁判者的参与。换言之,如果将被告人视为一个可以共同协商的主体,那么这种有限的证明责任则是其在交往理性下的参与权利,体现了高度的参与性,也间接增加了审判过程中的对抗性,有利于实现其辩护目标。需要强调的是,控诉方仍然是证明责任的主要承担者,被告人承担某一部分的证明责任并不意味着控诉方的无所作为或者义务免除。从事实共建的角度看,被告人的部分证明责任更有助于案件审理共识的达成,控辩双方的对话程度决定了刑事诉讼过程是否可以稳步推进和运行。

## 四、阶层犯罪论体系与证明标准

标准是一种尺度,是一项行为被评价为具有某种性质或特征的裁量根据。具体到刑事诉讼领域,证明标准是指证明责任的承担者需要将犯罪成立的要件事实证明至何种程度才能裁定犯罪是否成立,是发掘某一行为与刑法规范的匹配度,进而对其进行裁判与规制的标准。英国学者摩菲对证明标准的定义有一个较为完整的阐述,即"证明标准是指卸除证明责任必须达到的范围或程度,它是证据必须在事实审理者头脑中形成的确定性或盖然性的尺度,是负担证明责任的当事人在有权赢得诉讼之前必须运用证据说服事实审理者的标准……"[1]关于证明标准,在不同法系国家有不同表述,例如英美法系最常见的表述为"排除合理怀疑",大陆法系表述为"内心确信"。在过去很长一段时间内,我国法学界基于阶级本质和认识论的立场对英美法系中的"排除合理怀疑"和大陆法系中的"内心确信"标准采取排斥

[1] Richard Glover & Peter Murphy, *Murphy on Evidence*, Blackstone Press Limited, 1997, p. 109.

与批判的态度。我国的刑事证明标准可以概括为“案件事实清楚,证据确实充分”,2012 年《刑事诉讼法》在这个标准基础上又引入了“排除合理怀疑”[1],初步实现了我国刑事证明标准客观性和主观性的统一。排除合理怀疑中的“排除”是一种逆向的思维方式,作为“证据确实充分”的有效补充,从思维的另一个侧面增强了刑事证据的可把握性和可执行性。排除合理怀疑的起点在于对控辩双方的主张以及所依赖的证据进行评判,无论是法律适用错误还是证据链条中的论证瑕疵,只要能够引起怀疑,都应该继续进行补证和质证。

犯罪构成理论体系是对犯罪事实进行型构和评价的工具,目标是从纷繁的事实中找寻具有刑法规范意义的因素,而刑事证明标准则是用以测量这些因素是否违反规范,以及违反规范程度的规格。不同的犯罪构成理论体系对证明标准具有不同的指引功能。阶层犯罪论体系的逻辑性和层次性可以帮助我们更好地理解案件事实,为我们厘清案件事实提供了基本的框架,使得案件事实向规范事实的涵摄过程更加清晰。阶层性的分析和筛选,使得待证对象得以类型化,并产生逻辑上的关联,实现了体系化构造,不仅规制了犯罪是否成立的思考路径,也在一定程度上使得证明标准得以细化,为证明标准在实践中的应用提供了理论指引。

### (一)构成要件该当性的“周延性”路径

古典的二分理论指出,犯罪由“物理力”和“精神力”组成,其中物理力即主体的行为,这种认知从朴素的价值观上出发总结了犯罪构成的本体性要

---

[1] 2012 年《中华人民共和国刑事诉讼法》第 53 条:对一切案件的判处都要重证据,重调查研究,不轻信口供。只有被告人供述,没有其他证据的,不能认定被告人有罪和处以刑罚;没有被告人供述,证据确实、充分的,可以认定被告人有罪和处以刑罚。证据确实、充分的,可以认定被告人有罪和处以刑罚。证据确实、充分,应当符合以下条件:(一)定罪量刑的事实都有证据证明;(二)据以定案的证据均经法定程序查证属实;(三)综合全案证据,对所认定事实已排除合理怀疑。

素。构成要件该当性是犯罪构成体系的逻辑始项,其研究基础是现象和行为,是观察基础上的描述,融合了各种行为情状和法律要件,圈定了基本的犯罪事实,是在阐释现象的基础上实现的类型化。如前文所述,构成要件该当性阶层主要是行为的各种相关要素,具体包括实行行为、行为结果、因果关系、犯罪的主体、行为的客体、行为的状况、行为的条件。构成要件该当性关注案件的发生进程,以及每一个行为所折射出的刑法意义。因此,构成要件该当性是辨别刑法意义的基础规范模式,具有事实评价的客观性价值,适应了罪刑法定原则关于具体、明确的法律形态的要求。

从证据法的视角来讲,刑事诉讼中的主要证明事项就是构成要件事实。[1] 因此,在认定构成要件该当性的过程中,应该注意对全部事实和行为的收集,进而实现证据收集的全面性和证明标准的周延性,不能忽略任何一个可能具备规范意义的行为。在证据真实的基础上,实现对行为主体、危害行为、行为结果、因果关系等相关证据的全面搜集,进而根据刑法条文的分则性规定和总则性规定,实现客观要件和主观要件的规范化。根据我国的刑事证明标准的表述,本书认为,证明标准的周延性应该是“证据确实充分”标准的亚类型,是对“充分”标准的再细化。证明标准的周延性着眼于事实基础上的判断,重在分析事实行为的内在逻辑结构,进而在刑法条文覆盖范围内寻找构成要件该当性的可能进路和可能出路。具体到构成要件该当性阶层,不仅要注重对证据的全面收集,更应该充分挖掘每一项证据背后的意蕴和价值,寻找其全部外延。

当然,这并不是意味着周延性的标准只应该在构成要件该当性阶层应用,在其他两个阶层就不存在或者不应该被适用,而是因为构成要件该当性阶层的特殊属性,使得周延性的标准在这个阶层显得十分重要。从结构支撑的构筑形式来看,构成要件该当性为刑法规范的主客观统一的认知过程提供了

---

〔1〕［日］小野清一郎:《犯罪构成要件理论》,王泰译,中国人民公安大学出版社 2004 年版,第 241 页。

逻辑起点和实体形成,推动案件事实向规范事实的转化,也使得构成要件该当性的第一道关卡作用得到有效发挥,在这个阶层的判断中,全面搜集相关证据和对证据进行周延的判断不仅为接下来的违法性判断和有责性判断提供裁量基础,也为犯罪行为的定型和定性提供了素材。同时,“周延性”标准的确立也促进了我国刑事证明标准的细化,提高了“证据确实充分”的可执行性。

### (二)违法性阶层的“实质性”考量

构成要件该当性通常是一种不法行为的类型化描述,但同时也存在虽符合构成要件该当性,却不具有可处罚性的行为事实。构成要件是关涉现象的考察,是形式违法的重要体现。但违法性阶层却关涉行为的本质和价值性判断,是对违法行为性质的实质性考量。大陆法系国家一般认为违法是客观的,责任是主观的,此处的客观违法不仅仅限于违反刑法规范,更应该是对刑法保护法益的侵害和破坏,是一种实质性判断,因此对违法性的认定除了应当正向考量其对法律规范的违反程度,更应该考量其对社会秩序和价值的伤害。违法性阶层主要是违法性阻却事由的判断,例如正当防卫和紧急避险,即一项行为即使完全符合构成要件该当性的要素,但是在一种紧急情形下做出的不得已的损害他人利益,或者是出于对另外一种危害行为的反击而做出的违法行为,虽然违反了刑法规范,但是却不具有可处罚性。

违法性阶层的判断是构成要件伴随例外思维的表现,是在违反规范之后的又一次审视,是在客观模态判断之后的实质性考量。因此,违法性的判断不能仅从规范上进行考察,更应该从对法秩序的实质破坏层面去解读。因此,这个犯罪阶层中的证据考量标准,应该集中在其“实质性”上。实质性考量的思维模式,要求在周延的构成要件该当性证据的基础上,反向地筛选出更为合理的法益价值进行保护,其不是因预设的刑法条文而让步,相反是在法益衡量的基础上对实质正义的强化,保护更为重要的法益,在利益权衡间通过反向阻却的价值判断实现更为合理的刑法控制功能。

违法性阶层的"实质性"考量使得违法性判断在形式理性和实质理性之间趋于衡平,增强了规范类型的适用力和协调力,也为"证据确实充分"+"排除合理怀疑"的证明标准提供了一种衡平进路。排除合理怀疑要求综合运用客观检验、逻辑验证、价值判断等方法,在对控诉方主张和辩方主张的循环考量基础上,对单个证据以及证据与所论证命题的常态联系进行逻辑验证,如果依然能够引发合理怀疑,则需要对怀疑的内容进行解答。它的说理阶段即为"排除"过程,从主观上讲,它不断追求司法人员对合理的界定和认知,强调对合理怀疑的寻找,进而对怀疑进行排除;从客观上讲,"排除"的过程也依赖于对证据的重新审视和客观规律的分析总结,是一个主客观不断循环往复的过程,使得证明标准在实践运用过程中更加注重对实质正义的追求,实现了法理和情理的高度融合统一。

### (三)有责性阶层的"合理性"判断

有责性之责任确定,不仅需要综合考量行为人的责任能力和责任形式,更需要通过分析行为人的主观罪过与动机,在心理判断的基础上进行价值判断,发现违法行为人的主观侧面。有责性的判断是刑法规范对事实行为涵摄的最后一道关卡,"责任是主观的",如何适当地回应客观行为的先行期待,给事实行为准确地赋予价值评价和主观判断,并且尽可能的将主观判断过程可视化、可验证化,需要结合相关的证据进行判断。然而"你无法看到犯意,甚至最先进的现代技术也无法发现或者衡量犯意"。[1] 此时,对证据审查的过程中,"合理性"标准就显得尤为重要。何为"合理"? 合理,不仅要求合乎常理,也要求合乎法理,本书认为,合理应该是一种中间高度,是打击犯罪和保障人权的"公约数"。因此,我们应该在客观之中去解构这个概念,

---

〔1〕 Jerome Hal, *General Principles of Criminal Law*, Lexis Law Pub, 1960, p. 106.

综合已经收集到的所有证据进行分析,找出其“入罪”的可能进路,再筛选出这其中的不合理因素进行排除,最终保留下来的判断将会最大程度地趋近真实。

因为主观上的明知和故意在实践中很难判断,甚至很难收集到与其相关的证据,仅仅依靠犯罪嫌疑人或被告人的供述难以真正地还原案件事实,因此,应当在犯罪嫌疑人或被告人的供述基础上,围绕着何谓“合理”,以及何谓“不合理”进行正面论证和反向解析,解释其不同的成因和推进进程,这样点段式地理解主观要素不仅仅为有责性的判断提供了入罪依据,更为出罪事由的厘清选择提供了路径。这种合理性的判断标准为证明标准的细化提供了价值指引,使证明标准在主观方面判断的缺陷得以优化,在不能实现或者不能全部实现主观方面的“确实充分”时,通过反向解构出何为“不合理”来判断犯罪嫌疑人或被告人的主观方面,即“如果在审查了证据以后,在你脑海里对他实施犯罪仍然存在任何合理怀疑,那么他有权获得你们作出的无罪判决”。[1]

犯罪构成理论体系不仅是犯罪成立或者不成立的最终判断基准,而且是刑事诉讼过程中整体性的“指导形象”。[2] 阶层犯罪论体系不仅服务于发现实体真实的目标,更在这个目标的指引下,实现了证明对象的类型化。在有责性阶层的判断过程中,立足于“周延”的构成要件该当性要件和“实质”的违法性衡量基础上,对行为人的责任性要素进行综合衡量,既不为了实现实践中的绩效考核目标而忽略对主观的审查判断,也不在其他证据都确实充分的基础上模糊了对行为人主观方面的认定。同时,“排除合理怀疑”标准的引入,从侧面说明正是因为没有办法完全地复原所有犯罪事实状

---

〔1〕 John H. Langbein, *The Origins of Adversary Criminal Trial*, Oxford University Press, 2003, p. 263.

〔2〕 [日]小野清一郎:《犯罪构成要件理论》,王泰译,中国人民公安大学出版社2004年版,第199页。

况，所以才需要在综合考量已经获得的证据基础上，由裁判者作出一种合理的衡量和评价，剔除掉一切可能引起怀疑的因素。排除合理怀疑为无罪推定提供了前提性的判断基础，是一种最终说服责任，由于证明距离所产生的剩余怀疑必须达到合理的界限才能使得评价作用于事实，这项标准拉近了主客观判断的距离，也促进了客观行为与主观意志的融合，使得主观判断更加具体化、类型化。

### （四）法律真实视野下的证明标准

从理论上看，关于证明标准的目标有"客观真实说"和"法律真实说"两种学说，其中"客观真实说"是指法官在认定被告人有罪时必须查明案件的客观真实，应当与客观上实际存在过的事实一致，[1]认为"任何案件事实，通过正确地收集、分析证据，是可以查清的"[2]。在20世纪90年代之前，这种"客观真实论"的观点一直在学界占据着统治地位，但客观真实的实现只是一种愿景，在实践过程中因主客观因素的制约，无法再完全复原彼时的状态和情况，因此，我国大多数学者对此种学说持否定观点，认为"这是一种认识乐观主义，其实用性和可操作性差"[3]。随着"客观真实说"弊端的逐渐显现，"法律真实说"被很多学者肯定并用于指引实践。"法律真实说"，简言之，就是"从法律的角度看是真实的"，具体是指公、检、法机关在刑事诉讼证明的过程中，运用证据对案件事实的认定应当符合刑事实体法和程序法的规定，达到从法律的角度认为是真实的程度"。[4] 人们在一定时空范围内对事物的认识，都只可能达到相对真理的程度，认识体现为思维对客体的无限靠近，但永远不能替代客体本身。不可否认，我国"案件事实清楚，证据确实

---

〔1〕 陈一云主编：《证据学》，中国人民大学出版社1991年版，第114页。
〔2〕 张子培主编：《刑事诉讼法教程》，群众出版社1987年版，第192页。
〔3〕 龙宗智：《中国法语境中的"排除合理怀疑"》，载《中外法学》2012年第6期。
〔4〕 樊崇义：《客观真实管见——兼论刑事诉讼证明标准》，载《中国法学》2000年第1期。

充分”的刑事证明标准极大地体现了对客观事实和实体正义的追求,但“由于人的认识能力有限,任何人对于事实之存在很难达到绝对确定的程度”[1],2012 年《刑事诉讼法》将“排除合理怀疑”明确为刑事证明标准的组成部分,在一定程度上也是对“客观真实”说的消解。

刑事诉讼总是只对特定的与涵摄于实体刑法之下的情况感兴趣。“法律真实”的实现需要一个科学合理的犯罪构成体系作为基础。刑事诉讼法中的真实首先是“诉讼上的真实”,这里所涉及的就不再是全部的真实,而是“被严格过滤的、与法律有关的真实片断”。即使是能够涵摄于实体法的事实,也不能任意进入程序,要具备“尽可能充分的证据”,但也不是每个可靠的信息源都可用作为证据。“法律真实”不仅包括刑事诉讼法意义上的真实,也包括刑事实体法意义上的真实,而犯罪构成理论体系就像刑事实体法的“骨骼”一样,为司法案件提供定型化的指导,其与刑法规范相结合,形成一个有力的框架涵括事实行为、整理事实行为,并为规范行为的形成发挥指引作用,其科学与否直接决定了对事实行为的认定路径是否正确。

“法律真实”是一种理性真实,不仅是证明标准的实质侧面,更是架构构成要件事实和规范事实的桥梁。犯罪构成理论体系先于案件事实而存在,证明标准也先于案件事实而存在,换言之,犯罪构成理论体系和证明标准作为两种工具从两个维度上对案件事实进行评价,从不同的方面进行规制,使其规范含义和保护目的并驾齐驱,逐渐实现两者的违法判断评价机能。犯罪构成在尊重事实的基础上,以还原事实为目标,同时兼顾公平正义的价值理念和文化情感,以犯罪成立条件的总和为前提进行定罪的操作过程和思维方法,是规范合目的性和有效性辩证统一的概念载体。为事实与规范之间的不断靠拢,实现证明标准的“法律真实”提供了方法支撑,使实体形成的构筑形式更加类型化、精确化。

---

[1] 陈朴生:《刑事证据法》,台北,三民书局 1979 年版,第 581 页。

### (五)我国刑事证明标准的完善进路

“无罪推定”是刑事诉讼过程开始的价值指引,“疑罪从无”是刑事诉讼结果形成的规范依据,两者都是保障犯罪嫌疑人或被告人的重要原则,从诉讼过程开始到诉讼结果形成,证据的证明制度在其中发挥着很重要的推动性作用,一套清晰又具有操作性的证据认定标准非常必要。阶层犯罪论体系指引下,不同的阶层有不同的分析进路和分析对象,每一阶层的证明对象都是不同的,并因其特征不同为我国刑事证据标准的细化提供了方向指引。有效的证明标准可以为犯罪行为的实体认知提供路径和方法指引,而客观行为的界定和涵括不仅仅依赖于实体进程,更需要厘清阶段性的判断范围和认知对象。我国目前的证明标准,自从实施以来就被认为有模糊化、执行性差的弊端。有学者认为它是一种以证明目的代替证明标准的表述,[1]究竟依据怎样的标准来判定“证据充分”,立法者并没有给出明确答案,[2]其笼统概述式的表述造成实践过程中很多问题的出现。也有学者认为,在相当一部分案件中,法律制度上的“高标准”并没有在实践中做到“严要求”,在证明标准的话语体系与司法实践之间出现了某种程度的“悖反”现象,[3]因此,对证明标准的优化是完善刑事证明制度一个必不可少的切面。

第一,“主观性”标准需要再推进。根据我国刑法规定,“明知”是很多罪名的构成要素,但是如何认定“明知”在司法实践中却存在诸多障碍。目前,相关机构出台了很多个罪的司法解释,不断梳理对犯罪故意的认定,综合分析这些司法解释,不难看出大多数运用了推定的思维。例如,《最高人民法院关于办理毒品犯罪案件适用法律若干问题的意见》规定:“对于具有下列情形之一,并且犯罪嫌疑人、被告人不能作出合理解释的,可推定为明知,但

[1] 龙宗智:《中国法语境中的“排除合理怀疑”》,载《中外法学》2012年第6期。
[2] 陈瑞华:《刑事证明标准中主客观要素的关系》,载《中国法学》2014年第3期。
[3] 陈虎:《制度角色与制度能力:论刑事证明标准的降格适用》,载《中国法学》2018年第4期。

有相反证据的除外……”《最高人民法院、最高人民检察院关于办理与盗窃、抢劫、诈骗、抢夺机动车相关刑事案件具体应用法律若干问题的解释》第6条规定:“行为人实施……有下列情形之一的,应当认定行为人主观上属于上述条款所称‘明知’:……”所谓推定,是指基于合乎规律的常态联系,在充足的基础事实之上积极创设法律关系,从已经收集并确定的事实中推断出另一事实的推论过程,是对证明过程的调整。

刑事诉讼是刑法规范与犯罪事实相匹配的查证过程,推定制度的构建明确指明了形式判断和实质判断的关系和顺序,有利于实现对案件行为性质的判断和认定。因客观证据的认定过程具有严格的限制和明确的推导性,推定应主要用于主观证据的提炼过程中。阶层犯罪论体系中,只有符合前一阶层的要件后才会进入对后一阶层的判断,有责性位于第三个阶层,其是在对构成要件该当性阶层和违法性阶层充分的认识和证明之后的探讨,因此其基础事实是完善且周延的,相较于四要件平面式地解构和分析,阶层犯罪论体系更能为推定的适用提供制度空间和逻辑基础,即在充分且周延的行为构成要件和正当性分析基础上的推定更能接近客观事实。

第二,“层次化”标准需要再细化。在司法实践中,因为控诉方占据天然优势,在证据的收集能力和收集水平上都远高于辩方,因此,对于控辩双方的证明标准,我国理论界通说认为应当采取层次化的标准。[1] 无论出于对证据裁量标准的指引,还是对目前司法现状的完善和人权保障的进一步实现,我们都应该细化“层次化”标准的内涵,为犯罪嫌疑人或被告人寻找出罪进路提供方向指引。在一个刑事案件中,犯罪嫌疑人或被告人提供证据的目的主要是证明自己“无罪”或者“罪轻”,其中,有的是基于控诉方指控举出的对立性证据,有的是犯罪嫌疑人或被告人为了证明自己的行为不符合犯罪构成要件而主动提供的证据。因证明“无罪”和“罪轻”是两种不同难度的

---

〔1〕 卞建林:《刑事证明理论》,中国人民公安大学出版社2004年版,第261页。

证明标准，因此不能一概而论，应该具体区分出二者的证明标准，才能更好地实现证明标准的指导性意义。

根据阶层犯罪论体系，构成要件该当性是违法性的前提，构成要件该当性和违法性又同时构成有责性判断的前提，每一个阶层都为犯罪嫌疑人或被告人提供了出罪路径，每一个阶层的否定性要素都意味着整个行为无法被评价为犯罪行为。犯罪嫌疑人或被告人若想证明自己无罪，在构成要件该当性阶层，可以否定犯罪行为、犯罪结果，或者因果关系的存在等；在违法性阶层，犯罪嫌疑人或被告人需要证明自己的行为构成正当防卫或者紧急避险，或者有其他超法规的违法阻却事由；在有责性阶段，犯罪嫌疑人或被告人需要对自己的责任能力、主观认知、违法性认识和期待可能性进行证明，这其中任何一个要素的缺失，都可以有效地证明犯罪嫌疑人或被告人整体上不具有犯罪性。所以，在无罪或者罪轻的证明过程中，针对控诉方已经提出的证据，犯罪嫌疑人或被告人只需要证明控诉方的证据是不确实或者不充分，或者不能排除合理怀疑，即可证明自己是无罪或者罪轻的。这其中运用的是“反向解构”的思维范式，即当“确实充分”和“合理怀疑”不好从正面进行把握时，我们可以反向解构其概念，通过司法解释逐渐厘清何为“不确实”“不充分”“不能排除合理怀疑”的情形，进而达至行为出罪。

在很多情况下，反向解构可能会使概念更加清晰和具有可操作性。那么，针对犯罪嫌疑人或被告人主动提出的无罪或者罪轻证据，又该如何细化其判断标准呢？这些证据具有独立性，并不是基于控诉方的举证，那么这类证据应该符合证据的基本标准，即只有达到“确实充分”且“排除合理怀疑”才能被法官采信。控诉方需要结合三个阶层的所有要素，并且在这些要素形成完整的证据链时才可以证明犯罪嫌疑人或被告人是有罪的，而犯罪嫌疑人或被告人要证明自己是无罪或者最轻的，只需要对任何一个阶层的某一要素进行否定即可，例如对构成要件该当性阶层的行为要素或者因果关系要素进行否定，都可以证明自己是无罪或者罪轻的，从这个意义上来讲，犯罪嫌疑人或被告人的证明标准是低于控诉方的证明标准的。

第三,“进阶式”标准需要再确认。我国目前的刑事证明标准从侦查到审查起诉,再到审判阶段,呈现出一元化的特征,即不同的阶段适用同样的证明标准。这样的做法看似是对证据收集和采用的严格要求,却也在实践中模糊了证明标准的指导意义。例如,侦查阶段和审判阶段运用同样的证明标准,直接的后果就是架空审判阶段的质证,如果在侦查阶段已经实现了证据的“确实充分”,那么审判阶段对证据的审查将会流于形式,这也是导致我国多年来“侦查中心主义”困境的原因。同时,审查起诉标准和审判标准同一化也会造成“未审先判”的怪象,即检察院在公安机关提供的证据基础上进行审查,最终提交给法院,这似乎是对“确实充分”的又一次加码,也就促使了庭审阶段对证据的审查更加流于形式,丧失了对证据进行监督的最后一层保障。同时,一成不变的证明标准也不符合人类的认知规律。侦查阶段的证据更接近于证据的原始状态,而审判阶段的证据是经过反复质证和判断后被赋予规范意义的证据,如果不加区分地用同一证明标准进行规制,不仅不会起到发现实体真实的作用,反而会造成侦查人员、检察官、法官对案件判断的模糊化,看似严格的证明标准却会因为其不具有区分性和可操作性,而沦为口号式的存在。

每个阶段的证明标准都应该有所侧重。侦查阶段的主要任务应侧重为“发现”,不仅发现符合犯罪构成要件的行为和事实,也要发现符合刑法规范意义的行为和事实,这样才能为接下来的审查起诉和审判阶段圈定基本的判断对象。审查起诉阶段的主要任务应侧重于“审查”,是对已经取得的证据的证明力进一步地认知、确认、排除,在此基础上最终作出是否提起诉讼的决定。当然,审判阶段的证明过程就更应该受到高度重视。审判阶段是控辩两造集中对抗的阶段,也是证据充分展示的过程,在这个阶段中,证据应该是所有主张的实体支撑,即控诉方依靠证据打击犯罪,被告人依靠证据保障人权,法官依靠控辩两造提出的证据作出公平公正的裁判,在这个过程中，证明标准的实质整合性显得尤为重要。因此，在目前的证据标准基础上细化进阶式证明标准的应用，即侦查、起诉、审判三个阶段的证明标准不仅应该逐渐递增，更应该有所区分，且各自有所侧重，进而实现证据裁量过程的不断深化，形成更加周密的符合逻辑的证明体系。进阶式证明标准的有所侧重，不仅可以节省司法资源，缩短诉讼时间，提高诉讼效率，其指引下的出罪机制的构建更在一定程度上实现了“以审判为中心”改革过程中对人权保障的追求。

# 第七章 阶层犯罪论体系之于辩护

——不仅是技术性的，更是结构性的

辩护权是诉讼过程中的一项重要权利，也是诉讼文明的基本体现。辩护权是指针对指控进行反驳辩解以及获得帮助的权利，通过陈述权、辩论权等一系列权利得以具体化。[1] 基于辩护权之上的辩护机制是犯罪嫌疑人或被告人与社会就犯罪行为的相关判断所做的沟通，它的存在使国家对罪犯的惩罚建立在罪犯"同意"的基础上，从而为国家的惩罚提供罪犯所认可的合法性。[2] 辩护权强调例外情形对涉讼公民的意义，因此，只阐

---

〔1〕 辩护权有广义和狭义之分。狭义的辩护权主要指直接针对追诉和指控进行陈述、反驳、举证、辩论及获得辩护人帮助的权利。然而，现代意义上的辩护权主要指广义上的辩护权，除了包含狭义的辩护权外，还包括广泛的权利，如会见权、通信权、调查取证权、保释权、沉默权、证据调查、保全请求权、阅卷权或者证据开示权、律师在场权、非法证据排除权、上诉权、申诉权等。上诉极利根据功能作用进行分类，主要包括辩护手段性权利、条件性权利和保障性权利。狭义的辩护权基本属于辩护手段性权利，条件性权利主要指为行使辩护手段性权利进行准备的权利，包括会见权、通信权等；保障性权利主要指保障犯罪嫌疑人、被告人及其律师在诉讼中的人身权利、诉讼权利不受侵犯的权利，如保释权、沉默权、律师在场权及非法证据排除权等。

〔2〕 周光权：《刑法总论》（第2版），中国人民大学出版社2011年版，第63—64页。

述入罪路径不表达出罪路径的犯罪构成理论体系容易造成权利和权力之间的结构不平衡,形成单向的思考机制,更容易使犯罪嫌疑人或被告人的合法权益无法得到有效的保障。

## 一、阶层犯罪论体系之目的双重性——“入罪”和“出罪”

“入罪”和“出罪”作为相对立的两种价值诉求,在判断和形成过程中,需要对行为要素进行不同视角的判断和衡量。“入罪”事由在很大程度上依赖于罪刑法定原则指引下的法律规定,而“出罪”路径的选择却具有很大的差异性,因为不同的犯罪构成理论体系会提供不同的出罪模式。阶层犯罪论体系将辩护事由作为否定性要素置于犯罪论体系内部,涵括了事实判断与正当性、可谴责性的价值判断,不局限于“眉毛胡子一把抓”,克服了耦合性的弊端和定罪模式。同时,阶层犯罪论体系中明确的阶层性认定路径,不仅有效圈定了“入罪”事由的范围,也优化了“出罪”判断的逻辑,有利于实现犯罪认定过程中的人权保障功能。

### (一)优化了“入罪”逻辑:基于形式和实质的考量

犯罪行为是一种规范层面的表达,即“刑法不是一类自然产物,而是一种世界说明,犯罪和刑罚不是像白天和黑夜一样相随发生的,而是发话和回答”。[1] 司法过程中的入罪行为是在法律指引下确认犯罪事实的存在,从而认定犯罪嫌疑人或被告人有罪,更多地体现为罪刑法定原则之约束,“法无明文规定不为罪”实现了对入罪路径的最佳阐释。但是,在入罪过程中,对入罪缘由的判断不能表现为机械的行政化姿态,法律规范的价值和目的在判断过程中也具有非常重要的作用。符合实体法的犯罪构成要件和经过程

---

〔1〕 [德]伊斯梅尔·雅科布斯:《行为 责任 刑法——机能性描述》,冯军译,中国政法大学出版社1997年版,第42页。

序法审判的裁决不能停留在对原始行为的观察和评价之上,正如罗克辛所言,法官在法律的委托下进行解释时,仅仅是完成将这个规范性的价值决定加以具体化的任务。[1] 因此,在法律规范的最大语义范围内,有必要对法益保护的目的性进行精准衡量,"只有罪犯的行为该当惩罚时,才能对其施加惩罚"。[2]

入罪行为依赖于构成要件是否可以在规范层面与行为实现一种对接,即只有可被归责的构成要件之实现才是刑法意义上的不法,才能进入刑法规范的调整范围。四要件犯罪论体系在诸要件布局上呈现出实质先于形式或交叉进行的样态,犯罪构成理论体系诸要件与犯罪概念基本属性之间的关系含混不清。在犯罪概念中,社会危害性与刑事违法性形成了重叠性的判断,进而导致在犯罪构成理论体系中形成了实质性的重复判断,相应地扩张了单个犯罪概念所具有的入罪功能;犯罪客体使得其他三个要件成为违法性的"细化"以及社会危害性的"展开",导致价值判断过于前置。同时,四要件犯罪论体系容易使法官养成一种思维上的惰性,即依靠四个要件的简单相加即可得出行为入罪的结论,缺乏对案件的深度分析与研究。

阶层犯罪论体系使得行为和事实基础上的刑事论证更加显性化,为合理的、可预见的裁判结果提供了制度依赖。阶层犯罪论体系注重各方主体的参与,在达成共识的过程中,增强了规范适用的论辩性,形成了一种周密的逻辑判断。构成要件该当性阶层是入罪判断的基础,违法性和有责性是基于形式和实质的综合性量定,在构成要件该当性的判断之后融入了价值判断的双向考量,既设置了出罪路径,又优化了入罪逻辑,使得法律适用更具有可接受性和可预测性,也使得论证过程更加全面而周密。既然刑罚是罪犯不可避免应当承担的惩罚,那么这种惩罚就应当是可被接受的、公正

---

〔1〕 [德]克劳斯·罗克辛:《德国刑法学总论》(第1卷),王世洲译,法律出版社2005年版,第86页。

〔2〕 [德]梅尔:《德国观念论与惩罚的概念》,邱帅萍译,知识产权出版社2015年版,第1页。

的，才具有入罪的正当性。

### （二）阶层犯罪论体系为“出罪”提供了价值指引和路径选择

关于出罪的性质，理论上存在有不同理解。有学者认为，“出罪”即为“非犯罪化”，立法上将某种行为排除出刑法规制，对缺乏违法性与可责性的案件予以判决无罪。[1] 也有学者认为，“出罪”既涵盖立法层面又涵盖司法层面，在特定的情况下，可以通过司法解释的方法将某些行为予以出罪。[2] 也有学者认为，只有刑事诉讼法可以把有罪归为无罪，刑法上无罪结论的得出只因其本身即为“非罪”。[3] 本书认为，出罪是一种实体法意义上的考量，综合反应了行为人是否可以被刑法规制的必要性，如若行为不具有社会危害性，则无需再进入诉讼中。同时，出罪事由不能超越刑法规范的射程，出罪逻辑应当兼顾合法性与合理性，这不仅可以赋予司法人员弥补并纠正实体法不足的机会，也是限制过罪化的路径选择。

“解释不能从规范未有之意义中得出某种意义。”[4] 四要件犯罪论体系中，阻却事由被搁置于理论体系之外，无法对行为形成全面的衡量，意味着入罪事由与出罪事由的考量不是在一个思维体系模式下进行，直接后果就是被考量对象由于缺乏明确的指引而呈现出不确定性。犯罪构成理论体系是刑事责任认定的基本依赖，然而，四要件犯罪论体系对责任认定所涉及的

---

〔1〕 梁根林：《刑事政策视野中的安乐死出罪机制》，载《政法论坛》2003年第4期。

〔2〕 例如，最高人民法院曾经规定：对于有些农村妇女因严重自然灾害、生活困难等原因，外出与他人重婚或者同居的，应向其严肃指出：重婚是违法犯罪行为，但一般可不以重婚犯罪论处。在这种情况下，行为人实施了重婚行为，但考虑到这种重婚是为生活所迫，对其不以重婚罪论处显然是正确的。相关内容参见陈兴良：《入罪与出罪：罪刑法定司法化的双重考察》，载《法学》2002年第12期。

〔3〕 “出罪”的前提是有罪，而判断有罪与否是实体定罪问题，其标准是刑法规定的犯罪构成。根据法治原则，严格按标准定罪，就不可能存在实体法上的‘出罪’，只能在确认或承认有罪的基础上以诉讼措施‘出罪’。”相关内容参见夏勇：《试论“出罪”》，载《法商研究》2007年第6期。

〔4〕 ［奥］汉斯·凯尔森：《论法律解释理论》，李愈译，载陈金钊、谢晖主编：《法律方法》（第7卷），山东人民出版社2008年版，第136页。

事实认知与价值判断、积极推进与消极理解进行了平面化的梳理,形成了一种“耦合式”的认知结果,以“毕其功于一役”的方式进行概括与评价,从理论上消解了可谴责性的考量,同时也弱化了犯罪构成理论体系的出罪逻辑。

出罪逻辑一定要兼顾主观和客观合理,同时又符合当下的客观法律之目的,这样才能维持法律的尊严及其适用的安定性,为公民和当事人所接受。阶层犯罪论体系在违法性和有责性两个要件中设置了明确的出罪路径,即只符合犯罪构成要件该当性,无法实现对行为的定性,需要介入新的评价标准才能判断行为的社会危害性,形成了一个递进有序的评价体系。同时,违法性考量和有责性认定作为行为性质判断过程中的两个不同维度,使犯罪构成理论体系在认定犯罪过程中的标准衡量更加精密化。犯罪嫌疑人或被告人有专属于自已的辩护理由,且其辩护理由不完全依附于控诉理由,这在一定程度上开阔了辩护路径,使犯罪嫌疑人或被告人的辩护途径不局限于控诉理由的反击性操作,而是可以在体系内部主动寻找结构性的出罪事由,不仅可以发挥诉讼引导行为的功能,也是对出罪事由的结构性优化,增加了犯罪嫌疑人或被告人的辩解机会和路径,遏制了司法恣意的形成。

### (三)避免先入为主的有罪推定

刑事程序在于探索犯罪之理由,若先推定犯罪嫌疑人是有罪者,而后再行追诉与审判,则刑事程序即沦为定罪科刑之表演性之例行公事,而无进行之意义与价值。若未遵循无罪推定原则,则因先入为主之人类习性,而易生有罪之预断,致使无辜者冤受刑罚之制裁。[1] 有罪推定是纠问式刑事诉讼模式指引下的行为特征,即被告人不具有主体性地位,没有辩护权;审判无需公开;控审不分等。我国封建专制统治时间很长,统治者集行政权、立法

〔1〕 林山田:《论刑事程序原则》,载《台大法学论丛》第28卷第2期。

权、司法权于一身，是典型的纠问式诉讼模式，例如，司法权不完全独立于行政权；控审职能界线不清；法官超越控辩双方的强制性职权运作等都是纠问式诉讼模式的主要表现。同时，非对抗性是中国传统文化的特征，也间接地影响了诉讼的进程，导致了纠问主义之下的保护性色彩很浓。出罪与入罪的均衡应是法治国家的理想化场景，因此，刑法的理论建设应最大限度地保证此目标的实现。然而，在司法实践中，司法机关工作人员由于受职业心理的驱动，很容易在诉讼进程开始之初就存在有敌视犯罪嫌疑人之意识。

四要件犯罪论体系中，犯罪构成要件要素整体上是肯定性、正面性的规定，是一种基于控诉方立场的行为量定，这种犯罪构成模式是同质化的，集中反映国家立场，先入为主地对行为进行了犯罪之认定，然后再将之视为前提性条件，反过来用四个要件的简单相加来证实犯罪成立，更倾向于成立犯罪，对于出罪事由的考虑程度不够。同时，犯罪构成理论体系作为指引法官裁判的工具指引，理论上应当包含所有被考量的因素，要尽可能保证其逻辑的完整性，而四要件犯罪论体系将排除社会危害性的因素置于体系之外，极容易造成形式上符合犯罪构成理论体系，但却不具有实质社会危害性的逻辑矛盾。

在犯罪行为评价机制中，价值判断的实施方式和介入时间对定罪结论的形成有根本性制约，价值判断前置会对犯罪行为产生一种先入为主的倾向，过早确定其主观恶性，产生过强的处罚动机；缺少价值判断又会影响对行为的全面评价，是国家刑罚权滥用的危险基础。在阶层犯罪论体系中，犯罪成立的积极要素审查后还存在有两个维度的考量，即控诉方对犯罪成立的主张不能在一个层次中一次性实现，还需经过其他两个阶层的适用、否定、排除，这就要求控诉方要查明所有与犯罪相关的事实和行为，包括有利于和不利于犯罪嫌疑人或被告人的所有事实。同时，阶层犯罪论体系中，事实判断前置，价值判断后置，价值判断立足于事实判断基础之上，事实判断在整个事实认定过程中具有基础性作用，负责客观中立地审查所有犯罪成立之条件,以一种巧妙的“价值性导向”使得刑事诉讼程序的进展演变为无罪推定。

### (四)优位价值的适正演绎:人权保障的实现

人权理论的发展有着悠久的历史。有学者将人权理论的研究分为以下四类:人权意识是指人们关于人权的思想和理论的总和;人权心理是指人权的实现程度、法律保障等方面感觉、情绪;人权知识与思想是人们关于人权及其相关制度的一般知识及见解;人权理论则是人们关于人权及相关制度的发展规律的自觉的、抽象的和深层次的理论认识。[1] 传统国家本位主义认为,个人由国家派生而出,因此,国家利益永远高于个人利益,这种现象集中体现在奴隶制和封建制社会中。统治者不断夸大国家之于社会发展的作用,为个人利益对国家利益的服从埋下伏笔,进而不断稳固自身的统治秩序。第二次世界大战后,人们开始了对人权保障的反思和觉醒,很多国家开始了对刑事法律中“保障人权”部分的大幅修改,促进了刑事法律在全球范围内新一轮的变革。1998 年,我国加入了《公民权利和政治权利国际公约》,是我国人权发展事业上的一大进步;2004 年,《中华人民共和国宪法修正案》明确规定:“国家尊重和保障人权”,实现了宪法层面对保障人权的确认和保护;2012 年《刑事诉讼法》在第 2 条中增加了“尊重和保障人权”的内容,这是一次巨大的思想进步,表明了刑法法律制度的双重目标,即不仅立足于打击犯罪,保障人权也是其中不可或缺的重要目标。

社会契约论认为,社会契约是国家形成的逻辑起点,人类最初处于一种自然的平等的原始状态,出于共同对付自然界及防止人们之间相互侵害,并为人类自身生存的需要,于是达成契约让渡出部分权利组成国家和政府。基本公约并没有摧毁自然的平等,反而是以道德的与法律的平等来代替自

---

〔1〕 李步云:《人权法学》,高等教育出版社 2005 年版,第 79 页。

然所造成的人与人之间的身体上的不平等。[1] 人权是人与生俱来的基本权利，具有自然属性的特征，即所有公民自出生之始就享有同等的权利和义务，法律会为公民提供充分的权利实现之保障；同时，在公民的权利受到不应有的待遇时，也存在相应的制度对其进行救济。在刑事诉讼过程中，控诉方作为国家权力的集中体现，无论在收集证据，还是在指控过程中都具有更优越的权威性，但是绝对的权威将意味着对公民正当权益的忽视，这是需要被矫正的。刑事司法裁判只有具有正当的权威才更容易被公众接纳，进而保障司法秩序和各方利益的平衡。但究竟是要一个强大到足以威胁人民自由的政府还是一个弱小到不能维持和保护人民自由的政府，这是一个永恒的问题。[2] 司法实践中，犯罪嫌疑人或被告人的合法权益往往难以得到有效的保障，遑论与国家司法机关实现真正意义上的抗衡。

犯罪构成理论体系不仅是犯罪成立或者不成立的判断基准，也是刑事诉讼过程中整体性的“指导形象”。[3] 打击犯罪要求为了维护社会的稳定，进而对犯罪嫌疑人或被告人的行为进行严厉的规制，但是，公民权利的充分享有与国家权力的恰当行使同等重要。公民权利的实现意味着权利相对方即国家权力的行使要受到制约，从而使公民具备制衡国家权力并且维护自身权利的基础。阶层犯罪论体系中包含有肯定性和否定性的要素，阻却事由相对于构成要件符合性所承载的正面条件，有利于整合人权保障、程序正义和权利救济的合理元素，实现对行为更为全面的考量和界定。同时，阶层犯罪论体系具有层层推进的逻辑演绎功能，不仅规制了犯罪是否成立的思考路径，也在一定程度上使得人权保障更加周延、合理，更具实质意义。犯罪嫌疑人或被告人不再是被动的追诉和审判客体，其在某种程度上可以掌

---

〔1〕［法］卢梭：《社会契约论》，何兆武译，商务印书馆2003年版，第3页。

〔2〕［美］米尔顿·柯特勒：《美国八大冤假错案》，刘未译，商务印书馆1997年版，第8页。

〔3〕［日］小野清一郎：《犯罪构成要件理论》，王泰译，中国人民公安大学出版社2004年版，第199页。

握自己的命运,为现代型司法的推进提供了充足的主体要素和理论支持。

## 二、消极性犯罪构成要件的"显性化"

在刑事诉讼中,犯罪构成理论体系就是分配权利与义务的工具,它担负着人们对权利的认知与理解。因此,阻却事由以规范的形式对权利加以确认,是一种"必要性"与"适当性"的法益衡量,必须涵括一定的出罪功能,如此控辩双方才会成为诉讼进程的主导力量,赋予控辩双方同样的起点。阶层犯罪论体系不仅包括积极要素的衡量,还包括消极要素的判断、超法规违法阻却事由的规定和免责事由的施行,这些要素都给犯罪嫌疑人或被告人提供了充足的辩护空间。

### (一)增加了控辩对抗过程的可预测性

犯罪构成理论体系连接了规范和事实,需要对其要件及要素进行具体的解释和挖掘,才能"近似地理解其范围和内容"。[1] 逻辑解释的方法极大地促进了法律体系的形成,进一步汇集和理性化,进而形成法律效力的内在一致。这些结构的稳定认知是人类理性的基础,能用于鉴别理论和其他各种经验,并形成个人或团体可预料行为的法律后果,确保当事人法律利益的最大自由。[2] 规则或体系的可预见性体现为一种明确的方向指示和价值指引,是规范理性的内在要求和理论推动力,具备"可预测性"的法律体系不仅实现了对规范的合理规整,也有利实现对行为人的理性指引,为其提供了可据以行动的信息指示。社会中的公民可以通过对体系所呈现的信息进行收集和处理,进而预测和决定自己的行动方向,此种形式下的行为人可以预测

---

〔1〕 Hassemer, Tatbestand und Typus, 1968, S. 113f.

〔2〕 [德]马克斯·韦伯:《论经济与社会中的法律》,张乃根译,中国大百科全书出版社 1998 年版,第 226—228 页。

到自己行为的法律后果，因此，规范和体系的可预测性为行为人选择行为方式提供了切实的、有实际意义的行动指引。

德国学者指出："立法者要决定哪些是特定犯罪行为的本质性要素，针对这个问题，立法者确立了需由司法者遵守的普遍适用的规则。他们从经验上的具体事件集合中提取出法秩序中重要的要素，从而形成抽象的类型，进而凭借其普遍适用的特性保障判决的平等性和正义性。"〔1〕犯罪构成要件中的类型性为公民的可预测性认知提供了框架和范围，当法律体系中的每一个规则都可以明确地实现它所包含的目标价值，并且这个目标的根据也已经确定，那么这个法律体系就会更为合理与开化。四要件犯罪论体系的逻辑判断过于重视控诉方对犯罪构成理论体系要素的证明，促使法官形成了打击犯罪的惯性思维，进而留给被告人合法辩护的空间非常狭小，难以充分表达自己的意见，平等地与控诉方进行交涉。直接后果就是造成诉讼活动演变成单方权威主导的流程，不能保证自由对话和中立判断的先决条件，使犯罪构成理论体系成为单方面入罪的标准，消解了理论要素的诉讼引导功能，不利于控辩对抗过程中的可预测性实现。正所谓："刑不可知，则威不可测"，刑事诉讼进程需要一种可预测性，由此人们便能够预见到行为的法律后果，根据这种连贯性与客观性实现预防犯罪的效果。

为了提高规范的可预测性，规则和体系有必要呈现为一种有限的教条形式，即如果行为人作为或者不作为一件违法或者不违法的事情，他将可能遭受基于法律认定的法庭判决的制裁。法律义务的实现或履行意味着法律可预测性的实现与发挥。阶层犯罪论体系中三个阶层的要素之间形成逐步推进的认定方式，使得判断路径更加清晰，也为控辩双方对抗提供了相对清晰的可预见行为模式。在阶层犯罪论体系中，一旦某一行为被认定为符合某一构成要件，则将形成一种类型化的存在，人们可以用这种思维模式来衡

〔1〕 Vgl. Schwinge&Zimmer, Wesensschauund Konkretes Ord unngsdenken im Strafrscht, 1937, S. 9.

量自己的行为,并形成相关结论,实现的判断过程中的可预见性。同时,违法阻却事由与有责阻却事由作为阶层犯罪论体系中的消极构成要件要素,不仅实现了法秩序一致性的过滤,也从情理、政策、法律等维度对行为人的行为进行了评价,是实现刑罚目的再次过滤。

### (二)实现犯罪构成理论体系内的“交叉询问”

交叉询问制度是古希腊辩士学说与被告人对质权的混合理论产物,控辩双方直面对方人证,通过提问和回答的方式让事实真相得以显性呈现。交叉询问制度是人类有史以来为发现事实真相而创设的最佳装置。因此,交叉询问制度为控辩双方提供了一个正面对抗的竞战场所,通过双方的积极参与以及在此行为基础上的相互牵制,既可以最大限度地减少片面认识所导致错误裁判的机会和概率,又可以通过双方辩论最大限度发掘案件事实,提升案件审查质效。

我国的刑事诉讼秉承了职权主义的“审问制”传统,在一定程度上更契合四要件犯罪论体系的认定路径,所有的构成要件均体现为肯定式判断,不断从正面量定行为构成犯罪的符合性,这种思维进程过于关注可谴责性和否定性评价,强调犯罪嫌疑人或被告人的行为在何种情形下构成犯罪,忽略了正反两种观点正面对抗的意义,更容易导致先入为主,使得有罪结论的得出过于简化。相比之下,阶层犯罪论体系的构造模式更能体现出“交叉询问”的思维。体系内的三个阶层均存在显性的阻却事由,其中,无罪过事件是构成要件该当性的重要出罪路径;违法性判断排除了社会伦理允许的正当行为,体现为犯罪成立的消极判断;有责性判断是在不法判断基础上进一步发掘行为中的可宽恕理由,如此的判断路径使得犯罪成立的消极要件得以全面的显性化,使得判断过程不仅体现为正向的衡量,也是实现了反面的量定,实现了犯罪构成体系内部的“交叉询问”。这种认知路径既左顾右盼,又瞻前顾后,以“交叉询问”的方式发现了消极阻碍犯罪的因素,对于实现控辩双方平等对抗是极为有利的。

入罪和出罪表现在诉讼意义上就是控辩双方的攻防活动，如果攻防机会不平等，就不能说这场诉讼是公平的。阶层犯罪论体系赋予了犯罪嫌疑人或被告人随时可以否定控诉方指控的机会，使犯罪嫌疑人或被告人“步步为营”。当控诉方提出行为符合构成要件该当性，如果犯罪嫌疑人或被告人表示异议，并且观点被采纳，则无需再进行违法阻却事由和责任阻却事由的举证，该案即可作出无罪判决；当控诉方证明犯罪嫌疑人或被告人的行为符合构成要件该当性，犯罪嫌疑人或被告人异议未能成立之时，接下来犯罪嫌疑人或被告人就可以利用他的“发球权”举证证明自身行为具有违法阻却事由或者责任阻却事由，这样的理论要素同样赋予了犯罪嫌疑人或被告人向控诉方发动进攻的途径和工具。这种攻防转换从根本上否定了控诉方拥有的绝对进攻地位，此时辩护权不单纯体现为被动的防守权，也是一种反攻权，即借助阻却事由可以开始新一轮的进攻，若干回合的举证和论证使得法官对案件事实的判断将会更加清晰。

### （三）以规范的形式对权利加以确认

只有以法律的形式对权利加以确认，才能从根本上保护权利免受非法侵害，才能将权利的价值全面实现。权利一般直接体现于宪法及其基本权利义务关系中，人类将自身在刑事诉讼中的基本权利通过规范的形式加以确认，并赋予宪法最高法律的地位以保障基本权利的最高价值。[1] 例如，1775 年，美国摆脱英国的殖民统治后建立了新的国家，1787 年制定了《美利坚合众国宪法》，之后通过了《权利法案》，以宪法修正案的形式纳入宪法中。1868 年，美国又颁布了《联邦宪法第十四修正案》，不仅实现了对公权力的制约，也为个人权利的实现提供了重要保障。因此，权利要想获得实现，必须

---

〔1〕 林劲松：《刑事诉讼法与宪法关系研究之不足》，载徐静村主编：《刑事诉讼前沿问题研究》（第 1 卷），中国检察出版社 2003 年版，第 138 页。

通过规范加以明确确认才能形成强制力，进而形成有力的价值指引。

犯罪构成理论体系作为刑法规定的抽象归纳，只有对要件要素的合理规范与构建，才能不断丰富法秩序运转中的价值意蕴。处于理论指引地位的犯罪构成理论体系为刑法规定的有效实施提供了模型，这个过程是由控、辩、审三方主导的，控诉方为了实现对犯罪行为的理性认定，需要借助犯罪构成理论体系与犯罪事实进行比对，而辩方需要借助犯罪构成理论体系的内容否认指控，审判人员则需要借助犯罪构成理论体系实现对两种针锋相对观点的判断。抗辩权是当事人主体性地位得到尊重的最佳体现，没有基于抗辩权充分行使的控辩平衡将会沦为一种表演性的戏剧。在阶层犯罪论体系中，控诉方的武器主要体现为国家提供的后盾力量以及构成要件该当性的行为认定；同时，阶层犯罪论体系也赋予了犯罪嫌疑人或被告人以防御武器，即违法性和有责性的阻却事由判断以及超法规的阻却事由，由此控辩双方基于阶层性与平等性得以在庭审活动中就事实和证据问题展开交锋，进行对抗。

在复杂的案件事实面前，犯罪构成理论体系将会指导司法机关工作人员掌握更多定罪量刑技能，因此，将排除犯罪的行为置于体系之内，将事实和行为进行合规则与合理性的判断，有利于增加对出罪构成要件的深入理解与运用，为司法人员提供系统的理解方式和运用途径。阶层犯罪论体系以规范的形式对违法阻却事由、责任阻却事由、超法规阻却事由进行规定，将行为判断过程中的积极要件和消极要件结合形成了一体化考量，不仅增加了犯罪成立的审查力度，也提供了充分的出罪机制，形成一种充分展开的诉讼程序、诉讼结构和系统构造。同事，阶层犯罪论体系避免了单向思维方式的整体主义，减少了运行中形式合法性对实质真实发现的消解。

### （四）促进了机会平等的实现

刑事诉讼是国家公权力机关对犯罪嫌疑人或被告人发动的追诉活动，

基本前提是要使用合法暴力的手段。然而,在现实生活中,犯罪嫌疑人或被告人作为被追诉的对象和目标,很难拥有与国家公权力机关平等对抗的机会。机会平等理论认为,在同一种社会制度下的所有人依靠努力参与竞争,社会根据竞争的胜负给予不同的奖励。换言之,机会平等理论试图给予人们同样的起点,排除不恰当影响公平竞争的因素,为人们画出一条同样的起跑线,所有参与行为的当事人在相同条件下获得自己所需要的权利。一定程度上讲,只有保证每个人获得机会的手段、工具、资源、能力相同时才可能最终实现平等目标的达成。[1] 机会平等是与结果平等相对应的概念,机会平等的重点目标在于创建一个"公平竞争环境"。[2]

分配制度在一定程度上决定了机会平等的实现,试图用其他手段绕开或者消解分配的意义只会促成"对不平等的合理化"。实体法是规定法律关系主体之间权利与义务关系、职责与职权关系的法律;程序法是规定保证实体权利与义务、职责与职权得以实现的方式和手段的法律。[3] 平等主义指引下的正义,不仅要使每个人得其所应得,更重要的是实现人人关系平等的社会。在法律中,尤其在刑事法律关系中,则体现为控辩双方之间关系的均衡。机会平等是一种基本的前提性认知,如果连机会都不平等的话,很难实现实质意义上的正义。因此,机会平等虽然是最基本的平等,却也是一项包容性极大的权利。

法律从规范人类早期的行为习惯法到权利和义务的区分,逐步走向理性,但一成不变的是,从国家的层面看,法律始终体现为确认权威的行为规范。阶层犯罪论体系确立了法律运行过程中犯罪嫌疑人或被告人与司法权威进行对话的条件,犯罪嫌疑人或被告人的辩护权利在诉讼程序中获得了更为显性的地位以及更为提前的实现。阶层犯罪论体系内部不同方向的诉

---

[1] 何怀宏:《公平的正义:解读罗尔斯〈正义论〉》,山东人民出版社 2002 年版,第 39 页。

[2] John E. Roemer, *Equality of Opportunity*, Harvard University Press, 1998, p. 1.

[3] 付子堂:《法理学初阶》,法律出版社 2005 年版,第 160 页。

讼路径,先进行入罪判断,后进行出罪梳理,赋予了控辩双方到达目的的手段和机会,同时强调构成要件要素的递进判断,将入罪举证责任归由控诉方,出罪举证责任交由犯罪嫌疑人或被告人,实现了入罪和出罪的合理分配,所达成的机会平等更利于实现案件事实认定过程中的理性判断和人权保障。

## 三、超法规阻却事由的位置和功能

在现实生活中,立法需要考虑多种因素,同时由于社会生活的复杂性,正当化事由的数量非常多,而且来自于各种不同的法领域。然而,我国刑法对于违法阻却事由的规定极为有限,无法囊括其他符合构成要件该当性且具有法定阻却事由的情形,进而丧失了法律对该类行为有效评价的能力。汉斯·海因里希·耶赛克也认为:"对于符合客观要件的行为的正当化处理,不能仅仅根据刑法明文规定。作为允许规范的源泉,除了制定法以外,还应当考虑到国际法、习惯法以及社会的最高价值观所指向的超实定法。"[1]毕竟再完美的法律规定也无法实现对社会生活事实的全面覆盖。因此,世界上越来越多的国家和刑法理论对超法规阻却事由进行了承认,从一种更为复杂的价值视角对权利加以确认,为控辩双方的利益平衡提供了可能路径。超法规阻却事由的出现弥补了法律规定关于价值判断的不足,为其提供了一种更为全面的价值指引,充分避免了"情"与"法"的冲突。

### (一)开放性犯罪构成理论体系的价值衡量

根据犯罪构成理论体系是否可以容纳超法规阻却事由的存在,可以将其分为封闭的犯罪构成理论体系与开放的犯罪构成理论体系。理论上一般

---

〔1〕[德]汉斯·海因里希·耶赛克、托马斯·魏根特:《德国刑法教科书》(总论),徐久生译,中国法制出版社2001年版,第39页。

认为德日的阶层犯罪论体系与英美法系的双层次犯罪论体系属于开放的犯罪构成理论体系，而苏联以及我国的四要件犯罪论体系属于封闭的犯罪构成理论体系。这虽然是一种理论划分，但却对诉讼进程产生了不同的影响，集中体现在封闭的犯罪构成理论体系限制了实体辩护的空间，固定的理论框架以及刑法规定的范围圈住了犯罪嫌疑人或被告人陈述问题的范围，导致其通过实体辩护影响法官判断的能力大打折扣。

犯罪是一种非常复杂的社会现象，试图一次性毫无遗漏地对其进行规定或对阻却事由进行全部的整合和梳理是不可能的。正如弗兰茨·冯·李斯特认为："因为合法事由在成文法中只得到极不全面的探讨，以至于合法判决的作出，在很大程度上不得不借助于在成文法以外来考虑合法与不法的实体内容如何。"〔1〕封闭性体系的认知只能够包括不太复杂的学问对象，随着历史的变化，很难持续性地涵括变化着的、多样的、复杂的社会生活，包括徐乃曼在内的众多德国学者也同样指出，从仅有很少公理性的上位概念引导出来的封闭性演绎体系，就像现在学术理论为数学和逻辑提供的样板体系一样，很难达到学习目的和要求，如此往复，最终受到损害的是司法正义的实现空间。

20 世纪初，罪刑法定原则逐渐兴起，其追求法的周延性和合理性，逐渐成为刑事法治的基本价值。罪刑法定原则兼顾形式合理性和实质合理性，主张通过适当的解释发现刑法文本潜在的、可能的、客观的意思，即在最低限度的形式合理性范围内积极地寻找法的安全性和可预测性。首先，开放的刑法体系意味着对现存认识基础引导的概念加以整序，同时也可以涵括被忽略的事实样态，使得陷入现存僵化模式的问题得以灵活解决，以及之前不被斟酌的问题得到修正和补充。其次，开放的刑法体系只是预设好处理正确关系的路径，在保证相对不变的、整序的和无矛盾的法体系的基础上，

〔1〕［德］弗兰茨·冯·李斯特、埃贝哈德·施密特：《德国刑法教科书》，徐久生译，法律出版社 2000 年版，第 202 页。

以还原事实为目标,兼顾公平正义和文化情感,是规范合目的性和有效性辩证统一的概念载体,使得理论体系更具弹力,是顺应时代发展的样态。

### (二)避免了"情"与"法"的冲突

法律对社会生活中的情感和价值需求进行了抽象化的表达,并将其落实到文本和语言规范中,以促进实施中确定性的实现,并最终实现法律的内在统一性。但法律规定常常受到立法者以及时代特征的影响,具有一定的局限性。随着情势的变化,对不同的行为可能会给予不同的评价,加之实定法具有滞后性和有限性,法律在制定的时候显得合理有序,但随着新社会问题的出现,常常显得捉襟见肘。超法规阻却事由是合法性与合理性较量的产物,在一定程度上可以有效避免"情"与"法"之间的冲突。实践中,有些行为于法而言,是不合乎规定的,但是于情而言,却不具有可谴责性。在面对复杂多变的现实生活时,如果法律一味追求形式主义,则不免与真实的社会生活产生距离。

正如有学者言:行为之违法性,通常固皆就违法性之形式意义以衡量之,惟社会情事变化万殊,实定法之内容,间或未周,致与违法性之实质相出入者,亦复有之,固适用之际,又不得不斟酌法律之本旨而为决定。[1] 没有感情色彩的抽象逻辑,以及对社会生活和情感世界的视而不见会最终导致法律运行过程中矛盾的不断出现和升级,并使其功能和效用的发挥大打折扣。法规范围内的阻却事由赋予了犯罪嫌疑人或被告人相当程度的合法权益保护路径,超法规阻却事由提供了面对不确定和未知的一种必要的张力,这种张力使得司法过程的价值判断更加符合社会生活的现实需求,同时也有利于建构更加精致的法学研究体系。

法律规范的体系构筑是在不断争论和整序中获得的,面对新问题时,需

---

[1] 韩忠漠:《刑法原理》,中国政法大学出版社2002年版,第100页。

要及时捕获和增加新的内容，保持确切的认识，并加以修正和改造自身。关于超法规阻却事由的判断，我们需要考虑行为背后隐含的社会价值和意义。立足于社会现实和社会发展的判断可以增加公民对规范的认可度，实现合法与合理的共同推进，并促进情与法的深度融合。同时，在出罪的问题上，如果固守明文规定，由于体系自身的修正不能统合所有违背规范的情况，不仅容易造成"情"与"法"的冲突，也不易实现刑罚个别化，实现能动司法，进而显示出法秩序的阙失。超法规阻却事由的存在使得裁判者在定罪量刑过程中，既受外在控诉和辩护进程的影响，又受内在科学思维的限制，最大限度限制了裁判者定罪量刑的恣意性，如此才能最大限度避免国家公权力的干涉以及行为认定过程中可能出现的偏差。不能一味地将体系范围无限制扩大，当出现新问题时，必须用现有体系先斟酌考量，当现有体系无法涵括且存在十分必要性时才能使用，以实现理论体系在一定时期内的安定与稳妥。

### （三）功能互济：超法规的阻却事由与辩护机制

辩护机制是被告人与社会就犯罪性质所作的沟通，它的存在使国家的惩罚建立在对被告人"同意"的基础上，使刑法成为被告人"内心"的法，从而为国家的惩罚提供被告人认可的合法性。[1] 辩护机制是一个融合实体和程序于一体的保障机制，哪里有指控，哪里就有辩护。如果按照封闭的四要件犯罪论体系来认识和理解辩护机制，则会陷入先供后证的困境，使证据链成为主观要素的拼接，演化成主观性的注脚，使得心证在庭审之前就已经形成，导致庭审过程中对一些细节的忽视，究其原因，主要在于出罪事由无法在法律体系内寻找到合理的位置，缺乏反方向的判断路径，压缩了犯罪嫌疑人或被告人的辩护空间、辩护希望以及准备程度，即无法通过犯罪构成理论体系的内容和要素进行辩护，也就无法实现以控辩对抗来制约裁判权行使

〔1〕 周光权：《犯罪构成理论：关系、混淆及其克服》，载《政法论坛》2003年第6期。

的目标。

阶层犯罪论体系将犯罪认定过程中的肯定要件和否定要件纳入同一体系进行判断,每一个阶层都有不同的证明对象和证明范围,每一个阶层都充分实现了两种方向的事实厘清,不仅促进了法官裁判思维的理性化,也优化了辩护机制的运行方式。超法规阻却事由缓和了社会事实的无限性与法规本身的有限性和局限性之间的矛盾,毕竟法官需要从整体和系统的视角来分析和解决问题。[1] 辩护机制的运行范围决定了其在只能针对某些行为对象进行辩护,超法规阻却事由的存在赋予其更多的实体内容,赋予部分事由以生存空间和体系地位,也给予了裁判者一定的自由裁量权,有利于实现实质上的公平正义。

同时,超法规阻却事由必须通过辩护机制的运行才能与其他法律要素产生关系,正式地成为法律规范的对象,因此,辩护机制的发展也逐步廓清了超法规阻却事由的面向,并为其提供一定的标准和框架,使其范围更加清晰合理。超法规阻却事由带来的部分张力是对罪刑法定原则的补正和延伸,这种延伸使得判断更加全面具体,不仅从形式上赋予了犯罪嫌疑人或被告人明显的实体权利,也克服了形式平等的弊端,弥补了在某些方面无法实现的权利困境。因此,超法规阻却事由的存在与辩护机制的周密性看似矛盾,但在阶层犯罪论体系下,反倒是一种互济性的存在。

## 四、从限制控诉方权力到增强辩方权利

一个公正的刑事审判的基本要求是对抗性与控辩双方的平等武装。[2] 然而在我国,从《刑事诉讼法》制定到1996年修订实施,公权力的因素在刑

[1] 吴从周:《民事法学与法学方法:概念法学、利益法学与价值法学》,中国法制出版社2011年版,第620页。

[2] Jacqueline Hodgson, *French Criminal Justice*, Oxford: Hart Publishing Ltd, 2005, p.21.

事诉讼过程中极为明显,相伴随的现象就是对犯罪嫌疑人或被告人权利的保障很少,即很少关注辩方的权利。因为刑事司法权力的运作区间比较特殊,更多地涉及国家强制力的行使,甚至会剥夺公民的基本权益,所以应当保持行为过程中的地位中立,在道德上更不能成为风化警察。[1] 定罪活动是立足于事实基础上的法律评价和适用活动,最能体现诉讼构造是否科学以及最能发挥犯罪构成理论体系作用的过程。同时,犯罪构成理论体系是程序和实体的转换机制,是连结刑法和刑事诉讼法的纽带。[2] 因此,在法律制定过程和犯罪构成理论体系选择适用中,对公权力加以限制,防止公权力滥用是充分保障当事人权利的有效手段,恰当地展示犯罪构成要件要素对刑事程序的合理推进有着重要的作用。

### (一)辩方的"武器"

在利益互相冲突时,实现正义的一个重要途径就是使双方当事人都可以在一定程度上影响和控制程序的行进,同时,双方当事人都应该拥有自己的武器。正义价值依赖于高度控制过程中所允许表达意见的自由程度,而这种自由表达只有被提供相同和相等程度表达意见的机会才可能实现。正如在"Ofner and Hopfinger v. Austria"一案中,欧洲人权委员会在判决中指出:检察官与被告人的程序平等一般可称为"平等武装",这是公正审判的一项内在要素,它假设程序中的每一方当事人都拥有充分的机会陈诉自己的案情,并且可以对对方提供的案情作出评论。二战后,在《欧洲人权公约》及欧洲人权法院的推动下,欧洲诸国纷纷将刑事辩护权的实现作为正当程序发展的核心任务。2000 年,法国首次将律师辩护原则作为刑事诉讼的序言性条款。西班牙《刑事诉讼法典》第 118 条规定,"任何人在被告知指控事实时,或者在被提起公诉时,均应进行辩护权的告知。"

---

〔1〕 汪海燕:《论刑事诉讼的"中立"理论》,法律出版社 2002 年版,第 26 页。
〔2〕 刘选:《犯罪构成与刑事诉讼》,载《法学评论》1999 年第 5 期。

意大利、美国等亦有类似规定,例如美国《刑事诉讼法》对被追诉人保护的方面主要有如下规定:第一,被追诉人有权利不受强迫针对自己的行为作有罪证明;第二,禁止对被追诉人进行非法的逮捕、搜查以及扣押;第三,被追诉人有权利要求聘请律师帮助其进行诉讼活动;第四,被追诉人有权利要求检察官出具对其有利的证据;第五,被追诉人有权得到迅速公开审判;第六,被追诉人有权要求与案件无利害关系的人员对其进行诉讼活动;第七,被追诉人有权与受害人及证人对质;第八,被追诉人有权利不就同一犯罪事实受到两次指控;第九,被追诉人有要求上诉的权利;第十,被追诉人有就其个人申请得到人身保护的权利。这些规定为犯罪嫌疑人或被告人的权利保障提供了充足的规范基础。

当事人对诉讼进程的控制意味着可以使作出最终裁决的裁判者最大程度被当事人影响,并且由当事人来控制影响裁决的证据提出。因为与裁决结果没有利益关系的人极有可能会忽略当事人的具体的个人情况,或者错误地解释当事人特征,因此,只有赋予当事人更多表达意见的机会,才能够促使裁决者在作出决定时充分考虑各方面因素,最终实现结果公正的最大化。在刑事诉讼中,犯罪嫌疑人或被告人不是诉讼客体,应该拥有与控诉方相抗衡的力量。因此,必须调整“优者对劣者”的行为规则,使其以平等者的状态进行对抗,并赋予该种对抗以明显的规则依据。〔1〕

排除性犯罪事由对于犯罪结果的认定有着非常重要的影响,如果不能对排除性犯罪事由作出说明,则无法得出有罪结论。因此,刑法规定和犯罪构成理论体系应当充分赋予犯罪嫌疑人或被告人话语权,使其充分展示排除性犯罪事由,为其辩护过程提供动力。阶层犯罪论体系中,构成要件该当性体现为对事实行为的检验,违法性阶段充分实现了对行为性质的界定,有责任阶段则对行为人进行规范意义上的评价,此种反复检验行为赋予犯罪

〔1〕［英］弗里德利希·冯·哈耶克:《法律、立法与自由》,邓正来、张守东、李静冰译,中国大百科全书出版社 2000 年版,第 87 页。

嫌疑人或被告人在不同的阶段都拥有对正当化事由进行阐述的机会,可以充分展示其利益诉求,使得犯罪嫌疑人或被告人获得了更多的出罪空间。换言之,反向阻却事由使得犯罪嫌疑人或被告人的实体权利逐步增强,这种肯定性的认知和否定性的判断相互碰撞形成了犯罪评价的理论张力,实现了平等对话的可能性,最终防止犯罪认定活动偏离理性轨道。同时,正是这种碰撞促进了犯罪构成理论体系的不断完善,使犯罪构成理论体系可以容纳和呈现诉讼过程中的双向思维,并建立法律与法律之间相互沟通联系的机制。

### (二)发挥了"对抗性"的实际效能

任何一个国家在涉及犯罪构成理论体系选择时,都不得不在惩罚犯罪与保护人权,实体公正与程序公正的价值目标间进行选择。控辩双方针对同一个事实有着不同的立场,如赋予控诉方更为优越的调查取证权,可能导致控诉方在犯罪嫌疑人的辩护人收集证据时层层设限,增加其收集证据的难度,缩小了犯罪嫌疑人进行辩护的反驳和证伪空间,不利于实现庭审过程中的真正对抗。然而,我国《刑事诉讼法》第42条明确规定,辩护人收集的有关犯罪嫌疑人不在犯罪现场、未达到刑事责任年龄、属于依法不负刑事责任的精神病人的证据,应当及时告知公安机关、人民检察院。这将会造成"入罪"和"出罪"的证据悉数被控诉方掌握。

犯罪构成理论体系解决什么行为构成犯罪或者在厘清已被发现的行为中哪些因素不构成犯罪,[1]实现对二者的剥离是其主要的理论目标和行进方向。证据的提出必然会导致控辩双方关于证据的论证,论证是一个提出观点并使观点可信化的过程。证明结论可以视作裁判者运用经验和理性,对案件事实真相的认知和阐述,使得通过严肃且精密的制度规范而形成的

---

〔1〕 陈兴良:《刑法哲学》,中国政法大学出版社1992年版,第572—573页。

证明结论能够被接受。然而,在四要件犯罪论体系中,如果相关证据在真实性、客观性方面不存在问题,则犯罪嫌疑人或被告人无须再进行论证,导致诉讼进程缺失了激烈的对抗,导致裁判者从直觉裁量到理性决断之间缺乏全面分析。同时,由于正当防卫和紧急避险没有涵括在理论体系内,缺少了应有的理论关照和展开,没有为诉讼活动梳理出清晰的辩护途径和管道,影响了辩护功能的发挥,。

真相往往通过控辩双方强有力的辩论而最终浮出水面,因此,使犯罪嫌疑人或被告人主动发起攻势才可能实现对抗制度的实质意义。阶层犯罪论体系中蕴含了两个方向,一个是控诉路径,即控诉方论证事实和行为具备犯罪成立所必需的要件;另一个是辩护路径,即极力反驳控诉方指控,论证指控事实不存在或者虽然存在但不符合犯罪成立条件。控辩双方在庭审活动中就事实和证据展开交锋,不仅需要正面的符合性判断,也依赖于反面排除性确认。违法性和有责性的阻却事由判断以及超法规阻却事由的存在,不仅从实体上增加了犯罪嫌疑人或被告人胜诉的可能,也使得程序认定过程中出现了证明责任的转移,创造了周密健全的判断模式,增加了更多的出罪事由和出罪机会,也优化了事实的认定路径,使得辩论过程不再是单纯的事实回应,而是一种互动性的存在。

### (三)赋予了辩方平等对话的权利

从社会契约的角度讲,公权力源于私权利,公权力的行使也是私权利所赋予的。设立公权力的目的在于维护和增进公共利益,而不是对私权利进行不加控制的侵犯,公权力应该是私权利实现的手段。在刑事司法活动中,国家将公权力赋予司法机关,即使公权力的行为对象是潜在的违法犯罪分子,也不能随意剥夺其作为人的合法权益。正如联合国《关于检察官作用的准则》明确规定:“检察官与被告在诉讼中应为平等的诉讼主体,享有平等的权利。”法国《人权宣言》也规定:“在权利方面,人们生来是而且始终是自由平等的。”然而，事物的力量总是倾向于摧毁平等的，所以立法的力量就应该是维持平等。[1]

平等的地位是实现平等对话的基础。国家作为公权力的行使主体，具有自己的独立意志，也在社会关系中与公民有着各种各样的联系，在不同的情景中，不同的权力或者权利主体通过理性的对话实现一种科学合理的合意。法律运行过程中的司法程序也可以被视为一个对话机制，即通过控辩双方互相提问题，不仅可以实现参与者之间的平等交流和对话，也是发现事实真相的最佳路径。[2] 同时，在庭审中，理性的说服依赖于一个强有力的分析框架，交互性说服的前提要求法律系统所设立的论辩过程充满对抗性，即控辩双方在一个论争性的交流框架内提出论点并加以论证。[3]

平等的对话不仅要求控辩双方在地位上是平等的，还要求拥有相同或相近程度的对抗力量。在刑事诉讼中遭受犯罪指控的犯罪嫌疑人或被告人应当被赋予“武器”与指证他的人进行面对面地质疑和抗争，从而使程序参与者成为理性的、充分的参与主体。四要件犯罪论体系指引下，定罪呈现为单向的前进的力量，在犯罪构成的舞台上，因为缺少实体规范的指引，唯一没有表演余地的只是犯罪嫌疑人或被告人，这种犯罪构成理论体系将正当化行为排除在外的定罪过程，无法实现法庭话语权的平等，[4] 呈现出强烈的“控诉方”思维。而阶层犯罪论体系对出罪事由进行了充分阐述，赋予了犯罪嫌疑人或被告人充分的出罪路径和实体权利，充分的话语权实现了对个体权利的重视，使其拥有更多的力量和筹码与控诉方进行对抗，通过法律体系的建构优化了基本的权利格局。

---

〔1〕 [法]卢梭：《社会契约论》，何兆武译，商务印书馆2003年版，第70页。

〔2〕 United States v. Cronic, 466 U. S. 648, 655(1984).

〔3〕 [加]道格拉斯·沃尔顿：《法律论证与证据》，梁庆寅、熊明辉等译，中国政法大学出版社2010年版，第160—161页。

〔4〕 刘远：《以人权保障为视角看犯罪构成》，载《法学》2005年第4期。

### （四）平衡方能永葆公正

刑事诉讼程序必须被看作一个整体，自始至终对平衡原则进行贯彻。如果一味扩张控诉方权力，而对另一方权利的实现充耳不闻，不仅不利于对案件事实实现全面的认知，而且在这种被摧毁的平衡之中也难以进一步实现人权保障。辩护权是当事人主体地位得到尊重的最佳体现，辩护权没有充分行使的平衡机制将会沦为一种表演性的戏剧。在刑事诉讼中，裁判者应当具有同等对待控辩双方的意识，并提供同等条件、同等机会，对其举证和质证活动给予同等程度的重视，最后用同等诉讼标准对案件事实进行判断。只有在平衡基础上的公正才能持久，不以平衡为指引原则的辩护制度仅体现了形式的尊重，将很难实现实质上的正义。

刑事实体法的强势极容易形成以刑事实体法为基础的刑事一体化，其价值取向也就会更突出刑法的社会保护机能，对犯罪嫌疑人或被告人的权利进行限制，但诉讼过程就像一个天平，如果犯罪嫌疑人或被告人的力量弱小或者是辩护途径过于狭窄，则无法实现天平的平衡。在控辩对抗的过程中，与程序结果有利害关系的或者因为该结果的形成而即将遭受不利影响的人，都有权参与到该程序中，并且可以提出反驳对方主张和证据的机会。[1] 与此同时，法官还应将部分重心倾向于被告人，为克服控辩双方固有的诉讼格局产生的不平衡现象而采取必要措施，以“形式上的不平衡”换取“实质上的平衡”的机会和可能。

阶层犯罪论体系使这种平衡成为可能。在整个诉讼过程中，控诉方依据犯罪成立的积极因素即犯罪构成要件该当性、违法性，有责性判断中的正向判断，对行为人进行指控，而犯罪嫌疑人或被告人则可以依据犯罪成立的消极因素即违法阻却事由和责任阻却事由等提出辩护。阶层犯罪论体系使

---

〔1〕［日］谷口安平：《程序的正义与诉讼》（增补本），王亚新、刘荣军译，中国政法大学出版社 2002 年版，第 11 页。

关于犯罪与否的所有考量因素和判断都是双向的,避免了控诉方在诉讼过程中的单向叙事和对话语权的垄断,更有利于实现对真相的探索和认知。正如裁判的可接受性取决于演绎的闭合性和证立的对抗性,因此,理论体系内部的对抗性、规范性元素愈多,越可能实现控辩平等。

## 五、阶层犯罪论体系与有效辩护

有效辩护是指律师接受委托或指定担任辩护人后,忠实于委托人的合法权益,尽职尽责地行使各项诉讼权利,及时精准地提出各种有利于委托人的辩护意见,与有权作出裁决结论的专门机关进行了富有意义的协商、抗辩、说服等活动。[1]"辩"意味着对被指控的事项提出程序和实体上的抗辩理由,而"护"则是从实质上对被告人合法权益进行保护的有效途径。辩护权意味着辩护活动不仅要进行辩论性意见的提出,同时要全力维护被告人的合法权益,从这个意义上讲,"争斗"和"协商"都赋予了控辩双方更多的交流机会和交流途径。

### (一)充分有效的辩护

根据联合国的相关刑事司法准则,"有效辩护"被规定为"保障被指控人获得律师帮助过程中的平等、及时和有效",随后,《关于律师作用的基本原则》以及第14届和第17届国际刑法大会决议中都对有效辩护进行了介绍和阐述,但都体现为一种广义的概念,它不仅体现了被告人获得法律援助的权利,而且需要立法、程序以及组织等内容保障有效辩护的实现。同时,各国的有效辩护制度也各有自身特征。美国的有效辩护制度就不同于欧洲的有

---

〔1〕 陈瑞华:《有效辩护问题的再思考》,载《当代法学》2017年第6期。

效辩护制度,[1]其标准在经历“闹剧”标准[2]、“合理尽职”标准[3]之后,由联邦最高法院最终在1984年的Strickland v. Washington案中确立了“双重”标准,双重标准包括行为标准和侵害标准。第一,被告人应当证明其辩护律师的行为存在缺陷;第二,被告人需要证明辩护律师存有缺陷的行为损害了被告人的防御机制。律师的行为只有同时满足以上两方面的要求时才认定律师未为被告人提供有效辩护,否则,则认定律师提供了有效辩护,即任何实际上或者结构上否认律师帮助的行为都可以推定为存在侵害,[4]与我国一些学者所称的有效辩护也有差别。

在我国,有效辩护分为广义的有效辩护和狭义的有效辩护[5],有效辩护原则至少应当包括以下几层意思:首先,当事人应当享有充分的辩护权;其次,有权聘请合格的、有能力的辩护人为其辩护;最后,国家应当设立法律援助制度,为有效辩护提供制度基础,为被告人提供最后的堡垒。[6] 辩护律师在刑事诉讼过程中,要积极地维护被告人的合法权利,为裁判结论的形成

[1] 欧洲的有效辩护制度虽然也是以犯罪嫌疑人和被告人为中心,并将其作为保障犯罪嫌疑人和被告人享有公正审判权利的前提,但是它所强调的重点是保障刑事辩护权利方面的制度的设置以及确保个人刑事权利的结构。

[2] 1945年,华盛顿巡回法院在Diggs案的裁决中确立了“闹剧”标准,即只要审判的外部环境未震撼法官的良知,未使刑事诉讼变成一场司法闹剧,法院就可以认定辩护律师为被告人提供了有效帮助。华盛顿巡回法院是第一个确立“有效辩护”标准的法院,这一标准在后来也被所有的巡回法院采用。

[3] 1970年,联邦最高法院认为需要另外一种有效辩护评估标准的观点,特别是对Mc Mann案的裁决,促使地方法院抛弃用以衡量律师行为有效性的“闹剧”标准。不止一个法院认为,有效辩护的评判标准由“闹剧”标准转变为“合理称职”标准,在某种程度上,是联邦法院努力改善律师辩护质量的结果。“合理称职”标准要求为被追诉人提供法律帮助的律师应当具有一定的能力,能够为被追诉人提供合理地、称职的帮助。因为,在对抗式诉讼模式之下,刑事审判作为控辩双方博弈的“游戏”,要求“游戏参与者”在参加这个“游戏”时应当拥有势均力敌的技能,刑事审判不是一个手无寸铁之人与角斗士对抗的牺牲品。

[4] United States v. Cronic, 466 U. S. 648, 659 n. 25(1984).

[5] 我国学界对“有效辩护”的理解的内在逻辑基础与美国相同,也是为了更好的保障被追诉人的权利,但是基于对这一逻辑基础的不同层面的考虑,我国学者对其认识与美国存在着一些差异。例如宋英辉教授和卞建林教授就将这一基点定义为辩护权的实现和扩大,侧重的是辩护权的保障制度。

[6] [美]艾伦·德肖维茨:《最好的辩护》,唐交东译,法律出版社1994年版,第482页。

提供力量支持,"经过辩护的邪恶,才能够被证明是真正的邪恶",[1]同时,也应当及时地遏制公权力的滥用。被告人在经过辩护律师的有效辩护之后,如果仍然应当被给予刑事处罚,此时的可接受性将会大大增强,间接增加了公民对于司法的信任程度。

### (二)优化辩护律师的辩护途径和策略

辩护制度设置的目的在于增强被告人的诉讼权利,同时也对公权力的行使形成制约和监督。如果进行有效的、充分的论证是辩护律师的核心技能,那么犯罪构成理论体系的存在则是保证这一核心技能得以实现的重要工具。辩护人需要在犯罪构成理论体系指引下,围绕着结构框架和要件要素就行为人犯罪与否的问题进行充分的梳理、论证、辩驳。脱离了犯罪构成理论体系的指导,将会导致辩护人所为之辩护效果,因为缺少针对性和全面性而大打折扣。我们都知道,公正与效率是理解司法效益的两个重要维度,公正的实现基于对案件事实的充分认知,但效率也不应该被忽视,避免诉讼主体将精力放置在不重要的事物与因素上,如繁冗的程序、迟到的判决一定程度上都是非正义的表现。

获得律师的有效辩护有助于使被告人在严酷的指控中获得生存的权利。联邦最高法院通过 United States v. Cronic 一案裁决表明,在刑事案件中,被告人必须要有律师为其提供帮助,进而保证实质上的对抗性。当一个审判在实质上是对抗式时,即使律师的行为可能有错误,第六修正案所设想的目的也已经达到。[2] 因此,辩护人应当尽最大可能证明被告人是无罪或者罪轻的,通过反驳控诉方的事实证据和证明逻辑,在庭审中多维度展示自己对法律的理解以及对证据的分析。即使是最为粗糙的、最反复无常的关系调整和行为安排,在其背后总有对各种相互冲突和互相重叠的利益进行

---

〔1〕 田文昌:《律师与法治》,中国法制出版社 2010 年版,第 111 页。

〔2〕 United States v. Cronic, 466 U. S. 648, 656(1984).

评价的准则,辩护人在法律适用过程中应及时发现与控诉方相反方向的证据和事实。但是由于行为被证明构成犯罪需要全面而大量的证据,因此辩护人不能够对全部证据进行否定,此时只需要否定关键性证据即可实现,这也就意味着其可以通过发现证据链条中的关键环节,形成反向证据,打破控诉方证据的进攻性效能;或者通过逻辑推理来论证控诉方所发现案件事实中的矛盾点、存疑点以及不合理之处。

控诉方和被告人与生俱来代表不同的立场,因此,必须经过必要的辩论才可能使事实的发现以及法律的理解更为合理,也使事实的重构更接近事实真相。控辩双方在法庭之上对案件事实的对抗直接框定了法官进行裁判的事实根据,为法官裁判决定的作出提供了可供选择的内容和体系。阶层犯罪论体系赋予了辩护人更多反向运用法律要素的途径和方法。首先,阶层犯罪论体系的正当化事由打破了控诉方主导裁判进程的局面,使其更容易实现对控诉方指控的事实和行为的逻辑漏洞之发现;其次,阶层犯罪论体系使辩护律师的辩护途径更加宽阔,赋予了辩护律师更多的出罪路径,例如超法规阻却事由的存在,实现对形式各异的犯罪行为的全面判断,这是一种革命性的突破与进展;最后,阶层犯罪论体系是一种富有逻辑性、体系性的存在,层层推进的关系形成了前一个阶层的不存在会导致后一个阶层的判断缺乏存在基础的局面,这就使得辩护律师在进行辩护过程中所实施的辩护策略更具针对性,进而在庭审过程中可以就事实和证据问题进行激烈的交锋,有效规范法官裁判观点的作出,同时使控辩双方在充分考虑各自利益诉求的可接受性的基础上进行一定的妥协、协商、合作。

# 第八章　阶层犯罪论体系：一种理性的犯罪干预

“理性”一词诞生于古希腊哲学。1998年版《辞海》对理性列出了两种涵义：“第一，一般指概念、判断、推理等思维活动；第二，理性（拉丁语 *ratio*，德语 Vernunft），即划分认识能力或认识活动发展阶段的用语。”《简明不列颠百科全书》则把理性作为一种哲学思维，认为理性是一种认识能力，而且只是逻辑思维的能力。“理性”强调遵循原则和按照规律进行实践，传统的理性概念都与逻辑思维能力等同，被局限于认识论领域，而常常将价值问题、辩证方法等要素排除在理性之外。到康德那里，理性概念才开始得到扩展，哲学思想中的理性才没有被局限为演绎推理，也不限于逻辑思维的能力与过程，而是一种更为丰富的理论理性。康德认为，人具有感性、知性、理性三种主体能力，其中，理性属于最高的认识能力，[1]只有理性动物才能按照规律的表象行动，即按照原则活动。[2] 之后，理性在亚里士多德那里

[1] 《康德哲学原著选读》，商务印书馆1963年版，第257页。

[2] 《西方哲学原著选读》（下卷），商务印书馆1981年版，第315页。

得到了最为系统的阐述,他提出了著名的“四因”说,[1]把理性与“目的因”联系起来,认为“有理性的人总是符合于一个目的而后有所作为,这就是定限”。[2] 因此,在他看来,理性关乎于形式和目的,“形式”体现为事物的本质;“目的”则表明事物发展的必然。作为衡量事物是非曲直的“标尺”和“天平”,理性始终指引着人们的行为。

科学知识之间不依赖个别概念、判断、推理的简单相加,也不是它们之间的机械结合,而是理论的理性融合和有效链接。在成熟的理论体系中,任何概念都不是任意的,其理论存在本身就在一定程度上克服了运行过程中的任意性,呈现出合乎逻辑的样态,每个基本概念都必须固定于体系的一定环节之上,进而使得概念与概念之间具有可以推导的性质。[3] 居于理论体系中的各个概念,首先必须具备精准的定义,其次与其他概念之间应当构成连点成线的联系,才能形成符合理性要求的相互推演的性质。犯罪构成理论体系是刑事诉讼程序每一个阶段都应当遵循的实体依据,为诉讼各阶段提供了实体内容和价值指引。行为符合犯罪构成要件的事实特征不仅是启动刑事实体法律关系的基本要件,也是犯罪嫌疑人或被告人承担刑事责任、承受刑罚的必要前提。

随着阶层犯罪论体系的发展,实体法与程序法、证据法实现了某种形式的贯通。谷口安平在《程序的正义与诉讼》中指出,只有在诉讼程序中产生

---

〔1〕 四因即质料因、形式因、动力因、目的因。后来又把目的因、动力因归于形式因。事物的变化,就是质料实现形式的过程,从而构成宇宙万物从低级到高级的发展序列,其中,中、高级的事物是低级事物的形式,低级事物是高级事物的质料。他又认为,此序列不能是无限的,既有开端也有终点。开端就是纯质料,终点是纯形式。纯形式是推动万物前进的动力,也是万物趋向的最高目标。相关内容参见[古希腊]亚里士多德:《形而上学》,吴寿彭译,商务印书馆1959年版,第34—35页。

〔2〕 [古希腊]亚里士多德:《形而上学》,吴寿彭译,商务印书馆1959年版,第35页。

〔3〕 彭涟漪:《概念论——辩证逻辑的概念理论》,学林出版社1991年版,第266页。

的判决才能使权利与义务得以实体化。[1] 同时，对被告人定罪只得基于所谓“程序性”的真实，一方面，过去发生的情形永远不能被精确重建；另一方面，发现真实的过程只能运用程序法所规定的手段和路径。[2] 一项规范的命题是正确的，或者说它在自由真实理论的条件下是真实的，只要此一规范命题可以是一个理性对谈程序的结果。[3] 从这个意义上讲，阶层犯罪论体系是一种理性选择行为的理论体系，并在理性的基础上合理地组织了对犯罪的反应。

## 一、作为“理性选择行为”的犯罪构成理论体系

犯罪构成理论体系以分析“犯罪”为前提，拆解为若干个部分或者提取出若干要素，经过分析加工再组成一个新的整体，这个拆解、提取、加工、重组的过程就形成了一种新的思维方法。在刑法方面，人们的一致追求通过形成具体规定并以法律的形式被固定下来，最终被纳入到一个由理性构建起来的体系之中，所有的观念和原则以这种明确的方式呈现，才能有效避免实践过程中的被切割和被曲解，真正实现实践理性。正如知识之间按照一定的逻辑与目标形成相对完整的体系，然后在零散知识的基础上实现质的变化。因此，在体系的内容上，存在有支撑理论的基本概念与范畴；在体系的形式上，存在有合理的连接概念与范畴的逻辑结构。

分析与综合是相互依赖、相互转化的过程。人们在考虑问题时都要把

---

〔1〕 谷口安平指出：实体法上所规定的权利义务如果不经过具体的判决就只不过是一种主张或“权利义务的假象”，只是在一定程序过程中产生出来的确定性判决中，权利义务才得以实现真正意义上的实体化或实定化。相关内容参见[日]谷口安平：《程序的正义与诉讼》，王亚新、刘荣军译，中国政法大学出版社1996年版，第7页。

〔2〕 Folker Bittmann, *Consensual Elements in German Criminal Procedural Law*, Germany Law Review, 15(2014).

〔3〕 [德]罗伯特·阿列克西：《法律论证的程序理论之理念》，刘幸义等译，载[德]亚图·考夫曼主编：《法律哲学》，法律出版社2004年版，第398页。

这些问题放在一定的历史的、体系的背景下，都要分析无数个人是怎样主动参与，“共谋”这样的行为规范，并采用“适当”的理论解释或诠释人们的行为或观念。因此，只有把具体问题置于特定的体系性条件下，去探求人们参与其中的动机和样态，才能尽可能地获得客观准确的结果。阶层犯罪论体系深度融合了形式与结构规律之上的理性，内部的构造与形成机理优化了刑法运行的路径，进而与实践理性融于一体。

从横向来看，它把行为分为三个属性，对一个行为从三个方向进行测量，使得该项行为的全貌得以全面展现；从纵向来看，它从事实和行为中划分出了三个维度，这三个维度分别从正反两面对对象和行为进行衡量，每一个层面都有可能走向一种价值对立面的判断。这种对概念不同层次和维度的划分是理性的，是符合人类认知规律的，然而，任何划分都不是绝对的，这三个维度也会存在交汇点的，是难以绝然分开的，意味着我们在某一知识领域所涉及的理性不可能是只体现为其中的一个维度，往往是结合在一起的。正是各个阶层及其内部的构造所呈现出的规范路径，支撑起了刑法判断过程的轮廓与路径，也孕育了刑法的精神气脉，蓄积了刑法的生命力量。

## 二、合理地组织了对犯罪的反应

犯罪学是一种事实科学和经验科学，立足于对犯罪原因和刑罚效果的分析研究，刑法的规范判断和刑事政策学的价值判断必须基于犯罪学提供的有关犯罪现象的实存经验而作出。犯罪行为首先是事实性的，即造成了实际损害结果或危险；其次是建构性的，即国家权力赋予该行为以可罚性的法律效力。从刑法的角度来看，有三种理论可以用以解释犯罪学社会实践的本质。第一种是自治理论，即主张刑法在于保护个人自治，犯罪构成了对社会自治的严重损坏；第二种是尊严理论，认为人类的尊严是平等得以产生的道德性基础和依据，犯罪行为是对人类尊严的破坏；第三种是共同善理论，认为共同善或者基本善是人类幸福的根本，它们的存在和价值不依赖于其他形式的善，是我们进行价值判断的评价性基础，而犯罪是对这种基本价值的破坏性表现。[1]

犯罪概念构成了刑法实践的基本出发点，国家要以犯罪这个特定的概念对其作出评价，因此，刑法就是对某些应予谴责、审查、刑罚的行为的公共回应，同时，刑事责任解释了犯罪的应受惩罚性。但刑事诉讼主体理论要求在诉讼过程中将公民个人作为与司法人员地位平等的人看待，作为诉讼主体的公民个人必然要被赋予充分的诉讼权利，而不是单纯地将其视为客体。评价法律程序是否正义的一个重要标准就是它使人的尊严获得维护的程度，这种体现于法律程序本身的价值是以普遍的人性为基础而提出的。因此，犯罪构成理论体系不应仅体现刑罚权的运行，而不考虑对犯罪嫌疑人或被告人权利的保障；刑事诉讼制度一方面是动用公权力规制犯罪的重要手段，一方面也是保障公民自由和合法权益的重要载体。

阶层犯罪论体系与四要件犯罪论体系相比，在应对犯罪的时候更能够合理地组织对犯罪的反应，主要体现在以下两个方面：首先，阶层犯罪论体系富有逻辑性，可以应对社会生活的复杂性，梳理了案件事实的行为模式和结构，有助于刑法规范性价值的实现；同时，阶层犯罪论体系使得一般预防的作用更加理性，符合人类认知方式的阶层性判断使得人们明白在哪个阶层的行为是被允许的，以及哪些行为是不被允许的，这样就为公民的行为划定了一个合法的空间，这种正向的引导作用是对一般预防的有效支撑。当体系性方法作为一种可以提前预知评价的工具时，法律上的预防效果将会从一开始就得到保障，而缺乏这种预见性就会导致很多困难。相比之下，四要件犯罪论体系仅是一种陈列性的表述和整体性的认知，不能准确反映要素和要素之间的关系，对犯罪的反应停留在本能而盲目的应对之上，没有告

---

〔1〕 John Finnis, *Natural Law and Natural Rights*, Oxford University Press, 1980, p. 92.

诉人们应当做什么,不应当做什么,欠缺规范性的操作规程和清晰的路线图。

## 三、以一种更具“客观性”外观的方式来发挥“划线”功能

法治现代化一个重要判断标准就是法律的形式合理性,通过法律可以将权力纳入法定的轨道,以法定的程序和方式行使,有效保障社会主体依法享受权利。德国学者威廉·冯·洪堡提出了“国家通过刑法体现法律对安全的关心”,并且指出:关心公民安全最后的和也许是最重要的手段是惩罚对国家法律的违反行为。在这里产生的第一个问题是:国家应处罚哪些行为。国家追求的终极目标无非是公民的安全,因此,除了那些违反这个终极目标的行为外,国家不允许限制其他行为。[1] 这是刑法的必要性以及惩罚范围的必要限度所在。刑事司法过程就是将抽象的规范适用到具体的案件中,实现从一般正义向个别正义的转化。[2]

理性整合案件事实的过程,是一个从未经加工的“裸”的生活事实到具有法律意义的案件事实的转化过程,同时也是一个未经加工的刑法规范条文向判断案件事实的规范理性的转化过程。尽管刑法分则体系的形成是以行为侵害的社会关系为界限的,但当行为侵害的社会关系相同时,可能因客观行为模式或主观方面的不同,刑法对其评价也不同。因此,为了实现司法定罪逻辑思维的完善,赋予刑事运行机制更充分全面的价值判断和逻辑裁量路径是十分必要的。入罪或者出罪都应当以法律为准据,在事实与规范之间循环审视,实现各方利益的平衡,这种主体性利益不能只理解为单纯物

---

〔1〕 [德]威廉·冯·洪堡:《论国家的作用》,林荣远、冯兴元译,中国社会科学出版社 1998 年版,第 143 页。

〔2〕 [德]马克斯·韦伯:《论经济与社会中的法律》,张乃根译,中国大百科全书出版社 1998 年版,第 60 页。

质上的利益，更包括精神与道德之上的利益实现，而这种理性转化来源于规范与事实之间的“双向互动”。

判断者以案件事实为出发点，将可能选用的法条一一检试后，对那些不可能适用的法条进行排除，把那些经过检试后可能适用的其他条文添加进来，即为“找法”之过程。拉伦茨把这种所有可能的法条体系称作“外部”体系，充分肯定其“重大实用意义”，尤其是在作为辨识方向上的助力。进而在犯罪构成理论体系指引下，寻找拟适用的刑法规定，再将事实进行全面对照来确定案件事实的性质，这种结构普遍存在于所有经法律判断的案件事实中。因为对事实的单纯陈述远远不够，必须充分考虑法律上的规范意义，并对其进行有目的地选择、解释、联结，这个行为的运行过程主要依靠体系化进行指引。刑法规范元素的序列呈现依赖于理论在法条基础上的精心建构，利用编纂概念、类型模块等是形成体系的有效方法。[1]

离开体系，所有对案件事实适用法律规范的判断都近乎盲人摸象。只有借助体系，人们才能通过一定的方法查明可能援引的条文规范，体系性判断使得迅速搜寻到可能适用的规范所属之领域成为可能，并以最快的速度将事件划定界限，将“找法”的过程从一开始就局限在可能的规定领域中。阶层犯罪论体系中三个维度的衡量使行为的属性得以充分展现，拓展了行为与规范衔接的空间。同时，体系中的每一个属性都有边界和范围，这种微观层次上的界定又进一步对行为进行了区分，使得行为性质更加清晰具体，并具有可操作性。例如构成要件该当性主要突出并发现行为的入罪性，而违法性和有责性在入罪功能的基础上，通过阻却事由的厘清使得认知路径更加全面、科学、客观。一方面，案件事实的确认必须在犯罪构成理论体系的指导下进行；另一方面，案件事实也在不断为犯罪构成理论体系提供或者界定不法类型，形成理性的交流和整合。

---

〔1〕 黄茂荣：《法学方法与现代民法》，法律出版社2007年版，第574—616页。

## 四、维护刑事法治的统一性和稳定性

刑事法律主要包括刑事实体法和刑事程序法，二者相互促进才能实现形事法治的统一性。刑事诉讼法和刑法两者互为补充，共同决定了国家刑罚权的行使。在一些国家中，法律规则本身就同时具有程序和实体的双重属性。例如，美国法律中就有类似规定，即控诉方必须用排除合理怀疑的证据证明其犯罪中的每一个构成要件，这虽然是一项关于证明标准的程序性规则，但却融合了实体判断的作用。刑事诉讼是刑事制度运行过程中的关键"转化器"，刑法和刑事诉讼法的关系直接影响刑事司法能否合理运作，并切实发挥立法和执法之间的"桥梁"和"纽带"作用，同时，对于刑事一体化能否实现最佳社会效果具有重要的指引作用。如果刑法和刑事诉讼法固守自己的"专业槽"，人为地割裂开本应处于一体化发展的刑事法理，不仅是对科学的禁锢和限制，也无法确保刑法判断过程的客观化。刑法和刑事诉讼法的"分离"是理论发展的要求，但是实践理性却要求二者实现互动性的融合。

运用犯罪构成理论体系判定罪与非罪、犯罪的性质及刑事责任，是刑事司法的重要任务。刑法学的核心功能是向刑事司法输送应用性技术信息，试图回答具有普遍意义与内在逻辑的问题。在成文法体系中，构成要件是用来描述相应的、应受约束的犯罪行为表现；在法律适用者这里，他们将按照理解的含义，以抽象的构成要件为指导，将现实行为归入抽象性的"判断"中，整个犯罪构成理论体系的目的便在于通过明确的犯罪构成要件引导司法机关工作人员的判断，确保刑法得以正确适用。犯罪构成理论体系是对犯罪成立条件的类型化归纳，而司法活动又需要考虑一系列复杂的条件和因素，因此，作为类型化存在的犯罪构成理论体系，在立法者和司法者眼里分别体现的是一种"抽象性"和"具象性"。

法律人的才能主要不在认识制定法，而正是在于有能力在法律的规范的观点之下分析生活事实。[1] 犯罪构成理论体系对有联系的犯罪事实进行描述和归纳，打破了评价的概念和被评价的生活秩序之间相对独立的状态，一个严谨可靠并使犯罪事实和犯罪类型紧密联系的犯罪论体系在实践中很有必要。阶层犯罪论体系将类型化元素融入判断过程中，可以把一般问题转化为个别问题，把价值问题转化为技术问题，使得非正义和矛盾可能给社会体系带来的冲击得以分散和缓解。同时，阶层犯罪论体系以个人本位为理念支撑，保证了规范判断的全面性，也为刑事诉讼参与者的能动性发挥提供了空间，有利于诉讼主体性的充分实现，在一定程度上促进了实体法与程序法之间的完美融合，进而发现更合乎正义之解决方案。

## 五、超出局部的基础性动荡——促进刑事诉讼法学的教义入径

学科发展的终极目标就是为实践的需求而服务，“理论在一个国家实现的程度，取决于理论满足这个国家之需求的程度”。[2] 法教义学的传播与发展是知识更新或升级的结果，也是法学知识发展和进阶到一定阶段的表现。在现代法学研究中，法律思维必须从实质思维走上规范思维。刑事诉讼解释学兴起于2012年《刑事诉讼法》修改之后，总体上仍停留在法律规定层面的探讨和推断，研究思路未能呈现体系性、逻辑性、融贯性。与此同时，司法实践中，法外因素的不断侵蚀也使得刑事诉讼法的理论结构相对单薄，刑事诉讼知识并不以整体性的框架呈现，各部分内容之间的关联并非显性。如果无法以体系化的方式总结已发生的行为或者对其进行定性和演绎，刑事诉讼法学的研究将无法实现真正的理论推动力。萨维尼曾说过，除了天赋与勤奋以外，学术研究更多地取决于第三种因素——方法。对于刑事诉讼

〔1〕［德］亚图·考夫曼：《类推与“事物本质”——兼论类型理论》，吴从周译，台北，学林文化事业有限公司1999年版，第87页。

〔2〕《马克思恩格斯选集》（第1卷），人民出版社2012年版，第11页。

法学研究而言,研究“方法”尚不深入是制约其进一步发展的根本所在。如果对一门理论或者科学按照合乎其本性的法则进行深入思考,[1]将会发现体系化是一个呈现其特征和精髓的最佳路径。

只有撇开学科界线,在研究自身学科理论的时候,注重与相近学科体系的衔接协调,形成良好的互动互鉴,才能促进整个理论体系的发展,对于刑法学和刑事诉讼法学,亦是如此。比如,在刑事和解问题上,刑法学和刑事诉讼法学的衔接与配合就显得至关重要。同时,关于认罪认罚从宽处罚问题的研究,刑法学者少有涉及,但不可否认,该制度涉及犯罪事实、罪名等问题的实体处理又必须借助刑法学者的研究,否则难以取得良好的成效。另外,一些相关的法律概念及制度往往见诸于不同的法律之中,如果不进行联动视角的审视和修正,容易导致法条之间的不衔接和不协调,削弱法律整体上的权威性。

教义学路径一方面保持了与现实世界的原始性认知之间的合理距离,让社会在一个动态前进、保持争论和挑战、充满活力的轨道上运行;另一方面,也可以促使司法人员在法律领域内做出恰如其分、准确权威的结论,充分发挥定纷止争的作用。因为无论规则多么完美,由于发现能力的局限性、事实发现成本等因素制约,都预示了事实发现过程中将充满不确定性,因此并不存在形而上学的绝对真实。[2] 研究方法的多元化将会促进司法实践中产生更具实践意义的共识性认知,进而形成持续的理论碰撞和良性的知识输出。在法学研究中,以刑法分析的基础性框架——阶层犯罪论体系实现实体和程序的一体化研究,发掘阶层犯罪论体系自身拥有的程序功能,不仅有利于实现实体法和程序法的有机统一,也在一定程度上推进了刑事诉讼

[1] [德]萨维尼、格林:《萨维尼法学方法论讲义与格林笔记》,杨代雄译,法律出版社 2014 年版,第 67 页。

[2] [美]理查德·艾伦·波斯纳:《证据法的经济分析》,徐昕译,中国法制出版社 2011 年版,第 9 页。

法的教义研究,使其不再局限于问题式的思考。对于事实的发现和认定来说,刑事程序的作用主要表现在对进入程序的证据和事实进行过滤,对最后的结论进行简化,如若只求知识不问研究方法,将无法为接下来的法学研究和知识拓展生成方法论的支援。刑事一体化的研究不仅是一种理论上的提升和拔高,生成实体和程序的共识性认知,也为法律实践的发展提供了更具操作性意义的理论资源,进而带动刑事诉讼法学的教义学入径和发展。

# 参考文献


## 一、中文文献

### (一)论文类

1. 顾培东:《也论中国法学向何处去》,载《中国法学》2009年第1期。

2. 江涛:《程序法与实体法关系的思辨——就“程序法乃实体法之母”论断的质疑》,载《政法论丛》2004年第3期。

3. 陈兴良:《刑事一体化视野中的犯罪学研究》,载《中国法学》1999年第6期。

4. 陈兴良:《犯罪构成论:从四要件到三阶层》,载《中外法学》2010年第1期。

5. 高铭暄:《关于中国刑法学犯罪构成理论的思考》,载《法学》2010年第2期。

6. 郭自力:《论美国刑法中的行为要件》,载《法治研究》2013年第7期。

7. 李洁:《三大法系犯罪构成理论体系性特征比较研究》,载陈兴良主编:《刑事法评论》(第2卷),中国政法大学出版社

1998 年版。

8. 许玉秀:《犯罪阶层体系方法论探源》,载《政大法学评论》1999 年第 60 期。

9. 喻海松:《德国犯罪构造体系的百年演变与启示》,载《中外法学》2012 年第 3 期。

10. 冯亚东:《犯罪构成本体论》,载《中国法学》2007 年第 4 期。

11. 陈兴良:《转型与变革:刑法学的一种知识论考察》,载《华东政法学院学报》2006 年第 3 期。

12. 车浩:《阶层犯罪论的中国命运》,载《中国法律评论》2017 年第 6 期。

13. 车浩:《犯罪构成理论:从要素集合到位阶体系》,载陈兴良主编:《犯罪论体系研究》,清华大学出版社 2005 年版。

14. 陈兴良:《刑法学:向死而生》,载《法律科学》2010 年第 1 期。

15. 樊文:《没有国别的刑法学》,载《法学研究》2010 年第 1 期。

16. 陈兴良:《刑法教义学的发展脉络》,载《政治与法律》2017 年第 3 期。

17. 刘艳红:《犯罪构成体系平面化之批判》,载《法学研究》2011 年第 5 期。

18. 宗建文:《论犯罪构成的结构与功能》,载《环球法律评论》2003 年第 3 期。

19. 周光权:《犯罪构成理论与价值评价的关系》,载《环球法律评论》2003 年第 3 期。

20. 张顺:《法律发现的三种进路》,载陈金钊、谢晖主编:《法律方法》(第 18 卷),山东人民出版社 2015 年版。

21. 张明楷:《刑法在法律体系中的地位——兼论刑法的补充性与法律体系的概念》,载《法学研究》1994 年第 6 期。

22. 邱联恭:《程序选择权之法理——着重于阐述其理论基础并准以展望新世纪民事程序法学》,载《民事诉讼法之研讨》(四),台北,三民书局1987年版。

23. 周光权:《犯罪构成理论:关系、混淆及克服》,载《政法论坛》2003年第6期。

24. 卞建林:《刑事诉讼中“诉”之辨析》,载《人民检察》2007年第8期。

25. 卞建林、谢澍:《职权主义诉讼模式中的认罪认罚从宽——以中德刑事司法理论与实践为线索》,载《比较法研究》2018年第3期。

26. 陈瑞华:《“认罪认罚从宽”改革的理论反思——基于刑事速裁程序运行经验的考察》,载《当代法学》2016年第4期。

27. 魏晓娜:《完善认罪认罚从宽制度:中国语境下的关键词展开》,载《法学研究》2016年第4期。

28. 陈卫东:《认罪认罚从宽制度研究》,载《中国法学》2016年第2期。

29. 朱孝清:《认罪认罚从宽制度的几个问题》,载《法治研究》2016年第5期。

30. 刘选:《犯罪构成与刑事诉讼》,载《法学评论》1999年第5期。

31. 熊秋红:《程序法上的犯罪定义及相关问题》,载《法学研究》2008年第3期。

32. 唐稷亮:《三阶层犯罪论体系与犯罪构成体系:实证考察下的廓清、反思与借鉴》,载《法律科学》2011年第6期。

33. 汪建成:《刑法和刑事诉讼法关系新解》,载陈光中、江伟主编:《诉讼法论丛》(第3卷),法律出版社1999年版。

34. 吴纪奎:《犯罪论体系与刑事诉讼模式》,载《中国刑事法杂志》2009年第3期。

35. 刘远、葛进:《以人权保障为视角看犯罪构成》,载《法学》2005年第4期。

36. 杨宗辉、刘为军:《立案侦查条件新论》,载《法商研究》2001 年第 2 期。

37. 陈卫东:《论侦查权的司法控制》,载《政法论坛》2000 年第 6 期。

38. 陈银珠:《论犯罪构成要件的逻辑顺序——以程序法与实体法的功能区分为视角》,载《法律科学》2013 年第 3 期。

39. 曲新久:《犯罪论体系片语》,载《政法论坛》2003 年第 6 期。

40. 孙长永:《检察官客观义务与中国刑事诉讼制度改革》,载《人民检察》2007 年第 17 期。

41. 付立庆:《中国传统犯罪构成理论总检讨》,载陈兴良主编:《刑事法评论》(第 26 卷),北京大学出版社 2010 年版。

42. 舒国滢:《寻访法学的问题立场——兼谈“论题学法学”的思考方式》,载《法学研究》2005 年第 3 期。

43. 杜宇:《犯罪构成与刑事诉讼之证明——犯罪构成程序机能的初步拓展》,载《环球法律评论》2012 年第 1 期。

44. 周光权:《刑法方法论与司法逻辑》,载《现代法学》2012 年第 5 期。

45. 赵钢、刘海峰:《试论证据法上的推定》,载《法律科学》1998 年第 1 期。

46. 周长军:《犯罪论体系的程序向度:研究误区与理论反思》,载《清华法学》2008 年第 3 期。

47. 蔡秋明:《举证责任——兼论刑事被告之地位及其举证义务》,载《台湾本土法学》2004 年第 2 期。

48. 陈运财:《刑事诉讼之举证责任与推定》,载《刑事证据法则之新发展——黄东熊教授七秩祝寿论文集》,台北,学林文化事业有限公司 2003 年版。

49. 尚华:《事实认定模式与我国刑事防错机制的完善》,载《环球法律评论》2017 年第 3 期。

50. 龙宗智:《中国法语境中的“排除合理怀疑”》,载《中外法学》2012 年第 6 期。

51. 樊崇义:《客观真实管见——兼论刑事诉讼证明标准》,载《中国法学》2000 年第 1 期。

52. 陈瑞华:《刑事证明标准中主客观要素的关系》,载《中国法学》2014 年第 3 期。

53. 陈虎:《制度角色与制度能力:论刑事证明标准的降格适用》,载《中国法学》2018 年第 4 期。

54. 梁根林:《刑事政策视野中的安乐死出罪机制》,载《政法论坛》2003 年第 4 期。

55. 夏勇:《试论“出罪”》,载《法商研究》2007 年第 6 期。

56. 林山田:《论刑事程序原则》,载《台大法学论丛》第 28 卷第 2 期。

57. 林劲松:《刑事诉讼法与宪法关系研究之不足》,载徐静村主编:《刑事诉讼前沿问题研究》(第 1 卷),中国检察出版社 2003 年版。

58. 刘选:《犯罪构成与刑事诉讼》,载《法学评论》1999 年第 5 期。

59. 刘远:《以人权保障为视角看犯罪构成》,载《法学》2005 年第 4 期。

60. 陈瑞华:《有效辩护问题的再思考》,载《当代法学》2017 年第 6 期。

**(二)著作类**

1. 林东茂:《一个知识论上的刑法学思考》(增订版),台北,五南图书出版公司 2001 年版。

2. 冯亚东:《理性主义与刑法模式》,中国政法大学出版社 1999 年版。

3. 苏力:《波斯纳及其他》,法律出版社 2004 年版。

4. 陈瑞华:《论法学研究方法》,法律出版社 2017 年版。

5.《马克思恩格斯选集》(第 2 卷),人民出版社 2012 年版。

6. 高铭暄、马克昌主编:《刑法学》,北京大学出版社、高等教育出版社 2005 年版。

7. 高铭暄:《新中国刑法科学简史》,中国人民公安大学出版社 1993 年版。

8. 苏惠渔:《刑法原理与适用研究》,中国政法大学出版社 1992 年版。

9. 陈子平:《刑法总论》(上),台北,元照出版有限公司 2005 年版。

10. 杨兴培:《犯罪构成原论》,中国检察出版社 2004 年版。

11. 陈忠林:《意大利刑法纲要》,中国人民大学出版社 1999 年版。

12. 许玉秀:《犯罪阶层体系及其方法论》,台北,成阳印刷股份有限公司 2000 年版。

13. 周光权:《犯罪论体系的改造》,中国法制出版社 2009 年版。

14. 储槐植:《刑事一体化论要》,北京大学出版社 2007 年版。

15. 苏力:《法治及其本土资源》(修订版),中国政法大学出版社 2004 年版。

16. 曲新久:《刑法的逻辑与经验》,北京大学出版社 2008 年版。

17. 冯亚东、胡东飞、邓君韬:《中国犯罪构成体系完善研究》,法律出版社 2010 年版。

18. 王作富:《中国刑法研究》,中国人民大学出版社 1988 年版。

19. 储槐植:《美国刑法》(第 3 版),北京大学出版社 2005 年版。

20. 许玉秀:《当代刑法思潮》,中国民主法制出版社 2005 年版。

21. 林东茂:《一个知识论上的刑法思考》,中国人民大学出版社 2009 年版。

22. 肖中华:《犯罪构成及其关系论》,中国人民大学出版社 2000 年版。

23. 夏基松:《现代西方哲学教程新编》,高等教育出版社 1998 年版。

24. 张丽卿:《刑法总则理论与运用》,台北,一品文化出版社 2005 年版。

25. 陈兴良:《教义刑法学》,中国人民大学出版社 2010 年版。

26. 冯亚东:《中国犯罪构成体系完善研究》,法律出版社 2010 年版。

27. 陈兴良:《本体刑法学》,商务印书馆 2001 年版。

28. 陈兴良:《规范刑法学》,中国政法大学出版社2003年版。

29. 张明楷:《刑法学》,法律出版社2011年版。

30. 张明楷:《刑法学》(上),法律出版社1997年版。

31. 张明楷:《犯罪论原理》,武汉大学出版社1991年版。

32. 张明楷:《刑法学》,法律出版社2003年版。

33. 齐文远、周详:《刑法、刑事责任、刑事政策研究——哲学、社会学、法律文化的视角》,北京大学出版社2004年版。

34. 蔡墩铭:《现代刑法思潮与刑事立法》,台北,汉林出版社1977年版。

35. 陈瑞华:《刑事证据法学》,北京大学出版社2012年版。

36. 任东来:《最高权势的法院:美国最高法院研究》,南京大学出版社2011年版。

37. 张明楷:《外国刑法纲要》,清华大学出版社2007年版。

38. 刘放桐等:《现代西方哲学》(上),人民出版社1990年版。

39.《简明不列颠百科全书(中文版)》(第5卷),中国大百科全书出版社1986年版。

40. 陈光中主编:《中华人民共和国刑事诉讼法再修改专家建议稿与论证》,中国法制出版社2006年版。

41. 林钰雄:《刑法与刑诉之交错适用》,中国人民大学出版社2009年版。

42. 季卫东:《法治秩序的建构》,中国政法大学出版社1999年版。

43. 李秀林、王于、李淮春:《辩证唯物主义和历史唯物主义原理》(第4版),中国人民大学出版社1995年版。

44. 宋英辉:《刑事诉讼原理导读》,中国检察出版社2008年版。

45. 劳东燕:《刑法基础的理论展开》,北京大学出版社2008年版。

46.《世界著名法典汉译丛书》编委会编:《汉穆拉比法典》,法律出版社2000年版。

47. 冀祥德:《控辩平等论》,法律出版社 2008 版。

48. 李心鉴:《刑事诉讼构造论》,中国政法大学出版社 1992 年版。

49. 肖中华:《犯罪构成及其关系论》,中国人民大学出版社 2000 年版。

50.《马克思恩格斯全集》(第 19 卷),人民出版社 1963 年版。

51.《马克思恩格斯选集》(第 8 卷),人民出版社 1995 年版。

52. 徐静村:《刑事诉讼法学修订本》(上册),法律出版社 1999 年版。

53. 苏俊雄:《刑法总论Ⅱ:犯罪总论》,台北,大地印刷厂股份有限公司 1997 年版。

54. 陈瑞华:《刑事诉讼的中国模式》(第 2 版),法律出版社 2010 年版。

55. 陈朴生:《刑事诉讼法论》,台北,正中书局 1981 年版。

56. 李立众:《犯罪成立理论研究——一个域外方向的尝试》,法律出版社 2006 年版。

57. 王利荣:《行刑法律机能研究》,法律出版社 2001 年版。

58. 龙宗智、杨建广:《刑事诉讼法》,高等教育出版社 2007 年版。

59. 樊崇义:《刑事诉讼法学》,中国政法大学出版社 1999 年版。

60. 徐朝阳:《中国诉讼法溯源》,台北,台湾商务印书馆 1973 年版。

61. 刘梅湘:《刑事侦查程序理论与改革研究》,中国法制出版社 2006 年版。

62. 林钰雄:《检察官论》,台北,学林文化事业有限公司 1999 年版。

63.《马克思恩格斯全集》(第 1 卷),人民出版社 1956 年版。

64. 苏力:《送法下乡——中国基层司法制度研究》,中国政法大学出版社 2000 年版。

65. 黎宏:《日本刑法精义》,中国检察出版社 2004 年版。

66. 廖义铭:《佩雷尔曼之新修辞学》,台北,台湾唐山出版社 1997 年版。

67. 陈子平:《刑法总论》,台北,元照出版有限公司 2005 年版。

68. 樊崇义等:《刑事诉讼法修改专题研究报告》,中国人民公安大学出版社2004年版。

69. 黄荣坚:《刑法问题与利益思考》,台北,月旦出版社1995年版。

70. 黄维智:《刑事证明责任研究:穿梭于实体与程序之间》,北京大学出版社2007年版。

71. 李浩:《民事证明责任研究》,法律出版社2003年版。

72. 李学灯:《证据法比较研究》,台北,五南图书出版公司1992年版。

73. 邓子滨:《刑事法中的推定》,中国人民公安大学出版社2003年版。

74. 陈一云主编:《证据学》,中国人民大学出版社1991年版。

75. 张子培主编:《刑事诉讼法教程》,群众出版社1987年版。

76. 陈朴生:《刑事证据法》,台北,三民书局1979年版。

77. 卞建林:《刑事证明理论》,中国人民公安大学出版社2004年版。

78. 周光权:《刑法总论》(第2版),中国人民大学出版社2011年版。

79. 李步云:《人权法学》,高等教育出版社2005年版。

80. 何怀宏:《公平的正义:解读罗尔斯〈正义论〉》,山东人民出版社2002年版。

81. 付子堂:《法理学初阶》,法律出版社2005年版。

82. 韩忠漠:《刑法原理》,中国政法大学出版社2002年版。

83. 吴从周:《民事法学与法学方法:概念法学、利益法学与价值法学》,中国法制出版社2011年版。

84. 汪海燕:《论刑事诉讼的"中立"理论》,法律出版社2002年版。

85. 陈兴良:《刑法哲学》,中国政法大学出版社1992年版。

86. 田文昌:《律师与法治》,中国法制出版社2010年版。

87.《康德哲学原著选读》,商务印书馆1963年版。

88.《西方哲学原著选读》(下卷),商务印书馆1981年版。

89. 彭漪涟主编:《概念论——辩证逻辑的概念理论》,学林出版社1991年版。

90. 黄茂荣:《法学方法与现代民法》,法律出版社2007年版。

91.《马克思恩格斯选集》(第1卷),人民出版社2012年版。

92. 张岱年:《文化与哲学》,中国人民大学出版社2006年版。

93. 杨兴培:《犯罪构成原论》,北京大学出版社2014年版。

94. 李海东:《刑法原理入门(犯罪论基础)》,法律出版社1998年版。

**(三)译著类**

1. [日]西原春夫:《刑法、儒学与亚洲和平——西原春夫教授在华演讲录》,山东大学出版社2008年版。

2. [德]汉斯·海因里希·耶赛克、托马斯·魏根特:《德国刑法教科书》(总论),徐久生译,中国法制出版社2001年版。

3. [日]谷口安平:《程序的正义与诉讼》,王亚新等译,中国政法大学出版社1996年版。

4. [法]卡斯东·斯特法尼等:《法国刑事诉讼法精义》,罗结珍译,中国政法大学出版社1998年版。

5. [德]卡尔·拉伦茨:《法学方法论》,陈爱娥译,商务印书馆2003年版。

6. [美]罗纳德·德沃金:《法律帝国》,李常青译,中国大百科全书出版社1996年版。

7. [法]埃米尔·涂尔干:《社会分工论》,渠东译,生活·读书·新知三联书店2000年版。

8. [法]埃德加·莫兰:《方法:思想观念》,秦海鹰译,北京大学出版社2002年版。

9. [德]克劳斯·罗克辛:《德国刑法学总论·第1卷:犯罪原理的基础构造》,王世洲译,法律出版社2005年版。

10. [美]彼得·考夫曼:《穷查理宝典:查理·芒格的智慧箴言录》,李继宏译,上海人民出版社2010年版。

11. [英]托尼·比彻、保罗·特罗勒尔:《学术部落及其领地:知识探索与学科文化》,唐跃勤等译,北京大学出版社 2015 年版。

12. [意]杜里奥帕多瓦尼:《意大利刑法学原理》,陈忠林译,法律出版社 1998 年版。

13. [苏联]A. A. 皮昂特科夫斯基等:《苏联刑法科学史》,曹子丹等译,法律出版社 1984 年版。

14. [苏联]A. H. 特拉伊宁:《犯罪构成的一般学说》,王作富等译,中国人民大学出版社 1958 年版。

15. [苏联]苏联司法部全苏法学研究所主编:《苏联刑法总论》(下册),彭仲文译,大东书局 1950 年版。

16. [苏联]孟沙金:《苏联刑法总论》,彭仲文译,大东书局 1950 年版。

17. [法]托克维尔:《论美国的民主》,董良果译,商务印书馆 1988 年版。

18. [英]威廉姆·威尔逊:《刑法理论的核心问题》,谢望原、罗灿、王波译,中国人民大学出版社 2015 年版。

19. [美]保罗·H. 罗宾逊:《刑法的结构与功能》,何秉松、王桂萍译,中国民主法制出版社 2006 年版。

20. [英]J. C. 史密斯、B. 霍根:《英国刑法》,马清升等译,法律出版社 2000 年版。

21. [美]唐纳德·J. 布莱克:《法律的运作行为》,唐越、苏力译,中国政法大学出版社 2004 年版。

22. [美]E. 博登海默:《法理学:法律哲学与法律方法》,邓正来译,中国政法大学出版社 1999 年版。

23. [德]费尔巴哈:《德国刑法教科书》(第 14 版),徐久生译,中国方正出版社 2010 年版。

24. [德]约翰内斯·韦塞尔斯:《德国刑法总论》,李昌珂译,法律出版社 2008 年版。

25. [日]大塚仁:《刑法概说》(总论),冯军译,中国人民大学出版 2003年版。

26.《爱因斯坦文集》(第1卷),许良英等译,商务印书馆 1979 年版。

27. [德]恩施特·贝林:《构成要件理论》,王安异译,中国人民大学出版社 2006 年版。

28. [日]西田典之:《日本刑法总论》,刘明祥、王昭武译,中国人民大学出版社 2007 年版。

29. [德]黑格尔:《法哲学原理》,范扬、张企泰译,商务印书馆 1961年版。

30. [德]李斯特:《德国刑法教科书》(修订译本),徐久生译、何秉松校,法律出版社 2006 年版。

31. [日]泷川幸辰:《犯罪论序说》,王泰译,法律出版社 2005 年版。

32. [德]希尔根多夫:《德国刑法学:从传统到现代》,江溯、黄笑岩等译,北京大学出版社 2015 年版。

33. [德]英格博格·普珀:《法学思维小课堂》,蔡圣伟译,北京大学出版社 2011 年版。

34. [比]马克·范·胡克:《比较法的认识论与方法论》,魏磊杰、朱志昊译,法律出版社 2012 年版。

35. [德]克劳斯·罗克辛:《刑事政策与刑法体系》,蔡桂生译,中国人民大学出版社 2011 年版。

36. [法]卡斯东·斯特法尼、乔治·勒瓦所、贝尔纳·布洛克:《法国刑事诉讼精义》,罗结珍译,中国政法大学出版社 1999 年版。

37. [美]爱伦·豪切斯泰勒·斯黛丽、南希·弗兰克:《美国刑事法院诉讼程序》,陈卫东、徐美君译,中国人民大学出版社 2002 年版。

38. [德]拉德布鲁赫:《法学导论》,米德译,中国大百科全书出版社 1997 年版。

39. [英]弗里德利希·冯·哈耶克:《法律、立法与自由》(第1卷),邓正来、张守东、李静冰译,中国大百科全书出版社2000年版。

40. [法]勒内·罗迪埃:《比较法导论》,徐百康译,上海译文出版社1989年版。

41. [日]松宫孝明:《刑法总论讲义》,钱叶六译,中国人民大学出版社2013年版。

42. [日]西原春夫:《犯罪实行行为论》,戴波、江溯译,北京大学出版社2006年版。

43. [日]小野清一郎:《犯罪构成要件理论》,王泰译,中国人民公安大学出版社2004年版。

44. [苏联]列宁:《哲学笔记》,中共中央马克思恩格斯列宁斯大林著作编译局译,人民出版社1960年版。

45. [苏联]H. A. 别利亚耶夫、M. 科瓦廖夫主编:《苏维埃刑法总论》,马改秀、张广贤译,群众出版社1987年版。

46. [英]怀特海:《过程与实在》,李步楼译,商务印书馆2012年版。

47. [德]摩里兹·石里克:《普通认识论》,李步楼译,商务印书馆2005年版。

48. [德]亚图·考夫曼:《类推与事物本质》,吴从周、颜厥安译,台北,学林文化事业有限公司1999年版。

49. [英]哈特:《法律的概念》,许家鑫、李冠宜译,法律出版社2011年版。

50. [日]大塚仁:《犯罪论的基本问题》,冯军译,中国政法大学出版社1993年版。

51. [法]爱弥尔·涂尔干:《道德教育》,陈光金、沈杰、朱谐汉译,上海人民出版社2006年版。

52. [德]汉斯·海因里希·耶赛克、托马斯·魏根特:《德国刑法教科书》(上),徐久生译,中国法制出版社 2017 年版。

53. [德]阿图尔·考夫曼、温弗里德·哈斯默尔:《当代法哲学和法律理论导论》,郑永流译,法律出版社 2013 年版。

54. [德]赫尔曼·康特洛维茨:《为法学而斗争——法的定义》,雷磊译,中国法制出版社 2011 年版。

55. [美]保罗·H. 罗宾逊:《归咎的刑事责任》,王志远、陈琦译,知识产权出版社 2016 年版。

56. [法]贝尔纳·布洛克:《法国刑事诉讼法》,罗结珍译,中国政法大学出版社 2009 年版。

57. [意]朱塞佩·格罗索:《罗马法史》,黄风译,中国政法大学出版社 1994 年版。

58. [法]克里斯蒂娜·拉塞杰:《刑事政策学导论》,卢建平译,中国人民公安大学出版社 2004 年版。

59. [德]恩施特·贝林:《构成要件理论》,王安异译,中国人民公安大学出版社 2006 年版。

60. [德]亚图·考夫曼:《类推与事物本质》,吴从周、颜厥安译,台北,学林文化事业有限公司 1999 年版。

61. [法]E. 迪尔凯姆:《社会学方法的准则》,狄玉明译,商务印书馆 1995 年版。

62. [美]乔治·R. 弗莱彻:《刑法的基本概念》,蔡爱惠等译,中国政法大学出版社 2004 年版。

63. [日]谷口安平:《程序的正义与诉讼》(增补本),王亚新、刘荣军译,中国政法大学出版社 2002 年版。

64. [德]汉斯·海因里希·耶赛克、托马斯·魏根特:《德国刑法教科书》,徐久生译,中国法制出版社 2009 年版。

65. [德]齐佩利乌斯:《法学方法论》,金振豹译,法律出版社 2009 年版。

66. [美]理查德·艾伦·波斯纳:《法理学问题》,苏力译,中国政法大学出版社 2002 年版。

67. [日]前田雅英:《刑法总论讲义》(第 6 版),曾文科译,北京大学出版社 2017 年版。

68. [美]E. 博登海默:《法理学、法哲学及其方法》,邓正来、姬敬武译,华夏出版社 1987 年版。

69. [德]费希特:《自然法权基础》,谢地坤、程志民译,商务印书馆 2004 年版。

70. [英]弗里德利希·冯·哈耶克:《法律、立法与自由》(第 2、3 卷),邓正来、张守东、李静冰译,中国大百科全书出版社 2000 年版。

71. [德]茨威格特·克茨:《比较法总论》,潘汉典等译,贵州人民出版社 1992 年版。

72. [美]米尔建·R. 达玛什卡:《比较法视野中的证据制度》,吴宏耀等译,中国人民公安大出版社 2006 年版。

73. [德]马克斯·韦伯:《论经济与社会中的法律》,张乃根译,中国大百科全书出版社 1998 年版。

74. [意]贝卡里亚:《论犯罪与刑罚》,黄风译,中国法制出版社 2002 年版。

75. [日]田口守一:《刑事诉讼的目的》,张凌、于秀峰译,中国政法大学出版社 2011 年版。

76. [美]马丁·P. 戈尔丁:《法律哲学》,齐海滨译,生活·读书·新知三联书店 1987 年版。

77. [意]托马斯·阿奎那:《阿奎那政治著作选》,马清槐译,商务印书馆 1983 年版。

78. [奥]汉斯·凯尔森:《法与国家的一般理论》,沈宗灵译,中国大百科全书出版社 1996 年版。

79. [法]皮埃尔·勒鲁:《论平等》,王允道译,商务印书馆 2005 年版。

80. [英]马林诺夫斯基:《原始社会的犯罪与习俗》,原江译,云南人民出版社 2002 年版。

81. [英]梅因:《古代法》,沈景一译,商务印书馆 1959 年版。

82. [德]古斯塔夫·拉德布鲁赫:《法学导论》,米健、朱林译,中国大百科全书出版社 1997 年版。

83. [美]哈罗德·J. 伯尔曼:《法律与革命:西方法律传统的形成》(第 1 卷),张志铭等译,中国大百科全书出版社 1993 年版。

84. [美]约翰·亨利·梅利曼:《大陆法系》,顾培东、禄正平译,知识出版社 1984 年版。

85. [日]土本武司:《日本刑事诉讼法要义》,董舆、宋英辉译,台北,五南图书出版公司 1997 年版。

86. [日]松尾浩也:《日本刑事诉讼法》(上卷),丁相顺译,中国人民大学出版社 2005 年版。

87. [美]米尔建·R. 达玛什卡:《司法和国家权力的多种面孔》,郑戈译,中国政法大学出版社 2004 年版。

88. [日]棚濑孝雄:《纠纷的解决与审判制度》,王亚新译,中国政法大学出版社 1994 年版。

89. [德]康德:《道德形而上学原理》,苗力田译,上海人民出版社 1986 年版。

90. [美]E. 博登海默:《法理学——法律哲学与法律方法》,邓正来译,中国政法大学出版社 1999 年版。

91. [英]弗里德利希·冯·哈耶克:《自由秩序原理》(上册),邓正来译,生活·读书·新知三联书店 1997 年版。

92. [法]卢梭:《社会契约论》,何兆武译,商务印书馆 2003 年版。

93. [法]孟德斯鸠:《论法的精神》(上册),张雁深译,商务印书馆 1961

年版。

94. [法]皮埃尔·勒鲁:《论平等》,王允道译,商务印书馆2005年版。

95. [美]乔治·P. 弗莱彻:《刑法的基本概念》,蔡爱惠等译,中国政法大学出版社2004年版。

96. [美]大卫·D. 弗里德曼:《经济学语境下的法律规则》,杨欣欣译,法律出版社2004年版。

97. [意]莫诺·卡佩莱蒂:《福利国家与接近正义》,刘俊祥等译,法律出版社2000年版。

98. [德]克劳斯·罗克辛:《刑事诉讼法》,吴丽琪译,法律出版社2003年版。

99. [日]大塚仁:《刑法概说·总论》(第3版),冯军译,中国人民大学出版社2003年版。

100. [法]让·卡泽纳弗:《社会学十大概念》,杨捷译,上海人民出版社2003年版。

101.《意大利刑事诉讼法典》,黄风译,中国政法大学出版社1994年版。

102.《批准与执行国际刑事法院罗马规约手册》,赵秉志、王秀梅译,中信出版社2002年版。

103.《德国刑事诉讼法典》,宗玉琨译,知识产权出版社2013年版。

104. [德]阿图尔·考夫曼、温弗里德·哈斯默尔:《当代法哲学和法律理论导论》,郑永流译,法律出版社2002年版。

105. [美]约翰·罗尔斯:《正义论》,何怀宏等译,中国社会科学出版社2003年版。

106. [美]小查尔斯·F. 亨普希尔:《美国刑事诉讼——司法审判》(第1册),北京政法学院刑事诉讼法教研室1982年版。

107. [英]沙龙·汉森:《法律方法与法律推理》,李桂林译,武汉大学出版社2010年版。

108. [法]托克维尔:《论美国的民主》(上卷),董果良译,商务印书馆1993年版。

109. [德]汉斯·普维庭:《现代证明责任问题》,吴越译,法律出版社2000年版。

110. [美]约翰·H.威格莫尔:《普通法的庭审证据》,人民法院出版社1983年版。

111. [美]理查德·艾伦·波斯纳:《证据法的经济分析》,徐昕译,中国法制出版社2011年版。

112. [德]尤尔根·哈贝马斯:《交往行为理论:行为合理性与社会合理性》,曹卫东译,上海人民出版社2004年版。

113. [俄]库兹涅佐娃、佳日科娃:《俄罗斯刑法教程》(总论),黄道秀译,中国法制出版社2001年版。

114. [美]爱德蒙·M.摩根:《证据法之基本问题》,李学灯译,世界书局1982年版。

115. [美]尼尔·麦考密克:《麦考密克论证据》,汤维建等译,中国政法大学出版社2004年版。

116. [美]乔治·P.弗莱彻:《刑法的基本概念》,蔡爱惠等译,中国政法大学出版社2004年版。

117. [美]迈克尔·D.贝勒斯:《法律的原则》,张文显译,中国大百科全书出版社1966年版。

118. [德]伊斯梅尔·雅科布斯:《行为 责任 刑法——机能性描述》,冯军译,中国政法大学出版社1997年版。

119. [德]梅尔:《德国观念论与恶罚的概念》,邱帅萍译,知识产权出版社2015年版。

120. [美]米尔顿·柯特勒:《美国八大冤假错案》,刘末译,商务印书馆1997年版。

121. [德]马克斯·韦伯:《论经济与社会中的法律》,张乃根译,中国大百科全书出版社 1998 年版。

122. [德]弗兰茨·冯·李斯特、埃贝哈德·施密特:《德国刑法教科书》,徐久生译,法律出版社 2000 年版。

123. [加]道格拉斯·沃尔顿:《法律论证与证据》,梁庆寅、熊明辉等译,中国政法大学出版社 2010 年版。

124. [美]艾伦·德肖维茨:《最好的辩护》,唐交东译,法律出版社 1994 年版。

125. [希]亚里士多德:《形而上学》,吴寿彭译,商务印书馆 1959 年版。

126. [德]威廉·冯·洪堡:《论国家的作用》,林荣远、冯兴元译,中国社会科学出版社 1998 年版。

127. [德]马克斯·韦伯:《论经济与社会中的法律》,张乃根译,中国大百科全书出版社 1998 年版。

128. [德]亚图·考夫曼:《类推与"事物本质"——兼论类型理论》,吴从周译,台北,学林文化事业有限公司 1999 年版。

129. [德]萨维尼、格林:《萨维尼法学方法论讲义与格林笔记》,杨代雄译,法律出版社 2014 年版。

**(四)译文类**

1. [美]约翰·马丁·费尔希:《法兰克福式例子与半相容论》,葛四友译,载徐向东:《自由意志与道德责任》,江苏人民出版社 2006 年版。

2. [日]堀内捷三:《责任论的课题》,载[日]芝原邦尔等:《刑法理论的现代的展开——总论 I》,日本评论社 1988 年版。

3. [日]山口厚:《犯罪论体系的意义与机能》,付立庆译,载《中外法学》2010 年第 1 期。

4. [日]西原春夫:《构成要件的概念与构成要件的理论》,陈家林译,载《法律科学》2007 年第 5 期。

5. [德]托马斯·李旭特:《德国犯罪理论体系概述》,赵阳译,载《政法论坛》2004 年第 7 期。

6. [德]克劳斯·罗克辛:《客观归责理论》,许玉秀译,载《政大法学评论》1994 年第 50 期。

7. [德]克劳斯·罗克辛:《构建刑法体系的思考》,蔡桂生译,载《中外法学》2010 年第 1 期。

8. [德]奥特弗里德·费赫:《存在跨文化刑法吗?》,载《浙江大学学报(人文社会科学版)》2000 年第 2 期。

9. [日]关哲夫:《论机能主义刑法学——机能主义刑法学的检讨》,王充译,载赵秉志主编:《刑法论丛》(第 17 卷),法律出版社 2009 年版。

10. [苏联]采列捷里、马卡什维里:《犯罪构成是刑事责任的基础》,高铭暄译,载《苏维埃刑法论文选译》(第 1 辑),中国人民大学出版社 1955 年版。

11. [德]福利许:《欧洲国家刑法的哲学基础——从神权刑法到世俗刑法》,樊文译,载陈泽宪主编:《刑事法前沿》(第 5 卷),中国人民公安大学出版社 2010 年版。

12. [德]Ralf Poscher:《裁判理论的普遍谬误:为法教义学辩护》,隋愿译,载《清华法学》2012 年第 4 期。

13. [德]贝恩德·许迺曼:《中德刑法解释语境下的罪刑法定原则》,王莹译,载梁根林、[德]埃里克·希尔根多夫主编:《中德刑法学者的对话——罪刑法定与刑法解释》,北京大学出版社 2013 年版。

14. [日]谷口安平:《诉讼法乃实体法发展之母体》,载《程序的正义与诉讼》(增补本),王亚新、刘荣军译,中国政法大学出版社 2002 年版。

15. [德]许内曼:《刑法体系与刑事政策》,王效文译,载许玉秀、陈志辉:《不疑不惑献身法与正义:许内曼教授刑事法论文选辑》,台北,新学林出版股份有限公司 2006 年版。

16. [奥]汉斯·凯尔森:《论法律解释理论》,李愈译,载陈金钊、谢晖主编:《法律方法》(第7卷),山东人民出版社2008年版。

17.[德]约阿希姆·赫尔曼:《协商性司法——德国刑事程序中的辩诉交易》,程雷译,载《中国刑事法杂志》2004年第2期。

18.[美]霍华德·泽尔:《恢复性司法》,章祺等译,载狄小华、李志刚主编:《刑事司法前沿问题——恢复性司法研究》,群众出版社2005年版。

19.[德]罗伯特·阿列克西:《法律证立、体系与融贯性》,载[德]罗伯特·阿列克西:《法:作为理性的制度化》,雷磊编译,中国法制出版社2012年版。

20.[德]罗伯特·阿列克西:《法律论证的程序理论之理念》,刘幸义等译,载亚图·考夫曼主编:《法律哲学》,法律出版社2004年版。

**二、外文文献**

**(一)著作类**

1. Model Penal Code: Proposed Official Draft, The Americam Law Institute, 1962.

2. Duncan Bloy & Philip Parry, *Principles of Criminal Law*, Carvendish Publishing Limited, 1997.

3. Vgl. C · Roxin, *Strafrecht Allgemeiner Teil*, Band I, 4. Aufl. 2006.

4. Wessels & Beulke, *Strafrecht Allgemeiner Teil*, 30 Aufl. 2000.

5. Eberhard Schmidt, *Einfuehrung in die Geschichte der deutschen Strafrechtspflege*, 1965.

6. Eva Steiner, *French Legal Method*, Oxford university press, 2002.

7. George P. Fletcher, *Basic Concepts of Criminal Law*, Oxford University Press, 1998.

8. Connally v. General Construction Co. 269 U. S, 1926.

9. Walter P. Signorelli, *Criminal Law*, *Procedure*, *and Evidence*, CRC press, 2011.

10. E. Pincoffs, *Due Process, Fraternity, and a Kantian injunction*, in due process, pennock and chapman(eds), New York University Press, 2008.

11. Richard Vogler. *A World View of Criminal Justice*, Ashgate Publishing Company, 2005.

12. Mireill Delmas-Marty & J. R. Spencer, *European Criminal Procedure*, Cambridge University Press, 2005.

13. Richard Vogler, *A World View of Criminal Justice*, Ashgate Publishing Company, 2005.

14. Jerry L. Mashaw, *Due Processin the Administrative State*, Yale University Press, 1985.

15. H. L. A. Hart, *The Ascription of Responsibility and Rights*, Proceedings of the Aristotelian Sociaty, New Series, vol. 49,1949.

16. Joshua Dressler & Alan C. Michaels. *Understanding Criminal Procedure* (5th edition), Matthew Bender Company, 2010.

17. Ronald Dworkin, *Taking Rights Seriously*, Duckworth, 1977.

18. C. Pereman, *Justice, Law and Argument*, D. Reidel Publishing Company, 1980.

19. D. D. Raphael, *Justice and Liberty*, Athloner Press, 1980.

20. Kindhauser, *Strafrecht Allgemeiner Teil*, 4. Aufl., 2009.

21. Jeremy Bentham, *Critical Assessents*, London and New York:Rouledge, 1993.

22. Peter Murphy, *Murphy on Evidence*, Oxford University Press, 2009.

23. Richard A. Posner, *An Economic Approach to the Law of Evidence*, Stanford Law Review, Vol. 51, 1999.

24. James Bradley Thayer, *A Prelimimary Treatise on Evidence at the Commen Law*, Boston, Little, Brown & Co, 1898.

25. Jack H. Friedenthal & Michael Singer. *The Law of Evidence*, Foundation Press, 1985.

26. Rupert Cross & Colin Tapper, *Cross on Evidence*, Butterworth, 1985.

27. Richard Glover & Peter Murphy. *Murphy on Evidence*, Blackstone Press Limited, 1997.

28. Jerome Hal, *General Principles of Criminal Law*, Lexis Law Pub, 1960.

29. John H. Langbein, *The Origins of Adversary Criminal Trial*, Oxford University Press, 2003.

30. Hassemer, *Tatbestand und Typus*, 1968.

31. Vgl. Schwinge & Zimmer, *Wesensschauund konkretes Ord unngsdenken im Strafrscht*, 1937.

32. John E. Roemer, *Equality of opportunity*, Harvard University Press, 1998.

33. Jacqueline Hodgson, *French Criminal Justice*, Oxford: Hart Publishing Ltd, 2005.

34. John Finnis, *Natural Law and Natural Rights*, Oxford University Press, 1980.

**(二)外文论文**

1. Stephanos Bibas, *Harmonizing SubstantiveCriminal Law Values and Criminal Procedure: The Case of Alford and Nolo Contenders Pleas*, Cornell Law Review, vol. 88, (2003).

2. G. P. Fletcher, *The Right and the Reasonable*, Harvard Law Review, Vol. 98, (1985).

3. Vivian Grosswald Curran, *Culture Immersion, Difference and Categories in U. S. Comparative Law*, American Journal of Comparative Law, (1998).

4. Donald E Claudy, *Formation of Contracts a Study of the Common Core of Legal Systems*, Cornell Law Review, (1969).

5. Rodolfo Sacco, *Legal Formants: A Dynamic Approach to Comparative Law*, The American Journal of Comparative Law, (1991).

6. Santobell v. New York, 404, U. S. 251,260 (1971).

7. United States v. Cronic, 466 U. S. 648, 655(1984).

8. Folker Bittmann, *Consensual Elements in German Criminal Procedural Law*, Germany Law Review, 15(2014).

9. Franqois Quintara Morenas, *The Presumption of Innocence in the French and Anglo-American Legal Traditions*, American Journal of Comparative Law (2010).

# 后　记

博士毕业后,论文的出版被我搁置过一段时间,主要原因有二:一是博士毕业后,没有更多时间和精力投入到学术研究,烦琐的工作事务让我没有时间去进一步完善自己的毕业论文;二是我一直觉得博士论文代表了求学阶段的学术成果,还需要再花一些时间进行提升才可发表。但随着时间的推移,我愈发觉得这个研究方向是有理论价值和实践意义的,于是开始完善并着手出版事宜,同时在书中也加入了很多新的研究成果,终于在2023年夏天将其修改完成。

有人说,攻读博士是一场艰难的修行,回望读博这段岁月,在从"此岸"到"彼岸"的过程中,虽然有部分的"苦厄",但更多的还是"满足"。在我关于博士的记忆里,有过坎坷但终能挺过去,有过泪水但终会被治愈,有过彷徨但从未想过放弃,有过黑夜但坚信一定会迎来黎明。我一直觉得读博是孤独而自由的,博士生活并非读读书、写写文章那么简易,要克服和处理的更多的是内心的自洽,在越来越卷的激烈竞争中,保持内心的平和并静下心来做学术,离不开坚守的决心和勇气的加持。博士生活更多意味着与自己的交流、与文字的交流、与未来的交流,而这所有的过程,你都要学会自得其乐。

我一直觉得“写作是一件很快乐的事”。诚如余华所言,“写作的唯一捷径就是不停地写”。读博期间,我本着自己的兴趣爱好和不断迎接挑战的心态,通过深入调研和收集素材,撰写了数篇我认为兼具理论和实践价值的文章,虽然有的发表了,有的没发表,但我现在看着它们,依然觉得很有成就感。曾经听过一句话:建筑设计师会把他们设计完成的每一个建筑看成自己的孩子。我也深有感触,每次看见自己写的论文就像是看见自己的孩子一样。博士论文亦是如此。在博士论文刚写成的那段岁月里,我常有“一种小规模的君临万物之感”,这让我觉得很幸福。

在读博之前,我学习的主旋律就是熟读教材、准备考试,彼时也会觉得很充实,也会有属于那个阶段的快乐。但读博之后,才逐渐感受到读书的真正乐趣,以及深度思考带来的快乐。做学问,搞学术,在我心目中始终是一件很有魅力的事情,也不知道什么时候,自己竟然喜欢上了这个行当。而且,博士带来的思维方式提升远比理论知识的增加更加可贵。

首先,问题意识是推动理论发展的重要动力。在读博期间,我带着对司法实践问题的思索,完成了一篇关于探索互联网金融诈骗刑法规制路径的文章,并被人大复印资料全文转载。参加工作后,我在撰写公文的过程中,也长期坚持问题导向,经常梳理社会生活中的真问题,立足于解决真问题,形成意见建议,并形成文件。这种“应该把它写出来”的冲动,时常让我觉得很有成就感,不浮于表面、不流于形式的问题和方案才是真正在为人民群众发声。

其次,体系性思维是促进理论提升的关键因素。我的博士论文主要通过刑事诉讼法的角度对刑法的重要分析工具——阶层犯罪论体系进行剖析,不仅深度梳理了阶层犯罪论体系的诉讼价值和程序意义,也为刑事一体化的理论推进贡献了力量。参加工作后,我经历过几次关于深圳发展的重大战略文件起草工作,并有幸参加了其中的法治保障部分写作。法治是一个城市发展的重要保障力量,在撰写文件过程中,我坚持运用体系思维,学会分析经济与法治、社会与法治、改革与法治的关系,把法治的保障作用贯穿于社会发展的各个环节,努力实现以高质量法治保障深圳的高质量发展。

最后,逻辑思维是推进理论研究的重要能力。逻辑思维可以帮助我们更加清晰地思考问题,通过逻辑推理,我们可以将复杂的问题分解成更小的问题,然后逐步解决。这样,我们就能够更加清晰地理解问题的本质和关键点,找到问题的症结所在,从而更加准确地做出决策和解决问题。在读博期间,我通过大量的阅读书籍和论文写作,锻炼了较强的逻辑思维能力,这集中体现在我现在的工作中,即当我遇到问题时,特别擅长从各个角度分析问题,尽快地理清思路,找到问题的根源,并找到解决问题的方法。同时,通过正确的逻辑思维,我也学会了更好地辨别事物之间的因果关系和演进路径等,大大提升了我的工作质效。

一直以来,都很喜欢一句话:“生意人的账簿,记录收入与支出,两数相减,便是盈利。人生的账簿,记录爱与被爱,两数相加,就是成就。”在读博这几年,有幸遇到了法学院的各位老师和同学,谢谢你们给予的所有关爱,给了我仰望梦想的力量;也谢谢你们每一次的教导和反馈,增加了我明白事理的能力,你们的存在切切实实地增加了我生活中的“成就”。秋水蒹葭,不忘师恩,感恩这段岁月里所有深深浅浅的痕迹,弥足珍贵到太值得回忆!

首先要向我的授业恩师郭自力老师致以深深的谢意!从我幸遇恩师、忝列郭门之时,我的人生就平添了无尽的温暖。有人云“业精湛为师,德高则为范”,于我而言,郭老师就是这样的为师为范之人。郭老师在专业上钻研极深,取得了诸多丰厚的科研成果,专业扎实、视野广阔、博思睿智的风格让我深深折服。四年来,恩师不断为我传道、授业、解惑,我学习上的每一个成绩、学术上的每一点进步,都离不开恩师的教诲和培养。四年的时光里片段太多,每每想起一帧,便已觉得师恩似海,难以为报。同时,恩师总是以身为范,为我和同门树立了良好的学习榜样,可谓大言不言、大音希声。从恩师身上,我也学到了做人要低调真诚、做事要踏实认真,这也将成为弟子受益终身的宝贵财富!

更让我觉得感恩的是,法学院和刑法学科诸位师长对我的关心,使我不仅收获了知识,人格力量也逐步增加。北大在博士生教育上独具特色,虽然给每个学生都安排了指导老师,但是仍然坚持着集体指导的传统。各位导师道德高尚,不仅没有门户之见,而且对各位学生都充满了关爱。非常感谢陈兴良老师、赵国玲老师、白建军老师、梁根林老师、王新老师、车浩老师、江溯老师等导师组成员在学业上的教诲和点化。陈兴良老师温润如玉的品格、严谨求实的态度和大道至简的学术风格,对我产生了深厚的影响,陈老师得知我选择的是跨学科题目时,当即表示了明确的支持和鼓励,这更加坚定了我的写作信心。赵国玲老师时常让我觉得如沐春风,作为导师组唯一一位女老师,她总是能化解我在各个场合的焦虑和不安,让我可以淡定从容地面对。白建军老师对很多问题都可以深入浅出地进行分析和呈现,他的观点总让我觉得耳目一新,他的实证研究法丰富了我的研究视野和研究方法。梁根林老师学贯中西,在论文写作过程中,我参考了很多梁老师的文章,使我对刑法教义学和刑事政策有了全面深入的了解,他对我的学术影响在我的毕业论文中随处可见。王新老师在开题和预答辩时,都给予了我充分的意见和建议,同时作为我博士期间的班主任,对我们的日常生活给予了诸多帮助。车浩老师在我的论文写作过程中,给予颇多关照,在我确定选题后给了我充分的指导意见,并督促我加快论文进度,同时要与司法实践进行关联,这些建议都让我受益匪浅。江溯老师在我论文开题过程中,发挥了重要的指引作用,无论是论文框架还是各部分主要内容,江老师都给了我很中肯的建议,让我不断明确方向。感谢老师们在我遇到困难时给予的所有帮助,使我在论文写作过程中,一次次地找寻到前进的力量!

在平时的学习中,每一次与同学的交流讨论也都让我获益良多。衷心感谢吴雨豪博士、李雁磊博士、邵博文博士、涂欣筠博士等同学对我的帮助和照顾。在博士论文写作和修改过程中,吴雨豪博士给了我很多写作建议以及求职选择上的意见;李雁磊博士经常缓解我的内心焦虑,我总能向他畅所欲言,痛快倾诉很多烦闷事;邵博文博士经常与我探讨学术问题,并总能带来新的思考路径和方法;涂欣筠博士在论文写作过程中常常与我互相加油打气,彼此支持。在此之外,他们也给了诸多人生建议,让我受益匪浅,感念非常。同时,我也衷心感谢我的同门师兄弟姐妹,感谢乔远博士、吾采灵博士、张为易博士、孙晶晶博士、贾元博士以及黄硕师妹、徐祺昆师弟、张赫师弟、张璐师妹、高照师弟、易鸽师妹、陈建苏师妹的关心和关照。感谢同班同学孔令勇博士、孙竞超博士、刘泽博士、王栋博士、王俊芳博士、谢宇博士、周斯佳博士等的帮助,诸如以上,难以一一列出,在此由衷感谢!

最后,我要感谢我的父母和弟弟,以及无私支持我专心科研的家人。我要感谢我的父母,他们对我有着无尽的包容和爱,在精神上和生活上给予了我诸多支持,从来没有把生活的压力传导给我,让我排开一切世俗的顾虑,听从自己的内心,安心地做学术,去选择一条自己最想走、也最适合的路。我要感谢我的弟弟,谢谢你守在父母身边,在大多数时候替我履行了照顾父母的责任,你的辛苦付出才能让我安心做学术。家人的支持一直是我学习的坚强后盾,你们的勤劳、善良、朴实是我永远的力量源泉。

诸多的感恩难以言尽,愿自己不忘初心,永葆温情纯善,愿有力的双手画得出风景也斩得断荆棘,愿明亮的眼睛看得清现实也望得到远方,愿有更大的能力爱我所爱的人,愿为中国法治发展略尽绵力!

是为后记。

2023 年 8 月 15 日